**Histórias de conflitos
no Rio de Janeiro colonial**

Nireu Cavalcanti

Histórias de conflitos no Rio de Janeiro colonial

Da carta de Caminha ao contrabando de camisinha (1500-1807)

1ª edição

CIVILIZAÇÃO BRASILEIRA

Rio de Janeiro
2013

copyright©Nireu Cavalcanti, 2013

Ilustração de capa: Helio Brasil sobre aquarela de T. Ender
Ilustrações de miolo: Helio Brasil

CIP-BRASIL. CATALOGAÇÃO NA FONTE
SINDICATO NACIONAL DOS EDITORES DE LIVROS, RJ

Cavalcanti, Nireu, 1944-
C366h   Histórias de conflitos no Rio de Janeiro colonial: Da carta de Caminha ao contrabando de camisinha (1500-1807) / Nireu Cavalcanti. – 1ª ed. – Rio de Janeiro: Civilização Brasileira, 2013.
il.

Inclui bibliografia
ISBN 978-85-200-1152-2

1. Rio de Janeiro (RJ) – História – Crônicas. I. Título.

13-1400
CDD: 869.98
CDU: 821.134.3(81)-8

EDITORA AFILIADA

Todos os direitos reservados. Proibida a reprodução, armazenamento ou transmissão de partes deste livro, através de quaisquer meios, sem prévia autorização por escrito.

Este livro foi revisado segundo o novo Acordo Ortográfico da Língua Portuguesa.

Direitos desta edição adquiridos pela
EDITORA CIVILIZAÇÃO BRASILEIRA
Um selo da
EDITORA JOSÉ OLYMPIO LTDA
Rua Argentina, 171 – 20921-380 – Rio de Janeiro, RJ – Tel.: 2585-2000

Seja um leitor preferencial Record.
Cadastre-se e receba informações sobre nossos lançamentos e nossas promoções.

Atendimento e venda direta ao leitor:
mdireto@record.com.br ou (21) 2585-2002

Impresso no Brasil
2013

Sumário

Apresentação e agradecimentos — 7

PARTE 1 Administração pública e religião

CRÔNICA 1 A terra graciosa — 23
CRÔNICA 2 O poderoso óleo de baleia — 35
CRÔNICA 3 Contrabando até de camisinha — 41
CRÔNICA 4 O ouro do rei — 47
CRÔNICA 5 Estrangeiros fora! — 57
CRÔNICA 6 O mameluco valentão — 67
CRÔNICA 7 Hipólito Guido: juiz de fora marcado para morrer — 73
CRÔNICA 8 Os provedores da Fazenda Real: família Cordovil — 79
CRÔNICA 9 A devassa do bacharel Luiz Antônio Rosado da Cunha — 91
CRÔNICA 10 Na sombra da Inconfidência — 97
CRÔNICA 11 João Henrique Böhm, o marechal calvinista (1708-1783) — 107
CRÔNICA 12 Reformas ou perseguição aos carmelitas? — 115
CRÔNICA 13 Reforma e expulsão dos jesuítas no Rio de Janeiro — 125

PARTE 2 Sociedade

CRÔNICA 1	Os enjeitados de agosto	145
CRÔNICA 2	O herdeiro bastardo	151
CRÔNICA 3	O diamante bruto	155
CRÔNICA 4	Casamento do caixeiro: ódio e preconceito	161
CRÔNICA 5	O assassinato de dona Helena da Silva	169
CRÔNICA 6	A mulata de Angra dos Reis	175
CRÔNICA 7	Páscoa Antunes: a Chica da Silva carioca	181

PARTE 3 Escravidão e luta

CRÔNICA 1	Davi contra Golias em Campos dos Goytacazes	201
CRÔNICA 2	A bela Maria da Paixão: preta benguela	209
CRÔNICA 3	A escritura de alforria	215
CRÔNICA 4	Os caçadores de quilombolas	219
CRÔNICA 5	O quilombo de Cabo Frio	225
CRÔNICA 6	Os índios da Aldeia de São Francisco Xavier de Itaguaí, na Fazenda de Santa Cruz	229

ANEXO 1

PARTE 1 – CRÔNICA 12 Reforma ou perseguição aos carmelitas? 243

ANEXO 2

PARTE 1 – CRÔNICA 13 Reforma e expulsão dos jesuítas no Rio de Janeiro 283

Apresentação e agradecimentos

Vivo imensa emoção ao rever os textos que produzimos, agora na forma de livro, publicados pela conceituada editora Civilização Brasileira.

Este livro é o filhote mais novo do projeto que apresentei ao *Jornal do Brasil*, em 1999, denominado "Crônicas Históricas do Rio de Janeiro Colonial". Foi uma experiência riquíssima escrever semanalmente, em um jornal diário de prestígio nacional. Aprendi muito com as observações que os "colegas" jornalistas — no começo, o *JB* colocou uma simpática e experiente jornalista nessa tarefa de "professora" — faziam sobre os textos. Sugeriam eliminar as palavras supérfluas, dúbias e tumultuadoras da narrativa e do conteúdo da crônica histórica.

Foram publicadas 75 crônicas, no período de 2/8/1999 a 7/2/2000.

Justifiquei a proposta baseado em seis objetivos: a) resgatar a tradição dos jornais cariocas de terem, cada um, seu cronista da história da cidade: Vieira Fazenda, Luiz Edmundo, Ernesto da Cunha de Araujo Vianna, Magalhães Correia, João do Rio, Charles Dunlop, Augusto Mauricio, Noronha Santos, Delso Renault etc.; b) socializar as minhas pesquisas, divulgando as fontes usadas, para que outras pessoas, em seus trabalhos, pudessem usufruir daquele documento em sua integralidade; c) levar a história dos núcleos urbanos e rurais e da sociedade colonial do Rio de Janeiro ao leitor de qualquer nível intelectual; d) mostrar a importância da pesquisa documental para a história; e) divulgar os arquivos, bibliotecas e outros centros documentais, nos quais tive oportunidade de realizar pesquisas; e f) revelar para os autores das diversas áreas do conhecimento algum documento que pudesse ajudá-los.

Com muita alegria e humildade constatei que esses objetivos foram alcançados.

Fui abordado por pessoas simples para comentarem suas análises da crônica que haviam gostado; assisti ao professor Mario Barata, em conferência no IHGB, citar uma das crônicas como importante para seus estudos sobre a formação da engenharia no Brasil; o cineasta Sérgio Bianchi pediu e usou duas crônicas em seu filme *Quanto vale ou é por quilo?*; diversos estudiosos sobre a história da capoeira agradeceram-me pela revelação de que a capoeira já era praticada, no Rio de Janeiro, em 1789 (crônica "O Capoeira").

O mais comovente foi ter recebido telefonema de Plínio Doyle cobrando-me por que tinha parado de publicar as Crônicas. Depois de informar-lhe que foi decisão da nova diretoria do *JB*, ele lamentou e declarou ser colecionador das crônicas!

Em 2004 foram publicadas 69 crônicas, muitas delas inéditas, no livro financiado pela Faperj em conjunto com a Civilização Brasileira: *Crônicas históricas do Rio colonial.*

Este novo livro mantém os mesmos seis objetivos anteriores, mas diferencia-se do primeiro pelo tamanho de cada crônica e pela temática exclusiva sobre conflitos coloniais. Sem a limitação do espaço de um jornal, pude escolher documentos mais volumosos e desenvolver seu conteúdo com mais detalhe. Por isso, o presente trabalho reúne 26 crônicas divididas em três partes: "Administração pública e religião", com 13 histórias; "Sociedade", com sete histórias e, encerrando o livro, "Escravidão e luta", com seis crônicas. Usei, ainda, o recurso histórico de colocar dois anexos,

APRESENTAÇÃO E AGRADECIMENTOS

para melhor ilustrar as crônicas sobre a Ordem dos Carmelitas e a Companhia de Jesus.

Na primeira parte, abordo para conhecimento e reflexão do leitor: questões relacionadas ao poder público e à sociedade; aquelas sobre o desenvolvimento de culturas agrícolas de espécies estrangeiras como o cânhamo (a popular maconha); técnicas construtivas usando o óleo de baleia; a corrupção, através das crônicas "Contrabando até de camisinha", "A devassa do bacharel Luiz Antônio Rozado da Cunha"; as crônicas "O mameluco valentão" e "Hipólito Guido: juiz de fora marcado para morrer", em cujo crime estavam envolvidas altas autoridades da cidade do Rio de Janeiro.

Também discorro sobre funções públicas exercidas por famílias proprietárias, casos do clã dos Cordovil e dos problemas vividos pelos estrangeiros, sempre ameaçados de expulsão da colônia brasileira.

Registro fatos ocorridos em dois momentos marcantes de nossa história. Primeiro, a invasão francesa comandada por Duguay-Trouin, em 1711, através da história do provedor da Fazenda Real, desembargador Roberto Car Ribeiro, que salvou o ouro do rei do saque dos franceses (crônica "O ouro do rei"). Em seguida, trato da Inconfidência Mineira na crônica "Na sombra da inconfidência", trazendo novos dados sobre o denunciante, coronel Joaquim Silvério dos Reis.

As questões religiosas são abordadas pela história inédita da conversão ao catolicismo do marechal alemão e calvinista João Henrique Böhm, que veio para o Rio de Janeiro a fim de organizar o Exército local e pelas Reformas instituídas pela Santa Sé, impostas aos carmelitas e aos jesuítas, destacadas em três crônicas.

Na segunda parte — "Sociedade" —, inicio com a questão dos enjeitados, as pobres crianças abandonadas pelas mães, após o parto. Narro também a história de dois casamentos entre mulheres da sociedade e homens mais jovens e de condições sociais inferiores, que terminaram em mortes violentas. Na crônica "Casamento do caixeiro: ódio e preconceito", o marido é morto a mando da família da esposa com sua conivência. Em outra crônica, "O assassinato de dona Helena da Silva", ela é vítima do jovem marido ciumento. Nessa linha de família narro duas histórias de casais amasiados, cujos filhos bastardos, após a morte do pai, pleiteiam na justiça herdar parte do espólio. Os advogados desses reivindicantes aparecem nas crônicas "O herdeiro bastardo" e "A mulata de Angra dos Reis". Nesta, a documentação revela que o amante, Pedro Pimenta de Carvalho, filho de senhor de engenho de Angra dos Reis, tinha ido estudar no seminário da Lapa do Desterro e abandonou os estudos (sem avisar a família) e gastava o dinheiro com as "fadistas" da Lapa. Como o fado nasceu no Brasil, o uso deste termo no processo pode levar à hipótese de que seu berço foi o bairro da Lapa, na cidade do Rio de Janeiro. Quem sabe?

Concluo este bloco com a curiosa história da mulata Páscoa Antunes, filha de escrava da região oeste da cidade, que, por meio de seus amores com ricaços da região, tornou-se senhora de engenho e muito prestigiada no subúrbio carioca. É a nossa Chica da Silva.

A terceira parte do livro é dedicada aos excluídos e perseguidos da sociedade colonial: escravos e índios.

A crônica sobre a aldeia de Itaguaí trata do vasto processo de corrupção na privatização do patrimônio público. Narro a forma perniciosa como as autoridades trataram os índios, expulsando-os de suas terras — área que acolhia o engenho público —, para vendê-las por preço vil a um grupo de grandes comerciantes do Rio de Janeiro.

Aos escravos e ex-escravos dedico cinco crônicas, das quais duas sobre quilombolas. A crônica "O quilombo de Cabo Frio"

— único que existiu estruturado com rei e rainha — mostra como os quilombolas se relacionavam com o comércio local e narra sua destruição pela tropa comandada por Feliciano José Victorino de Souza.

Já na crônica "Os caçadores de quilombolas" conto a história de dois caçadores de escravos fugidos que passaram pelo Rio de Janeiro. O sargento-mor João da Mota, que lutou em Palmares, em Alagoas, orgulhoso de ter sido quem prendeu a esposa de Zumbi e que fora convidado para aqui comandar tropa para desbaratar os "índios bravios" de Campos dos Goytacazes. O segundo caçador de quilombolas era o sargento-mor de Vila Rica (Ouro Preto) Antônio Martins Leça, que sempre aparecia na cidade do Rio de Janeiro trazendo quilombolas, que prendera em Minas Gerais, para encher a cadeia da urbe carioca.

Desejo a você, leitor, boa leitura e análise destas histórias e que construa, com liberdade, a sua história do Rio de Janeiro colonial.

Agradecido,
Nireu Cavalcanti
Rio de Janeiro, 28 de julho de 2013.

PARTE 1 Administração pública e religião

> Aquela praça [o Rio de Janeiro] que é uma das pedras mais preciosas que ornam a Coroa de Vossa Majestade, de cuja conservação e bom governo dependem a segurança das minas e, ainda, a de todo o Brasil.
>
> Parecer do Conselho Ultramarino (20/4/1712)

A partir da bula do papa Calisto III de 1456, concedendo à Ordem de Cristo o privilégio da jurisdição espiritual sobre todas as terras que fossem descobertas e assumindo o rei de Portugal a função de grão-mestre da Ordem, a gestão do território que veio a se chamar Brasil deu-se com o amálgama da monarquia lusa e a Igreja Católica Apostólica Romana. Para consolidar ainda mais a união, foi concedida autoridade de padroado ao dirigente da Igreja em Portugal. Assim, caberia ao rei, ao fim do processo, nomear os religiosos que atuariam nas diversas funções eclesiásticas no Brasil, aprovar a localização das diversas ordens religiosas no território, (analisar a criaçao de) criar bispados, prelazias, paróquias e freguesias e até a (manter "construção de") construir oratórios, capelas e igrejas.

Tudo era feito em nome e para o bem de Deus e do rei.

O território brasileiro era dividido em capitanias distribuídas, no início, em caráter hereditário a nobres endinheirados e governadas por quem a recebera e seus descendentes. Mais tarde, foram gradativamente sendo adquiridas pela Coroa e por ela diretamente administradas. A partir de 1548, com a criação do Governo Geral do Brasil, sediado na Capitania da Bahia, ficaram os demais governadores, nomeados pela Corte, hierarquicamente subalternos ao governador-geral. O primeiro deles foi Tomé de Souza, que chegou à Bahia em 29 de março de 1549, e o último, dom Vasco Mascarenhas (1º conde de Óbidos), que governou de 1639 a 1640, havendo entre esses dois governantes muitos outros titulares e interinos.

No século XVII o governador-geral passou ao *status* de vice-rei, sendo nomeado dom Jorge de Mascarenhas (marquês de Montalvão), que governou de 21 de junho de 1640 a 16 de abril de 1641,[1] continuando Salvador a sediar o governo e a ser a capital do Brasil.

Em 1763 o rei mudou a capital para a cidade do Rio de Janeiro. Aliás, a urbe carioca anteriormente já tinha recebido duas instituições importantes, desmembradas das primitivas sediadas na Bahia: o bispado, em 1676, e o Tribunal da Relação, em 1752.

O território da capitania do Rio de Janeiro, quando da vinda da Corte, em 1808, possuía duas cidades: a do Rio de Janeiro, sua capital e do Brasil, e a de Cabo Frio. Sete núcleos possuíam *status* de vila, criadas na seguinte ordem cronológica: Angra dos Reis, Parati, São Salvador dos Campos dos Goytacazes, São João da Barra, Santo Antônio de Sá [hoje Itaboraí], Magé e Resende. Cada um desses núcleos urbanos era governado pela Câmara de Vereadores, o grande poder político-administrativo local.

A cidade do Rio, por ser capital da colônia, abrigava, além das autoridades municipais, outras de maior amplitude: a nacional, como o vice-rei e seus auxiliares, e as de âmbito da capitania. Para esses últimos podemos citar o ouvidor da comarca, o juiz de Órfão, o provedor da Fazenda Real etc. Não devemos nos esquecer dos

---

[1] Ver Francisco Adolfo Varnhagen, *História Geral do Brasil*, v. 3, tomo 5, p. 246.

oficiais militares dos diversos regimentos de artilharia, infantaria e cavalaria e da Marinha, ligados ao Arsenal e à frota Guarda-Costa.

Como sede de bispado, além do bispo e de seus auxiliares diretos, havia os membros do Cabido, do Tribunal Eclesiástico, do Santo Ofício e do Seminário. Havia ainda os superiores das ordens religiosas dos beneditinos, carmelitas, franciscanos, barbonos e da Companhia de Jesus até 1759. O Tribunal da Relação abrigava altas autoridades da Justiça, todos desembargadores.

Além das autoridades vinculadas ao Estado (civis e militares) e à Igreja Católica, havia a elite composta pelos grandes comerciantes, senhores de engenho e fazendeiros (produtores agrícolas e criadores de gado vacum e cavalar). A elite mais urbana era formada pelos grandes proprietários de imóveis na cidade do Rio de Janeiro e os capitalistas — os bancos da época, pois emprestavam dinheiro a juros.

Não podemos nos esquecer dos destacados artistas, músicos, entalhadores, imaginários [artífices de imagens de santos], mestres de obras e intelectuais, principalmente os poetas, que tinham destaque na sociedade de então.

Tantas autoridades e estrelas concentradas numa cidade cujo perímetro urbano, em 1808, abrigava 60 mil habitantes, contendo quase 50% de escravos, acabariam por gerar conflitos permanentes entre si.

Poderia ser a ridícula briga por lugares numa procissão ou pela cadeira em que deveria sentar determinada autoridade, na igreja ou numa cerimônia. Nos cortejos, religiosos ou não, disputava-se quem seguraria a haste do pálio; qual o tamanho da palma apropriada a cada autoridade participante da procissão de Ramos ou quem seria convidado para um ato político ou festivo maior ou menor. Havia ainda conflitos mais sérios de competência. Por exemplo: entre a Câmara de Vereadores e órgãos do Exército; com membros da Secretaria de Governo da Capitania; com a Fazenda Real; com a Alfândega e outras instituições; entre o ouvidor e outras autoridades sobre a quem de direito caberia abrir processo criminal, prender ou aplicar multas; entre ordens religiosas, com o bispado e suas instâncias, ou com o Tribunal da Relação com membros das forças armadas etc. etc. etc. Além disso, ainda ocorriam conflitos com autoridades que passavam pela cidade, vindas da Corte ou de outras capitanias, e até mesmo estrangeiros cujos navios aportavam no Rio de Janeiro.

Enfim, era briga para todo gosto e combatentes de todas as áreas. O que poderíamos dizer é que, na capital do Brasil, havia muito cacique para pouco índio e, por isso, os arquivos estão cheios de processos com tais querelas.

Devemos destacar o fato de que essas autoridades, nomeadas pela Coroa — com exceção do bispo, que geralmente ocupava o cargo até a sua morte —, tinham o mandato de três anos até o rei decidir o contrário. Poderiam não cumprir o tempo previsto ou permanecer, sem renovação formal da primeira nomeação, por longo tempo. Destaca-se nessa condição provisória o governador Gomes Freire de Andrade, que se manteve por mais 27 anos além dos três previstos em sua nomeação (1733-1763).

Essas autoridades circulavam pelos cargos em diversos lugares do Império de Portugal e viviam sob permanente observação. Ao fim de seu mandato sofriam um processo de "residência" ou devassa sobre como teriam se comportado no cargo. Não lhes era permitido expor sua imagem (pintura, gravura, escultura ou outra representação) em espaço público e, caso fossem solteiros, só poderiam casar-se com mulher do local em que estavam trabalhando após licença especial do rei.

Preferencialmente eram nomeadas pessoas não naturais do local onde iriam trabalhar e que tivessem passado por restritiva e preconceituosa "averiguação sigilosa". Caso fosse descoberto que até um dos avós exercera "ofício mecânico" ou possuía sangue de "infecta nação", isto é, de judeu (cristão-novo), mouro, cigano e negro, só com especial aprovação real é que seria nomeado. Era a "averiguação sigilosa", que o rei dom José I mandou abolir através do Alvará de 24 de janeiro de 1771, principalmente com relação aos cristãos-novos.

Além disso, o sistema colonial português implantou eficiente controle sobre as pessoas: através de detalhadas e periódicas estatísticas, realizadas pelos altos funcionários da máquina do Estado, pela Igreja e pelo incentivo à delação. O delator era premiado com parte dos bens do delatado, caso este fosse condenado e fosse provada a veracidade da denúncia.

No Rio de Janeiro colonial a sociedade vivia sob o permanente estresse da desconfiança. Quem seriam o delator e o delatado da vez?

Fonte:

VARNHAGEN, Francisco Adolfo. *História Geral do Brasil.* 10ª ed. integral, 3 volumes. Belo Horizonte: Ed. Itatiaia; São Paulo: Editora da Universidade de São Paulo, 1981.

CRÔNICA 1 A terra graciosa

A carta de Pero Vaz de Caminha escrita ao rei dom Manuel, de "Porto Seguro, da Vossa Ilha de Vera Cruz", em 1º de março de 1500, é o primeiro texto antropológico, geográfico-sociológico e de observação do meio ambiente do território que veio a denominar-se Brasil.

Nela, Caminha, após descrever minuciosamente os habitantes que encontrou em "Vera Cruz", registrou que naquele território ninguém da frota havia detectado a existência de "ouro, nem de prata, nem coisa alguma de metal ou ferro; nem lho vimos". Em compensação, enalteceu o clima e a qualidade da terra para exploração agrícola.

> Porém a terra em si é de muitos bons ares, assim frios e temperados, como os de Entre Douro e Minho, porque neste tempo de agora os achamos como os de lá. Águas são muitas; infinitas. E em tal maneira é graciosa que, querendo-a aproveitar, dar-se-á nela tudo, por bem das águas que tem.

Esse espírito arguto e aberto ao registro da natureza e de seu possível aproveitamento em benefício da monarquia portuguesa era esperado e desejado de um bom e fiel vassalo. Não só deveria implementar os projetos reais, mas tomar iniciativas no sentido de explorar as potencialidades das colônias do império dos Bragança.

São muitas as histórias de plantas exóticas que foram aclimatadas no Brasil por ordem real ou por iniciativa de particulares, mudando costumes alimentares e paisagens no imenso e diversificado território da colônia portuguesa na América.

Por exemplo, a pimenta indiana de Malabar, uma das importantes especiarias do comércio exportador lusitano, foi plantada na capitania de Pernambuco com grande sucesso. Alcançou estupenda produção, ameaçando o monopólio dos negociantes do Reino que a buscavam na rota indiana. Alegaram eles: a colocação da pimenta pernambucana no comércio internacional acarretaria a queda de preço, prejudicando a eles, comerciantes, e, consequentemente, a receita real. Mexeram tanto os pauzinhos que conseguiram que o rei decretasse, ainda no século XVII, a pena de morte para aquele lavrador que cultivasse a pimenta de Malabar, "mandando arrancar quantos pés dela havia" em Pernambuco. Ordem real era para ser cumprida sem discussão, e, assim, encerrou-se a experiência.[2]

Para a colônia brasileira — segundo os interesses monárquicos no momento — era do agrado real plantar-se a exótica cana-de-açúcar e extrair-se, de suas matas, madeiras para tinturaria, para a construção civil em geral e para embarcações, móveis, objetos utilitários, moendas, veículos etc. O mesmo seria adotado para plantas com fins medicinais.

---

[2] *Reflexões sobre a decadência do Brasil, atribuída, em parte, às Companhias de Comércio.* Arquivo Nacional da Torre do Tombo (ANTT) — Questões Ultramarinas, mç.78.

ADMINISTRAÇÃO PÚBLICA E RELIGIÃO

Foi liberada a transposição de frutas, hortaliças, legumes e flores, apreciadas no Reino, para a colônia brasileira. Prática comum ao imigrante: trazer consigo, da terra de origem, como patrimônio querido, sua cultura material e imaterial.

No território da nascente cidade do Rio de Janeiro, em 1583, segundo o jesuíta Fernão Cardin, eram cultivados a cana-de-açúcar (informa haver três engenhos funcionando), todas as espécies de "laranjas, limões, limas, marmelo, figo, romã, rosas, cravos vermelhos, cebolas e todo gênero de hortaliça de Portugal", além de muitas espécies de frutas e legumes da terra. Segundo esse autor, a "cerca" (pomar e/ou horta) do colégio dos jesuítas no morro do Castelo era "cousa formosa, tem mais laranjeiras que as duas cercas de Évora", além de "muitos marmeleiros, romeiras, limeiras, limoeiros e outras frutas da terra".

A mistura de espécies exóticas com as nativas moldou o gosto alimentar da população colonial e desenhou os pomares e as hortas das chácaras, dos sítios e das fazendas da capitania do Rio de Janeiro.

Consultando inventários de pessoas falecidas antes da vinda da Corte, em 1808, possuidoras de chácaras em Botafogo, Lagoa Rodrigo de Freitas, Catete, Catumbi, Andaraí, no fim da atual Rua Buenos Aires (tanoeiro Joaquim da Costa, falecido em 1803), Saúde, São Cristóvão, Penha e Icaraí, Niterói, anotamos, além dos pés de frutas nativas muito apreciadas, como abacaxi, araçá, cacau, caju, cambucá, goiaba, grumixama, jamelão e outros, os exóticos amêndoa, café, coco-da-baía, coco dendê, figo, fruta-do-conde, fruta-pão, jaca, jambo, laranjas e tangerina e lima e limões de todas as espécies (frutas obrigatórias nessas propriedades), maçã, manga de vários tipos, marmelo, pera, pêssego, romã, tamarindo e uva em parreiral. De especiarias, anotei açafrão, canela, cravo, jasmim e louro.

A chácara do cirurgião-mor João de Almeida, em Botafogo, quando faleceu sua esposa em 1804, é exemplo da variedade vegetal cultivada no Rio colonial. De espécimes frutíferas, além do banal e da plantação de ananases, havia araçá (3 pés), cacau (40 pés), café (225 pés), cajueiro (2 pés), coqueiro-da-baía (5 pés), figo (12 pés), fruta-do-conde (1 pé), grumixama (1 pé), jabuticaba (2 pés), jambo (3 pés), laranjeira (75 pés), lima (1 pé), maçã (152 pés), manga (4 pés), romã (4 pés) e uva em parreiras (13 pés). Havia ainda 13 pés de louro e 1 pé de canela.

Em 1716 começa a história atribulada da plantação da *Cannabis sativa*, originária da Ásia Central, da qual se extraía a fibra para produção do linho cânhamo, no Rio de Janeiro. A Coroa tinha o maior interesse na plantação extensiva na colônia para substituir a importação que fazia, consumidora de grandes somas do erário real. Além do tecido, essa fibra era usada na fabricação de cordas e outros produtos empregados nas embarcações.

Por ordem real, foi determinado que o Rio de Janeiro, além da plantação em grande escala, fosse produtor de sementes e distribuidor para Santa Catarina, Rio Grande e Colônia do Sacramento, por terem esses lugares clima e solo apropriados à cultura da *Cannabis sativa*. Naquele ano foram enviados de Lisboa 40 casais de agricultores da província de Trás-os-Montes para povoarem a Colônia do Sacramento e lá iniciarem o plantio do cânhamo e de outros espécimes agrícolas.

Deveriam ser entregues a cada casal quando chegassem a seu destino:

> um saco de trigo, um alqueire [3,8 litros] de cevada, um de centeio, outro de milho grosso, linhaça cânhamo, 3 alqueires, mourisca, meio alqueire, galga, o mesmo, milho miúdo, feijões, favas, grão-de-bico, ervilhas, de cada espécie, também meio alqueire, de lentilha uma quarta [do alqueire], que fazem ao todo 10 moios e meio que são as sementes que hão de semear.

Em 18 de outubro de 1722, o provedor da Fazenda Real, no Rio de Janeiro, informou ao rei que chegara a carta que lhe escrevera (29/8/1721), acompanhada de "um moio de sementes de centeio e de 20 alqueires de linhaça de linho cânhamo", enviados pelo superintendente da Ribeira do Douro, Pedro da Costa, com destino à Colônia do Sacramento. A remessa do cânhamo, seis anos após a inicial, mostra que o projeto de 1716 se mantinha vivo.

O governador Gomes Freire de Andrade (1733-1763) também se envolveu com o cultivo da *Cannabis* e muito tentou incentivar os agricultores do Rio de Janeiro, de Santa Catarina e do Rio Grande, diversificando além da Colônia do Sacramento, território conflituoso e sempre sob ameaça de invasão de espanhóis e de seus colonos americanos. Apesar de seus esforços, essa cultura quase se extinguiu, restando alguns plantadores isolados em Santa Catarina.

Seu sucessor, o vice-rei conde da Cunha (1763-1767), empenhou-se em reerguer o cultivo do cânhamo, chegando a armazenar grande quantidade de sementes colhidas nas plantações do Rio de Janeiro. Porém, ao chegar, o novo vice-rei, o marquês do Lavradio (1769-1779), encontrou as sementes "podres", o que o deixou de "braços atados, sem poder dar um passo" e prosseguir no desenvolvimento daquela plantação.

Lavradio não desanimou e procurou obter sementes através da Espanha, sem êxito. Quando aportou no Rio de Janeiro, por sua permissão especial, um navio francês com destino à Índia, a equipe que foi inspecioná-lo foi informada de que na tripulação havia um oficial que levava diferentes sementes colhidas na Europa, para semeadura no território indiano. Mais do que depressa, o vice-rei chamou esse oficial à sua presença e perguntou-lhe "se trazia também a do linho cânhamo". O oficial disse-lhe que sim — a brecha para Lavradio pedir-lhe para ver algumas amostras e, mais do que isso, ser agraciado com "três dúzias de sementes". A tripulação daquele navio francês devia favores a Lavradio por ser proibido pelas leis portuguesas atracar no Brasil, exceção para os casos comprovados de extrema necessidade.

Graças ao presente do francês, o vice-rei pôde reiniciar a plantação do cânhamo. Plantou as sementes e viu nascerem 10 pés, mas os "pássaros comeram cinco, ou seis". As mudas sobreviventes foram tratadas com muito mimo, cresceram e deram novas sementes, que, por sua vez, foram plantadas até que produziram "três quartas" de alqueires de boa semente. Estava constituída a base para a difusão do cânhamo pelos lavradores da capitania e das terras do Sul.

Lavradio mandou boa quantidade dessas sementes para Santa Catarina, onde ainda havia velhos lavradores com experiência nessa cultura. A plantação foi um sucesso! Quando os plantadores estavam prestes a colher a boa safra, a região foi invadida pelos espanhóis, que a destruíram. Mais uma vez, o cultivo do cânhamo foi violentamente interrompido.

O vice-rei, porém, não desanimou e pediu à Corte para enviar novas sementes do cânhamo, enquanto estimulava outras culturas. Cercado de estudiosos e cientistas, Lavradio incentivou a criação, em 1772, da Academia Fluviense, Médica, Cirúrgica, Botânica e Farmacêutica, ou, resumidamente, Academia Científica. A presidência dessa instituição científica coube ao seu médico particular, que trouxera da Bahia, doutor José Henrique Ferreira.

A Academia Científica foi responsável pela criação do primeiro Horto Botânico do Rio de Janeiro, no morro do Castelo, na "cerca" do Hospital Militar. Sua direção foi confiada ao acadêmico de botânica Antônio José Castrioto. Além das muitas espécies cultivadas nesse horto, uma era a preferida e de interesse do diretor: o arbusto para criação da cochonilha, que produzia tinta rubra muito apreciada na época.

Já o xodó do marquês do Lavradio era sua plantação de amoreira para criação do bicho-da-seda e, consequentemente, alimentar as fábricas de tecidos de seda no reino. Em carta do tio amigo, Principal de Almeida, datada de 11 de junho de 1773, Lavradio narra o que fez para desenvolvimento da amoreira e de outras culturas especiais.

> (...) a respeito da minha plantação de amoreira, como o ano passado foi infinitamente chuvoso, não pude adiantar este negócio, quanto eu desejava, porém já me acho com duas mil e quatrocentas pegadas, arrebentadas, bastantemente crescidas e frondosas, e asseguro a V. Exa. que parece incrível o como estas árvores aqui produzem e crescem; tive o desgosto nesta plantação de me morrerem mais de cinco mil, porém este ano, em que estamos segundo o que parece, esperancei-me ressarcir aquela perda e, que fique plantado ainda maior número daquele, que o ano passado perdi; ficam também feitas bastantes lavouras de anil, e se vão fazendo outras várias; aqui se tem descoberto o modo de o fabricar e reduzir a massa, que eu tenho mandado ensinar a todas as pessoas, que o querem saber. Mostram todos grande apetite neste ramo de comércio, que pode ser importantíssimo, ainda que eu creio, que ainda hoje a maior parte do gosto, que mostram, é mais por lisonja a mim, que por conhecerem a sua utilidade, porém o tempo lhes mostrará que deste obséquio eles hão de ser os que se aproveitaram e para mim ficará a satisfação de lhes ter aberto mais este caminho para os seus interesses.
>
> A respeito do arroz também trabalho a ver se posso pôr este importante negócio em forma, que ele fique mais permanente. Este negócio é hoje o mais melindroso, porém trabalho em ver se posso vencer as dificuldades, que se oferecem.[3]

---

[3] Arquivo Nacional do Rio de Janeiro (ANRJ) — cód.1.096.

Com a criação da cochonilha, Castrioto almejava chegar a um padrão de qualidade da tinta do nível da espanhola e obter o privilégio real do monopólio de sua fabricação na capitania do Rio de Janeiro. Sonho bombardeado pelo diretor do Hospital Militar, que o intrigou com o novo vice-rei, dom Luís de Vasconcelos (1779-1790). Dizia ele que o uso da "cerca" pelos doentes do hospital, em passeios e respiração do ar puro do local, seria ajuda importante para a cura deles.

De início, o vice-rei relutou em expulsar Castrioto e desfazer o horto botânico, mas convenceu-se da justiça do pedido e mandou transformar a "cerca" num herbário de espécies usadas em remédios para uso do próprio hospital. Quanto ao jardim botânico, instalou outro no Passeio Público, inaugurado em 1783.

Apaixonado por história natural, Luís de Vasconcelos, além de se empenhar na produção de todas as espécies vegetais que seus antecessores vinham implementando, criou um museu para aquela ciência, montando-o em prédio que fez construir. Foi esse vice-rei o verdadeiro pioneiro e incentivador da ciência no Rio de Janeiro. Entregou a direção do museu ao cientista autodidata Francisco Xavier Cardoso, exímio taxidermista.

Com relação ao cânhamo, Luís de Vasconcelos foi muito crítico às fracassadas experiências anteriores, baseadas na iniciativa de particulares que, para ele, ao sentirem um retorno abaixo do esperado ou que as promessas de incentivo fossem interpretadas por eles como insuficientes, seria o bastante para abandonarem o negócio. Resolveu tomar a si a iniciativa e criou uma feitoria real no Rincão de Canguçu, interior do Rio Grande.

Para administrar a feitoria, designou o padre Francisco Rodrigues Xavier Prates, naturalista e conhecedor do cultivo e da extração da fibra do linho cânhamo, e para auxiliá-lo chamou o experiente e antigo lavrador Antônio Gonçalves Pereira de Faria.

Participou da equipe o furriel José Joaquim Rodrigues, que se responsabilizaria pelo almoxarifado e comandaria quatro soldados portugueses e quarenta escravos pertencentes ao governo. Para cuidar da saúde espiritual da equipe foi nomeado capelão da feitoria o padre Manoel José da Fonseca e da saúde física, o cirurgião José Martins. Todos eles com salários definidos previamente e aceitos.

Luís de Vasconcelos recomendou ao padre Francisco que escolhesse um sítio "longe de estradas, povoações, acampamentos e quartéis, para que não sirva de couto e asilo aos escravos". Deveria também o administrador não permitir que se incorporassem à "feitoria agregados, vagabundos, ociosos, peões e outras quaisquer pessoas que ordinariamente perturbam a boa economia" e distraem os escravos. Esses são propensos a enganos e deserções. Se, por acaso, aparecesse qualquer um desses indivíduos perniciosos, deveriam ser remetidos ao "governador do Rio Grande para os castigar como lhe parecer".

O padre Francisco foi alertado para ser parcimonioso nos gastos do dinheiro do rei, não construindo prédios de luxo, nem desnecessários, em suma, prédios simples e cobertos de palha e na quantidade suficiente para o desenvolvimento da feitoria. Além disso, deveriam se atender as recomendações especiais do vice-rei:

> Quanto ao cânhamo, que é o fundo do rendimento externo, deve vossa mercê aplicar todos os esforços para o promover e dilatar, ouvindo a este respeito ao dito Antônio Gonçalves Pereira de Faria e praticando tudo o que for conveniente para o seu estabelecimento que também se pode estender, fazendo-se plantações em outros lugares que parecerem a propósito, para se não fiar de uma fronteira a conservação da mesma semente. Devo porém preveni-lo, que de nenhum modo se deverá formar fábrica de cordoaria ou de outros quaisquer tecidos, enquanto Sua Majestade o não determinar positivamente, e apenas se poderão fazer algumas experiências para se estabelecer a capacidade do linho e a que giro de perfeição pode ser levado.

Debaixo dessa rigorosa proibição deve o linho ser transportado para esta capital tão somente em rama, muito bem acondicionado e reservado de qualquer corrupção, para o fazer exportar.

(...) Quanto aos mantimentos para a subsistência dos indivíduos, devem fazer-se plantações de farinha de mandioca, milho, feijão e outros quaisquer gêneros de fácil produção e necessário consumo. Advertindo porém que de nenhum modo se poderão vender ou exportá-los para fora, por serem indispensáveis para o sustento, evitando-se também com esta proibição pouco adiantamento, que pode ter a lavoura do cânhamo, sendo os trabalhos aplicados a esta qualidade de comércio.[4]

A produção da feitoria do Canguçu se desenvolveu bem, como podemos constatar pela carga do navio *Ulisses*, que chegou a Lisboa em 4 de abril de 1789, da qual constavam 472 arrobas de "linho cânhamo", ao lado de 601 de anil e 198 de arroz.

Quando a rainha dona Maria I, o príncipe regente dom João e demais membros da Corte lusa chegaram ao Rio de Janeiro, em 7 de março de 1808, funcionavam, há mais de 20 anos: o Museu de História Natural; o Jardim Botânico, no Passeio Público; o herbário medicinal do Hospital Militar, no Morro do Castelo; o cultivo do cânhamo na Fazenda de Santa Cruz; do anil e do café, espalhados pelo território fluminense, além do município da Corte; da guaxima; do bicho-da-seda; da cochonilha e todas as especiarias do antigo comércio lusitano.

Graças a esse ambiente aberto à cultura de espécies vegetais exóticas e ao domínio de processos de sua aclimatação, desenvolvidos no Rio de Janeiro, é que o ministro da Marinha e Ultramar, conde das Galveias, teve confiança de propor, em 2 de março de 1811, o

---

[4]Arquivo Histórico Ultramarino (AHU) — Avulsos RJ: cx. 10, doc. 58; cx. 134, doc. 28; cx. 131, doc. 98.

cultivo da papoula (*Papaver somniferum*) com vistas à produção do ópio no Brasil. Segundo o ministro, o anfião, ou ópio, era um dos "gêneros que os chinas mais apreciam e que os ingleses ali importam com tão vantajosos lucros, ocorre que daqui se poderia fazer este comércio, se porventura soubéssemos o método, porque os mesmos ingleses preparam".[5] Galveias, em nome de dom João, solicitou ao senhor Miguel de A. Brum da Silveira que fizesse "todas as possíveis diligências e esforços para obter aquelas noções, dando parte de tudo o que puder coligir", enquanto o ministro tentaria por outras vias a "descoberta do segredo".

Para uso medicinal, havia na botica de Antônio Pereira Ferreira, em 1798: coca, ópio e semente de linho.

Quando e como a *Cannabis sativa* (o cânhamo) passou a ser usada como entorpecente não encontrei resposta nos documentos que consultei.[6]

Fontes:

No preparo desta crônica usei muitos documentos primários. Citarei as fontes dos mais importantes.
- a) A história da pimenta em Pernambuco. In. *Reflexões sobre a decadência do Brasil, atribuída, em parte, às Companhias de Comércio*. ANTT — Questões Ultramarinas, mç.78.
- b) Sobre o cânhamo. AHU — Avulsos RJ: cx.10, doc.58; cx.134, doc.28; cx.131, doc.98.
- c) Carta do marquês do Lavradio. ANRJ — cód.1.096.
- d) Proposta do conde das Galveias. AHU — Avulsos RJ: cx.249, doc.78.
- e) CAVALCANTI, Nireu Oliveira. *O Rio de Janeiro setecentista: a vida e a construção da cidade da invasão francesa até a chegada da Corte*. Rio de Janeiro: Zahar, 2004. (Anexo 3)

---

[5]AHU — Avulsos RJ: cx. 249, doc. 78.
[6]Nireu Oliveira Cavalcanti, *O Rio de Janeiro setecentista: a vida e a construção da cidade da invasão francesa até a chegada da Corte*.

CRÔNICA 2 O poderoso óleo de baleia

É comum encontrar-se nos textos que tratam de construções realizadas no Brasil colonial a afirmativa de que nelas foi usado "óleo de baleia" na argamassa. Essa mesma assertiva encontra-se na tradição popular e no imaginário de nossa gente.

Os estudiosos desse tema dividem-se nos que confirmam o uso generalizado do óleo de baleia e nos que o contradizem. No entanto, nenhum desses estudos apresenta documento de época especificando o emprego desse material e nem que o negue.

Nas minhas pesquisas arquivísticas e bibliográficas voltadas para os estudos da arquitetura e da engenharia no Rio de Janeiro colonial não havia encontrado até 2007 referências ao emprego do citado óleo de baleia nas construções.

Paulo Pardal (1928-2004), pesquisador e estudioso da engenharia nacional, após vasta pesquisa — documental, bibliográfica e laboratorial —, conclui que em construções não hidráulicas seria improvável a aplicação nas argamassas do óleo de baleia, por ser esse um produto caro e de exportação.⁷ Afirma ainda não ter encontrado documentos sobre construção de casas que façam referência a tal uso. Além de questões econômicas, há a considerar os aspectos técnicos, pois o óleo de baleia diminui a resistência da argamassa, comprovada por Paulo Pardal em teste laboratorial, o que exigiria aumento da cal (produto caríssimo na época) na composição para alcançar maior resistência. Paulo Pardal verificou que a origem daquela informação estaria em manuscritos atribuídos ao professor e engenheiro André Rebouças, da antiga Escola Politécnica; Pardal constatou que se tratava de anotações de aulas feitas por aluno, pois a letra do manuscrito não corresponde à de André Rebouças.

Com relação às obras hidráulicas analisadas, ele encontrou a citação do uso de "betume", que poderia ser no caso "betume artificial", composto com "pó de tijolo e borras de azeite". Como o óleo não fortalece a argamassa, seu uso ficaria restrito a caso excepcional de obra que necessitasse aumentar a sua impermeabilidade.⁸

Para minha surpresa, ao reler a documentação do Arquivo Histórico Ultramarino que havia mandado microfilmar em 1994, quando estive pesquisando naquele arquivo, encontrei o documento que faltava: o ofício do vice-rei marquês de Lavradio ao ministro Martinho de Melo e Castro, datado de 23 de junho de 1770.

Escreve Lavradio que, diante da necessidade de reconstruir o cais em frente à Casa do Trem (atual Arquivo Histórico Nacional, na área da Praça Quinze), destruído pela força do mar, e dos parcos recursos disponíveis, procurava sistema construtivo mais barato do que o tradicional uso da cantaria de pedra.

---

⁷Paulo Pardal, "Desfazendo lendas: uma troca de plantas arquiteturais, telhas e coxas de escravas, óleo de baleia nas argamassas." *Revista do Instituto Histórico e Geográfico Brasileiro (IHGB)*, nº 402, 1999.
⁸Vale a pena ler o trabalho de Paulo Pardal: "Desfazendo lendas: uma troca de plantas arquiteturais, telhas e coxas de escravas, óleo de baleia nas argamassas," op. cit.

Tomou conhecimento da construção de um cais na Armação da Baleia, na Banda d'Além (atual Niterói), construído em 1768 e que se encontrava em excelente estado de conservação. Lá conheceu a técnica da mistura da borra do azeite a cal e areia, formando uma resistente argamassa semelhante a um "betume".

O documento ainda nos traz a preciosa informação da rejeição a empregar esse sistema construtivo pelo brigadeiro e engenheiro sueco Jacques Funck, autor do projeto e da obra de ampliação da Casa do Trem. Prontificou-se a adotá-lo o importante engenheiro português Francisco João Rocio, autor do projeto da monumental igreja da Candelária.

Pela importância desse documento para a história da ciência e da tecnologia da construção no Brasil colonial, transcrevo-o na sua íntegra, em ortografia atual.

> Sendo preciso acudir a grande ruína que o mar principiava a fazer no sítio em que se acha edificado o Trem e Armazéns que lhe pertence, tendo em pouco mais de dois anos entrado trinta palmos (6,60m) pela terra dentro, não restando agora para bater nas paredes do mesmo Trem, mais que vinte e cinco palmos (5,50m), e em outras partes menos, me resolvi a mandar fazer um cais para segurar aquela obra, querendo que ao mesmo tempo fosse este feito, em forma que pudesse vir a servir, também para a defesa deste porto; quando Sua Majestade Seja Servido aprovar esta obra e ordenar que ela se continue.
>
> Nos Projetos que remeti pela Secretaria de V. Exa. a respeito da Fortificação que julgo ser necessária para defesa desta Cidade, ia também compreendido o cais para defesa do Porto, porém nenhum dos Projetos se poderia pôr em prática sem uma grandíssima despesa, *porque toda obra para o mar era necessário ser feita de Cantaria*, porque a experiência até então não tinha feito conhecer que houvesse outro modo de fazer construir aquelas obras com duração. Depois de ter dado aquela conta e de terem partido as

Plantas que remeti, *fui sabedor de uma descoberta que se tinha feito, para se fazerem construções desta qualidade, que não julgo menos forte, e são de muito menos custo*; fui logo examinar o dito cais que se acha feito na Armação das Baleias há dois anos e sem embargo de o mar bater ali com muita força e de ainda estando a obra muito fresca se servirem dela sem nenhum resguardo, a achei tão forte que ainda na parte onde estava guarnecida com pedras muito pequenas, nem aí tinha experimentado nenhuma ruína; *a descoberta consiste em ser amassadas a cal e areia com as borras de Azeite de Peixe, que faz uma espécie tal de betume o qual liga com a maior força, ainda sendo partes debaixo d'água, contra todas as experiências que até agora se tinham feito; além de eu o ver assim naquele cais.* Mandei em uma pequena parte desta Praia, onde o mar bate com bastante força, e em sítio que ainda em maré vazia fica banhado de água, que se pusessem quatro pedras separadas umas das outras, fazendo-lhe cama com este betume, o que, sendo assim o executado, vimos que não só o mar não tinha tirado as pedras do seu lugar, mas que o betume tinha pegado de tal forma, que para o tirar foi necessário fazê-lo com força de picareta. *Sem embargo de isto ser visto por todos e examinado, não foi possível ceder o brigadeiro Funck da sua ideia, nem convencer-se daquela experiência, sem me dar razão nenhuma que me satisfizesse*; eu vendo a necessidade que havia daquela obra, que feita por aquele modo eu gastava duas, e três partes menos, que construída no modo ordinário, que se me tinha proposto; determinei a principiá-la na parte onde se faz mais precisa, que é só até donde aconteceu, enquanto Sua Majestade não resolver sobre esta matéria; *encarreguei da obra ao Engenheiro Francisco João Rocio, que veio empregar com muito zelo e inteligência em tudo que lhe tem sido incumbido.* Faz-se com tanta facilidade esta obra, que principiando-a haverá vinte dias, trabalhando-se quase sempre nela debaixo d'água, já se acha feito um lanço que é pouco menos que a quarta parte da obra, e a despesa tem sido a de 480$000, e que certamente se fosse feita, pelo método ordinário, teria gastado mais de quatro meses e também teria passado de quatrocentas moedas o seu custo.

Devo dizer a V. Exa. que o Administrador do Contrato das Baleias Francisco José da Fonseca, sabendo que esta obra era feita por conta de Sua Majestade, me veio dizer que estavam prontas a minha ordem todas as borras de azeite que fossem necessárias, pelas quais não queria nenhum pagamento, isto ajuda muito a fazer suave aquela despesa, e este homem merece que de alguma forma se lhe haja de louvar esta ação, eu bem vejo que eles costumam deitar o azeite desta qualidade ao mar, para lhe não prejudicar o azeite que vendem do Contrato, porém vendo ele que se lhe descobria mais este modo de poder ter boa saída o de que eles se não aproveitavam, poderia querer logo principiar a aproveitar-se, o que não fez por querer concorrer para mais esta utilidade de Sua Majestade.

Remeto a V. Exa. a nova Planta que mandei fazer para esta obra, para que sendo presente à Sua Majestade, V. Exa. me digam que o mesmo senhor determina eu haja de praticar a este respeito.

É o que sobre este particular se me oferece dizer a V. Exa.

Deus Guarde a V. Exa. muitos anos.

Rio de Janeiro, 23 de junho de 1770.
Sr. Martinho de Melo e Castro,
Marquês de Lavradio [Grifos meus.]

Fonte:

AHU — Avulsos RJ: cx. 97, doc. 57

CRÔNICA 3 Contrabando até de camisinha

O desembargador José Antônio Ribeiro Freire assumiu o cargo de juiz e ouvidor da Alfândega do Rio de Janeiro, em 2 de julho de 1798, com o firme propósito de coibir o contrabando que ali grassava. Ao partir de Lisboa foi alertado para as dificuldades que enfrentaria: desagradar pessoas importantes, os servidores insatisfeitos com os salários recebidos ou os suspeitos de envolvimento com fraudadores da Fazenda Real. Portanto, recomendavam-lhe não medir esforços para coibir o prejuízo do erário com a evasão de impostos por conta do contrabando.

 O ministro da Marinha e Ultramar, dom Rodrigo de Souza Coutinho, pessoalmente, recomendou-lhe ainda que informasse tudo que estivesse ocorrendo na Alfândega do Rio de Janeiro. Escrevesse com frequência, pois não se sentiria importunado.

 Quatro meses após a sua posse, José Freire fez seu relatório sobre a organização administrativa e sobre os funcionários que encontrara na Alfândega. Achou a administração com "regularidade, ordem e método tanto na escrituração dos livros como no arranjo do serviço obrado por cada um dos oficiais da casa". O

Dr. Manuel de Jesus Valdetaro era o escrivão da Mesa Grande (substituto de José Freire nas suas ausências).

A empolgação do juiz José Freire justificava-se: encontrou os armazéns da Fazenda Real repletos de mercadorias apreendidas, a mando do seu antecessor, pelos funcionários dedicados e honestos. A repressão ao contrabando ocorrera no fim do ano de 1796 e os processos estavam em conclusão para o envio das mercadorias a serem leiloadas em Lisboa. Foram realizadas 21 "tomadias" em situações e lugares diversos: nos navios *Andorinhas*, *Aurora*, *Fama* e *Europa*, vindos de Lisboa, e na sumaca [barco pequeno, de dois mastros] espanhola *Arassassu*. Do navio *Europa* foram apreendidos um "baú encapado marca F.R., nº 6" e um caixão sem capa que foram conduzidos pelo feitor da Marinha para a Alfândega, "por suspeitas de ser de contrabando", o que parecia confirmar-se porque não haviam "aparecido donos para fazerem competentemente o seu despacho".

Os fiscais fizeram apreensões nas lojas dos comerciantes Antônio José de Carvalho Basto, Antônio José Correa da Silva, Antônio Luiz Pinheiro, Manuel José de Andrade, Narciso José da Cruz; na moradia de Antônio dos Santos Amaral; na ilha denominada Forra, no "sítio do sargento-mor dom Gabriel Garcês e Gralha: 110 dúzias de bandejas de vários tipos e tamanhos, 256 dúzias de fivelas de casquinhas de vários tipos e tamanhos, 6 tabuleiros quadrados de 3 palmos e um faqueiro". Sem especificação do lugar em que ocorrera o resgate, foram citados: Antônio Botelho da Cunha, Custódio José de Bessa, Francisco Gomes Beiris, Gabriel Fernandes de Castro, João da Graça, José Correia da Silva e seu sócio Manuel Coelho Ferreira (duas citações). Além dessas "tomadias", em que aparecem os nomes dos suspeitos de contrabando, foram registradas outras, citando o funcionário que fez a apreensão ou a origem do órgão responsável.

No ano de 1799 chegou ao conhecimento da direção da Alfândega que no trapiche do capitão Antônio Leite, no bairro da Saúde, o maior da cidade, havia lá estocados muitos barris de pólvora e que esse material era vendido "ocultamente". José Freire, que suspeitava de tudo e de todos, intuiu logo ser a pólvora de "fábrica estrangeira", proibida por lei. Mandou para a diligência no trapiche do Leite "oficiais competentes", que lá encontraram "214 barris de diferentes pesos". Como deveriam ser pesquisados nos livros da Alfândega os apontamentos sobre a entrada de pólvora e para quem fora importada, a fim de orientar a devassa, por precaução Freire apreendeu a chave do trapiche e pôs soldados de guarda. Foram listados 16 proprietários daquela pólvora, por ele suspeitos de contrabando. Pertenciam eles à elite dos comerciantes de grosso trato do Rio de Janeiro que, provavelmente, não poriam em risco seus nomes em contrabando de pólvora: Antônio Leite Lobo, Bernardo Lourenço Viana, Bernardo Luís de Almeida, Damazo Caetano Pinto, Domingos Antunes Guimarães, Francisco José Leite Guimarães, Francisco Pinheiro Guimarães, João Rodrigues Pereira de Almeida, José Antônio de Araújo Guimarães, José Marques Pereira, José Pereira Guimarães, José Rodrigues Fragoso, José da Rosa, Manuel Caetano Pinto, Manuel Velho da Silva e Tomás Gonçalves.

Freire, diante do trabalho dos dedicados funcionários, reconhecidamente mal-remunerados, propôs a dom Rodrigo de Souza Coutinho levar ao príncipe regente, dom João, o pedido para que parte do dinheiro arrecadado no leilão das mercadorias apreendidas fosse entregue a quem participara da apreensão. O incentivo à repressão ao contrabando valorizaria e empolgaria os funcionários honestos e inibiria os contrabandistas, por saberem que seriam vigiados por gente interessada em melhorar sua renda.

Segundo Freire, deveria aplicar-se no Rio de Janeiro o que estabelecia o "Regimento da Alfândega da Cidade do Porto", preferencialmente não fazendo leilão da mercadoria apreendida na própria cidade. Justificava-se a medida porque os compradores, entre si, combinavam oferecer preços baixos na arrematação e, no fim, legalizado o contrabando, o vendiam com significativo lucro. No caso de o leilão ocorrer na cidade do Rio, que fosse obrigado o arrematante a enviar a mercadoria para fora do Brasil, principalmente as proibidas por lei de serem vendidas na colônia.

Aos apelos feitos por Freire no sentido de serem premiados os funcionários que apreendessem mercadorias ilegais respondeu dom João aprovando-os com dois Avisos (29/7/1803 e 27/6/1804). O juiz, porém, não via serem aplicados esses incentivos, em função da tramitação do processo. Ao sair de sua alçada para a Ouvidoria Geral do Crime, seguia para outras instâncias, ficando aquele juiz "em qualidade de mero executor da mesma sentença, autorizado só para remover o depósito da Alfândega aos armazéns de onde se lhe dará o destino".

Em 19 de setembro de 1806 escrevia o juiz da Alfândega ao vice-rei conde dos Arcos: a falta de incentivos financeiros e de promoções funcionais a esses combatentes ao contrabando, além de corroer suas forças e resistência ao suborno, os expunha ao ódio dos contrabandistas e de "seus sócios, mas também pelo mesmo povo, que os olha com horror". Os funcionários sentiam-se ameaçados e até com perigo de vida, razão por que podiam ser brandos nas diligências e aceitar "ajustes e composições", deixando "passar, debaixo de seus olhos, qualquer gênero de contrabando, o que é de péssimas consequências".

Nove anos depois de sua posse, o juiz da Alfândega do Rio de Janeiro foi surpreendido por inusitado contrabando em dois caixões: "papéis figurados, escandalosas estampas soltas, livros com estampas e saquinhos de peles finas" [os atuais preservativos, camisas de vênus ou "camisinhas"]. Escandalizado, escreveu ao conde dos Arcos — os objetos e gravuras teriam sido "inventados pela malícia humana e, capazes de corromper os bons costumes, e por escandalosos não devem aparecer em público". Confessou que a vontade que teve foi de os "queimar, em ato judicial de consumo".

O porteiro da Alfândega, Antônio José da Cruz, depois de acurado exame e contagem da mercadoria, em 5 de outubro de 1807, listou-as para o desembargador juiz da Alfândega:

> um caderno com 7 estampas; um caderno com 4 estampas; um caderno com 8 estampas; um caderno com 8 estampas; um caderno com 8 estampas; um caderno com 5 estampas; um caderno com 5 estampas; um caderno com 9 estampas; um caderno com 9 estampas; um caderno com 5 estampas; um caderno com 8 estampas; um caderno com 5 estampas; 34 estampas avulsas diferentes; uma estampa cartada; 2 livros com estampas, em 8º; 4 livros de um a quatro, em 8º; 2 livros de um a dois, em 8º; 12 embrulhos com 143 saquinhos de peles finas.

Com certeza, o bispo e o pároco da freguesia em que morava o desembargador, juiz e ouvidor da Alfândega do Rio de Janeiro, Dr. José Antônio Ribeiro Freire, devem ter elogiado publicamente aquele exemplar cristão.

Fonte:

ANRJ — Vice-reinado: cx. 495

CRÔNICA 4 O ouro do rei

Moradores e autoridades da cidade do Rio de Janeiro, em prolongadas e brilhantes comemorações, apreciavam os títulos de nobreza e as honrarias militares, fartamente distribuídos para os que, em reconhecidos atos de bravura, combateram em 1710 a tropa francesa, sob o comando de Jean François Du Clerc, que tentara invadir a cidade.[9] Quando todos degustavam o sabor da vitória, aconteceu, em 18 de março de 1711, o assassinato do comandante Du Clerc, que se encontrava preso sob a responsabilidade do governador do Rio de Janeiro, Francisco de Castro e Morais.

Havia sido cometido um crime que feria todos os tratados de guerra! Grave incidente diplomático que geraria sérios problemas para a Corte portuguesa.

O governador tratou logo de justificar-se perante o rei enviando extensa carta (25/6/1711), que, por suas inconsistentes justificativas, não deve ter convencido os membros do Conselho Ultramarino. Disse que Du Clerc havia sido, por ele, posto prisioneiro no

---

[9]Augusto Tasso Fragoso, *Os franceses no Rio de Janeiro*.

colégio dos jesuítas "por ser o melhor cômodo que nesta terra lhe podia dar". No entanto, o prisioneiro o perturbava muito solicitando transferência para a casa do ajudante de tenente Francisco Gomes da Silva, dizendo que não fora "criado para frade". A insistência foi tanta que o governador, para se ver livre do chato do prisioneiro, concordou em enviá-lo para a casa desse oficial. Pôs uma guarda permanente, composta de um furriel e dez soldados, na porta da casa de Francisco Gomes.

Francisco de Castro e Morais disse ter ficado surpreso com a notícia de que, na noite de 18 do mês de março, encapuzados entraram na casa em que se encontravam Du Clerc e seus criados, sem ser vistos por quem estava de sentinela, e assassinaram-no no interior da moradia. Na fuga, um dos assassinos foi agarrado por um soldado, que muito gritou por ajuda, vindo em seu socorro os demais soldados e o furriel. Mas o fugitivo conseguira desvencilhar-se do soldado e jogá-lo no chão e escapara na escuridão da noite.

Afirma o governador que enviou tropa para vasculhar as ruas da cidade em busca dos assassinos e solicitara ao ouvidor que tomasse todas as medidas legais para o esclarecimento do crime e a punição dos culpados. Estes seriam motivados, talvez, segundo Francisco de Castro e Morais, por ciúmes de marido ou pai, uma vez que diziam ser "desbocado" o senhor Du Clerc e que até mesmo enviara "escritos para mulheres honradas", galanteando-as.

Concluiu a carta declarando não entender a causa para tanto "excesso" e que aguardava o juiz de fora chegar para descobrir o agressor. Prometeu dar conta de tudo ao rei e que não mediria esforços para desvendar o caso e receber as ordens reais sobre o que fazer.[10]

---

[10] AHU — Avulsos RJ: cx. 9, doc. 26.

Enquanto o governador Francisco de Castro e Morais escrevia sua carta, o "corsário" René Duguay-Trouin[11] (1673-1736) tinha armado uma potente esquadra composta de 16 navios e tropa de 4 mil homens e, a 9 de junho do mesmo ano, partira da enseada de La Rochelle para a "província do Rio de Janeiro, uma das mais ricas e poderosas do Brasil", segundo ele anotou em seu diário de bordo.[12]

A espionagem portuguesa na França descobriu o plano de Duguay-Trouin e enviou emissário para o Rio de Janeiro, que chegou nessa cidade em 25 de agosto de 1711, a fim de o governador preparar a represália aos invasores. Foi o maior corre-corre na cidade, convocadas as tropas auxiliares, armadas as fortificações, os navios de guerra que se encontravam no porto do Rio foram postos em linha de combate e traçado o grande plano de enfrentamento. Provavelmente com ânimo, disposição e certeza de mais uma vitória sobre os inimigos franceses.

No dia 2 de setembro o sargento-mor de Cabo Frio chegou à cidade com a notícia de que pescadores avistaram uma esquadra francesa dirigindo-se ao Rio de Janeiro. Alerta redobrado! A invasão aconteceria em poucos dias e o grande combate iria ocorrer. Mais uma oportunidade para os moradores mostrarem sua coragem e fibra e defenderem a Leal e Heroica Cidade de São Sebastião do Rio de Janeiro com a própria vida, se necessário fosse.

Pouco tempo depois o governador comunicou a todos que o mesmo sargento-mor de Cabo Frio havia informado que a primeira notícia era falsa. Curiosamente, em nome de economizar o erário real, houve o desmonte da defesa da cidade e muitas pessoas das tropas auxiliares voltaram para suas casas. As fortalezas foram

---

[11]Louis Chanel de Lagrange, *A tomada do Rio de Janeiro em 1711 por Duguay-Trouin*.
[12]René Duguay-Trouin, *O corsário: uma invasão francesa no Rio de Janeiro*, p. 133.

desguarnecidas, foi reduzido o efetivo de cada uma delas e os navios de guerra saíram de seus postos de combate na entrada da barra.

Na manhã do sábado de 12 de setembro, sob intenso nevoeiro, entrou na barra da Baía de Guanabara a frota inimiga em rígida e estratégica fila de seus navios, respondendo com intensidade e pesada saraivada de tiros os parcos disparos dos canhões das fortalezas de Santa Cruz e de São João. Todas as embarcações francesas conseguiram passar incólumes e se postaram diante da cidade, levando a sua população a ficar atônita, pasma, sem acreditar no que ocorria.

O governador e seus generais mandaram incendiar vários navios portugueses, trapiches e mesmo navios mercantes e explodir os armazéns de pólvora das fortificações da Ilha das Cobras, para que os inimigos não os utilizassem em seu benefício. Após seis dias de bombardeios e batalhas campais entre os invasores e alguns militares da tropa paga e dos auxiliares, além de civis em grupos, como o comandado por Bento do Amaral Coutinho, herói de 1710, as autoridades civis, militares e eclesiásticas fugiram para o recôncavo.

A cidade do Rio de Janeiro ficou entregue aos invasores franceses e aos poucos militares e civis que lhes combatiam por se negarem a seguir o governador e seus amigos fujões. Gradativamente ela ia sendo dominada pelos franceses, a cada herói da resistência que era morto em combate e com o desmantelamento das poucas trincheiras que resistiam aos invasores, como a do Mosteiro de São Bento, sob o comando do coronel Gil l'Hedois du Bocage (avô do poeta Bocage), francês a serviço do Exército português.[13]

---

[13] Adelto Gonçalves, *Bocage: o perfil perdido*. pp. 17-34.

Senhores absolutos da cidade em ruínas, após os saques das casas comerciais e residenciais, do roubo das peças de ouro e prata das igrejas, os vitoriosos iniciaram a negociação com as autoridades fujonas para devolução da urbe carioca. Nesse ínterim chegara a tropa de Minas Gerais, sob o comando do seu governador Antônio de Albuquerque, com gente e armamento suficientes para enfrentamento dos invasores, mas foi contida pelo governador Francisco de Castro e Morais. A enfrentar os franceses ele preferiu, em 20 de outubro de 1711, pagar o alto resgate: 240 contos de réis, cem caixas de açúcar e duzentos bois.

Além desse montante recebido oficialmente, os invasores recolheram grande fortuna, impossível de calcular, com a venda de embarcações apreendidas, armamentos, mercadorias, móveis e objetos domésticos, objetos de arte e religiosos, escravos, animais e outros obtidos na pilhagem. Na atual Praça Quinze se fez o mercado do saque. Pessoas viram sua embarcação, mercadoria ou outro bem serem comprados dos franceses por moradores e conhecidos!

O desmando chegou a ponto de o sargento-mor da fortaleza de Santa Cruz ganhar de presente dos franceses a caravela *Santíssima Trindade*, que se encontrava no porto do Rio, pertencente a um comerciante de Lisboa![14]

A 13 de novembro de 1711 os franceses deixaram a cidade destruída e muitos de seus moradores atritados entre si.

O processo de devassa foi concluído com a condenação e o confisco dos bens e a perda de postos do governador Francisco de Castro e Morais; do juiz de fora e presidente da Câmara de Vereadores Luiz Fortes Bustamante; e dos militares Antônio

---

[14]AHU — Avulsos RJ: cx. 9, doc. 44.

Soares de Azevedo (sargento-mor da fortaleza de São João), Diogo Barbosa Leitão (capitão da fortaleza da Ilha das Cobras), Manuel Simões de Carvalho (tenente da fortaleza de Santa Cruz), Martim Correia de Sá (sargento-mor) e Pedro Azambuja Ribeiro (sargento-mor).

Recorreram nos tribunais de Lisboa e, anos depois, uns foram perdoados e outros inocentados. Por outro lado, muitos heróis foram registrados e agraciados pelo rei com títulos de nobreza e tenças ou promovidos nos postos militares, da administração civil ou dos quadros eclesiásticos.

Além do grande herói Bento do Amaral Coutinho, morto em batalha, a história dessa invasão registrou o feito do provedor da Fazenda Real, doutor e desembargador Roberto Car Ribeiro. Foi quem salvou o ouro do rei da pilhagem francesa.

Era ele natural de Lisboa (batizado em 19/10/1678), filho do capitão Barnabé Car Ribeiro e de dona Bárbara Maria Ribeiro, e logo cedo entrou no serviço público, como juiz de fora da vila de Monte Alegre, Portugal. Dessa vila passou a exercer a mesma função de juiz de fora de Olinda, Pernambuco. Após cerca de seis anos de trabalho, foi transferido para a Capitania do Rio de Janeiro, nomeado em 29 de março de 1708, para exercer o lugar de ouvidor-geral e provedor das fazendas dos defuntos e ausentes, capelas e resíduos. Pelos bons serviços prestados em Olinda, trouxe consigo declarações elogiosas dos vereadores e autoridades que o conheceram.

Servidor exemplar, foi promovido a vários cargos no Rio de Janeiro, como o de provedor da Casa da Moeda e de juiz do Fisco. Na nova capitania teve permissão real, em março de 1717, para casar-se com Isabel Rosada de Gouvêa, de tradicional família de senhores de engenho de São Gonçalo, da região de Paetendiba.

A noiva era filha do capitão Francisco Gomes de Gouvêa e de dona Antônia Rosada.[15]

Quatro servidores da Casa da Moeda — Antônio Nobre de Sampaio, Antônio da Silva Ferreira, Antônio da Silva Soares e Leandro de Araújo — narraram o trabalho do desembargador Roberto Car Ribeiro para salvar o tesouro real quando da invasão francesa de 1711. Percebendo ele que a cidade ia ser tomada pelos franceses, e como as autoridades se negaram a ajudá-lo a retirar o ouro em pó e em barras que se encontrava na Casa da Moeda, com seus próprios escravos e carros levou o tesouro para São Cristóvão a fim de, nesse porto, embarcá-lo para o porto de Iguaçu. O tesoureiro e os moedeiros que o acompanharam ponderaram que seria perigoso o transporte por mar e que os inimigos poderiam estar naquele porto, assim como nos de Inhaúma e de Irajá. Para não pôr em risco o tesouro real, Roberto Car Ribeiro comandou sua gente por terra e subiu a íngreme Serra do Mar até a primeira "roça do bispo". Deixou sua gente e voltou com alguns escravos e criados para a cidade do Rio de Janeiro. Ao chegarem ao Couto do Iguaçu, tomou conhecimento de que os inimigos já eram senhores da cidade. O grupo então voltou a subir a serra, e, chegando ao sítio em que deixara o ouro do rei, Roberto Car Ribeiro ficou surpreso ao constatar que haviam fugido o tesoureiro e moedeiros, além de dez de seus escravos.

Obviamente, se os franceses soubessem, através desses fugitivos, do local onde ele inicialmente pusera o tesouro, certamente viriam em sua busca. Num esforço hercúleo, juntou a gente de que dispunha e subiram a serra até a distante Paraíba [região do alto do rio Paraíba].[16]

---
[15]ACMRJ — Banhos: noivo Roberto Car Ribeiro, noiva Isabel Rosada de Gouvêa, ano 1717.
[16]ANRJ — Códice 1.087.

A discussão sobre o que fazer com relação aos traidores e evitar nova invasão à cidade do Rio de Janeiro esquentou as reuniões do Conselho Ultramarino.

Termino esta crônica transcrevendo parte do parecer dado em 20 de abril de 1712 pela visão que tinham os conselheiros da importância do Rio de Janeiro para a monarquia portuguesa.

> A obrigação que tem este Conselho de procurar o bom governo, defesa e conservação das conquistas ou pela via do expediente dele ou pela das consultas e representações a Vossa Majestade faz preciso a que todo ele prostrado aos Reais pés de V. M. lhe represente as perniciosas consequências que se seguem ao serviço de V. M. ao bem público do Reino, e de toda a monarquia em se dilatar a nomeação de governador para o Rio de Janeiro e de ministro que vá conhecer dos delitos cometidos na entrega daquela praça para serem castigados condignamente os culpados neles. Porque havendo sucedido a invasão daquela praça há mais de sete meses e tendo chegado a notícia a esta Corte há mais de três, sem se haver nomeado governador e nem ministro e sem se ter dado a providência necessária para acudir a um acidente da última importância para esta monarquia se acham os vassalos todos desconsolados vendo por esta dilação ir-se remédio que é mui fácil de aplicar pois não depende de mandar armada ou transportar exércitos mas somente enviar um governador com alguns cabos e algumas armas e munições e um ministro a devassar e castigar culpados e que por esta dilação se põem em perigo *aquela praça que é uma das pedras mais preciosas que ornam a Coroa de Vossa Majestade de cuja conservação e bom governo dependem a segurança das minas e ainda a de todo o Brasil.*[17] [Grifo meu.]

---

[17] AHU — Avulsos RJ: cx. 9, docs. 47, 37; cx. 295, doc. 5.

Fontes:

DUGUAY-TROUIN, René. *O corsário: uma invasão francesa no Rio de Janeiro*. Tradução Carlos Ancêde Nougué. Rio de Janeiro: Bom Texto, 2002.

FRAGOSO, Augusto Tasso. *Os franceses no Rio de Janeiro*. Rio de Janeiro: Biblioteca do Exército, 1950.

GONÇALVES, Adelto. *Bocage: o perfil perdido.*, Lisboa: Editorial Caminho, 2003.

LAGRANGE, Louis Chanel de. *A tomada do Rio de Janeiro em 1711 por Duguay-Trouin*. Tradução e notas de Mário Ferreira França. Rio de Janeiro: Departamento de Imprensa Nacional, 1967.

CRÔNICA 5 Estrangeiros fora!

Um dos paradoxos da colonização revela-se quando o colonizador não se considera estrangeiro mesmo em território no qual já encontrara moradores. No Brasil, os lusitanos autonomeavam-se senhor, conquistador português ou reinol, designando os índios como "gentio da terra", "negro da terra", "gente de cabelo escorrido" ou pelos nomes das nações: tamoios, tupinambás, caetés e outras.

No período colonial, o filho de portugueses nascido no Brasil não era brasileiro, mas sim "natural do Rio de Janeiro, de Minas Gerais" etc.

Já os espanhóis ou seus colonos da América dependiam do humor da autoridade do império lusitano para ser classificados como estrangeiros ou não. É bom lembrar que os reis espanhóis governaram Portugal por 60 anos (1580-1640), sendo recorrentes os casamentos entre membros das duas famílias reais.

Vêm de longe as proibições aos estrangeiros de entrarem livremente no território brasileiro. Morar era quase impossível, segundo as leis da monarquia lusa, e mais restritiva a entrada de navios estrangeiros nos portos do Brasil. Permissão para a entrada de navio ou de estrangeiro, só após analisado o pedido pelo rei ou seu preposto na colônia! Foi montado um complexo conjunto de leis, alvarás, decretos, cartas régias e recomendações, exigindo do administrador da colônia cuidados especiais para que não fossem desrespeitados. Dobravam-se as exigências ao se tratar de regiões auríferas.

Já em 27 de abril de 1703 veio ordem real para o governador do Rio de Janeiro, dom Álvaro da Silveira Albuquerque (1702-1705), verificar as condições legais dos "muitos estrangeiros de várias nações" que se encontravam no território e que "nenhuma pessoa passe as minas sem licença vossa, *advertindo-vos em segredo que a não deis a estrangeiro algum*". [Grifo meu.]

Sendo o rei sabedor do grande número de estrangeiros residindo nas diversas capitanias brasileiras, apesar das proibições feitas por ele e por seus antecessores, escreveu carta (28/2/1707) muito enérgica e de censura aos governadores dessas capitanias, principalmente o do Rio de Janeiro, dom Fernando Martins de Mascarenhas (1705-1709).

> Fui informado que sem embargo das proibições que há para que os estrangeiros não irem as conquistas destes reinos, nem possam residir nelas, têm passado e passam em grande número não somente a habitarem nas praças marítimas [cidades e vilas costeiras] delas, mais ainda nos sertões e, principalmente, nas minas do Rio de Janeiro cuja ambição os desperta mais; de que resulta grande prejuízo a esse Estado, pelo perigo que há de que sendo devassado pelos estrangeiros se informam das forças dele, disposição da sua defesa, capacidade dos portos e surgidouros, e das entradas das terras para as minas e acrescendo também outro grave inconveniente de que por este modo vêm os estrangeiros a fazer como próprio este comércio que é dos naturais deste Reino, o qual concorrendo também pelas suas mãos não pode deixar de padecer maiores descaminhos nos direitos devidos a minha Fazenda.

Só deveriam permanecer em cada capitania quatro famílias (incluindo o solteiro) de ingleses e quatro de holandeses em função dos "tratados antigos" com aquelas monarquias. Os que não fossem dessas nações e o excedente àquela cota deveriam ser presos e enviados para Lisboa.

A estratégia usada pelos estrangeiros quando chegavam ao Rio de Janeiro era aportuguesarem nome e sobrenome (alguns os trocaram) e encontrar mulher para casar na Igreja Católica. Para isso, os não católicos abjuravam a "seita" e batizavam-se. O nascimento do primeiro filho era o salvo-conduto para sua permanência na colônia brasileira. A lei assegurava o privilégio, desde que não fosse homem de negócio, mesmo sendo inglês ou holandês.

Não entravam nessa cota os militares ou funcionários públicos nomeados pela Coroa e os religiosos. Como o controle do governo sobre as ordens religiosas, principalmente a Companhia de Jesus, era difícil de realizar-se com eficiência, a solução foi proibir de ir para Minas Gerais qualquer religioso estrangeiro que não tivesse aprovação direta do monarca. Cabia ao bispo a responsabilidade sobre esse controle.

A via de o estrangeiro entrar na colônia pelo serviço ao rei abria-lhe todas as portas, sendo exemplar o caso do irlandês André Cussaco, que foi governador da capitania do Rio de Janeiro no período de 1694 a 1695.

Em 28 de fevereiro de 1707 uma "carta bomba" chegou para os estrangeiros do Brasil: o rei decretara que cada governador, imediatamente, enviasse preso para Lisboa o excedente da cota em sua capitania. Na capitania do Rio de Janeiro moravam (segundo documentos que pesquisei) seis ingleses: Richard Ley, solteiro e que logo tratou de casar, em 1709, com Isabel Barbosa de Brito; João Cherém (por morar na região, deu o nome ao distrito de Xerém, município de Duque de Caxias) casou-se em 1688 com dona Bárbara Sá Souto Maior e, após enviuvar, casou-se em 1725 com Inês Rangel; João Cherry; Pedro de La Roy, casado em 1701 com dona Mariana Josefa de Vasconcelos; Rafael Gluston, por ser comerciante com loja aberta, em 1719, foi preso e expulso; e por fim Thomas Eliad (ou Elliot). Identifiquei cinco holandeses: Antonio Jaques, casado com Catarina da Silva de Todos os Santos; Carlos de Oliveira, casado com Maria João; Louis de Proença e sua esposa Maria Fernandes Camacho; Nicolau Duarte, que, para se casar em 1701 com Antônia Porciúncula, teve de abjurar a "seita de origem" e batizar-se na igreja de Santo Inácio, dos jesuítas; e Pedro de Bacilon, casado com Clara Ferreira do Amaral.

Além desses estrangeiros protegidos pela lei identifiquei oito italianos, sete franceses, quatro alemães e um turco, chamado Pedro de Lisboa, casado com a parda forra Isabel Ferreira. Portanto, vinte estrangeiros que não podiam ficar morando no Rio de Janeiro.

Alguns, no entanto, não especificaram a naturalidade nos documentos, classificando-se como "estrangeiros"! Foi o caso de John Braneck, casado com Isabel de Souza, que, segundo alguns genealogistas, deu origem à família Werneck!

Enquanto os governadores das demais capitanias do Brasil cumpriram a ordem real e deportaram muitos dos estrangeiros excedentes em cada uma delas, o governador do Rio de Janeiro, dom Fernando Martins de Mascarenhas, a desconheceu!

Talvez por causa das invasões francesas de 1710 e 1711 à cidade do Rio, os sucessores de dom Fernando também não expulsaram os estrangeiros excedentes. A omissão deu tempo para muitos deles casarem e terem filhos, garantindo a legalidade da permanência.

Coube ao governador Aires de Saldanha (1719-1725) a desagradável incumbência de expulsar pessoas que trabalhavam na capitania e aqui haviam feito amizades e relações de negócios. Pessoas foram expulsas só porque o sobrenome identificava sua nacionalidade não portuguesa!

Dos estrangeiros que permaneceram e faleceram no Rio de Janeiro, dois casos são curiosos: o francês João Leygos, que trocou o nome para Pedro de Fita e viveu como se fosse português, e John Braneck, cuja nacionalidade, como já foi dito, não consegui descobrir.

Quando faleceu Pedro de Fita, em 2 de outubro de 1725, e seu testamento foi aberto, veio à tona sua interessante história de vida. Confessou chamar-se João Leygos, filho legítimo de João Leygos Macon e de Anna de tal, natural da província da Gasconha, da vila de Gadapuy, freguesia de São Jorge, bispado de Gondon, do Reino de França. João Leygos era solteiro e residia transitoriamente, quando estava na cidade do Rio, na freguesia da Candelária. Morava em Minas Gerais, no distrito de Rio das Mortes, onde tinha terras em sociedade com Francisco da Cruz Álvares, capitão de ordenança do distrito de Brumado, termo da vila de São João del-Rei. Teria confessado ao sócio a sua verdadeira identidade?

> Mudei meu nome de batismo quando vim da minha pátria depois de chegar a este Rio de Janeiro em uns navios franceses que aqui aportaram vindos do Mar do Sul, haverá 34 anos, pouco mais ou menos e esta mudança foi para me ocultar dos patrícios franceses para me não obrigarem a voltar com eles para França, pela conveniência que tive de ficar nesta terra e de então para cá sempre me ficaram chamando Pedro de Fita e eu sempre por tal me assinei e assino.

Declarou ainda que, ao sair da França, seus pais tinham mais de 50 anos e, portanto, não sabia se estavam vivos. Por isso, instituiu sua Alma[18] como legítima herdeira. Declarou possuir em Minas Gerais três propriedades de terras em sociedade com Francisco Álvares; ter em ouro o equivalente a 2 mil e 700 oitavas (9,720kg) e 13 escravos do gentio de Guiné, sendo 12 homens e Maria, mãe de duas crioulinhas (Catarina e Rosa), e uma mulatinha de nome Tereza. No Rio, possuía o escravo Antônio Guiné, que sempre o acompanhava em suas viagens.

A mulatinha Tereza, de um ano e meio, deixou-a livre e 200 mil-réis para o matrimônio. Caso não o concretizasse e se "procedesse mal, o dinheiro e juros seriam aplicados em missas pelas almas do Purgatório". Com relação a Maria e suas duas outras filhas, João Leygos inicialmente deixou-as alforriadas, mas, no codicilo (modificações posteriores ao inventário), voltou atrás "por procederem mal" e, por isso, deveriam ser vendidas.

Como bom católico, o falecido legou parte de seus bens para a realização de mais de mil missas pelas almas dos pais, dos defuntos parentes e amigos e as do Purgatório. Deixou 500 mil-réis para cinco "dotes de órfãs pobres e honradas"; 400 mil para 4 mulheres "viúvas pobres e honradas"; 100 mil para os "pobres da cadeia" e pequenas verbas para os "pobres cegos, aleijados e velhos" e a irmandade mais pobre da cidade que acompanhasse o cortejo com sua cruz da associação. Legou verbas para obras nas igrejas de Santa Rita e Nossa Senhora do Rosário dos Pretos e "300 mil-réis para os religiosos de Santo Antônio". Por fim, João Leygos lembrou que havia entrado com 400 mil-réis numa "carregação para Angola", junto a muitos outros investidores.

Como a verdadeira história desse estrangeiro veio à tona diante da iminência da morte, certamente os ministros da Igreja Católica devem tê-lo perdoado pelo pecado de viver com nome falso.

---

[18]Era prática essa instituição: ao estabelecer a própria alma como herdeira, deixava-se que a Igreja administrasse os bens e cumprisse os legados de missa, construção de altar etc. No final do século XVII começa a Coroa a restringir esse tipo de "herdeira".

Já o "estrangeiro" John Braneck não deixou testamento ou mesmo se encontrou o registro de seu falecimento. Mistério! O primeiro documento que localizei citando John Braneck no Rio de Janeiro refere-se a um recibo de venda que fez de "uma negra de nação de Guiné por nome Joana" a Salvador de Lemos. Estava ele no Mosteiro de São Bento quando o tabelião, em 18 de outubro de 1699, foi ao seu encontro para confirmar a autenticidade do recibo e a sua assinatura. Declarou John Braneck que era "estrangeiro" e que não sabia "escrever português", por isso pedira ao seu conhecido Antônio da Cunha Silva que o escrevesse e apenas o assinara. Confirmou perante todos que a assinatura era autêntica e de seu próprio punho.

Como John Braneck classificou-se como "estrangeiro" e desconhecedor da escrita portuguesa, evidentemente ele não poderia ser da família Werneck dos fidalgos portugueses de Viana do Castelo. Qual seria, então, a sua nacionalidade?

Se de fato, ou quando, oficialmente, John Braneck casou-se com Isabel de Souza é outra incógnita, só decifrada a partir da certidão de batismo do menino João, datada de 12 de novembro de 1707. Nela, o padre Manuel Álvares Correia anotou como pais da criança João Berneck (aportuguesou o seu nome) e sua mulher Isabel de Souza e como testemunhas Crispim dos Santos e Cecilia, esposa do capitão Antônio Correia Pimenta. Mais um documento cheio de indagações. Por que o padre não citou a nacionalidade de John Braneck, como era costume nos registros paroquiais? Teria a ver com a recentíssima ordem real de expulsão dos estrangeiros que ultrapassassem a já extrapolada cota de quatro ingleses e quatro holandeses, no caso de ser ele de uma dessas nacionalidades? Ou, mais grave, daquelas proibidas por lei?

Com relação aos dados biográficos de Isabel de Souza faz-se verdadeiro buraco negro. O biógrafo da família Werneck, Dr. Francisco Klörs Werneck, diz que ela era filha natural do rico comerciante e capitão-mor Francisco Gomes Ribeiro, sem, no entanto, citar fonte documental para sua afirmativa.

Sumiram as páginas do testamento de Gomes Ribeiro, no qual poderia vir a citação de que era pai de Isabel de Souza, no livro de óbitos da Freguesia da Candelária quando do registro de sua morte (por volta de 27 de dezembro de 1738). Elas se localizariam após a anotação do falecido João de Bastos (27/12/1738, p. 92^{verso}) e antes do assentamento de José Rodrigues Pistola (12/1/1739, p. 96), num total de seis páginas.

Igualmente sumários foram os registros de batismo dos demais filhos do casal Braneck. Mesmo a documentação de Banhos de casamentos dos filhos não cita a nacionalidade de John Braneck e quem eram seus pais e nem de Isabel de Souza. Mais lacunas a aumentar o mistério de sua história.

Através da carta escrita pela viúva Isabel de Souza ao rei e datada no Conselho Ultramarino como de 24 de abril de 1723[19] ficamos sabendo que John Braneck foi morar no Caminho Novo para Minas Gerais, perto do registro[20] do rio Paraíba, e lá mantinha em suas terras um roçado, uma venda e um rancho para abrigar os viajantes. John Braneck foi denunciado pelos fiscais e guardas do registro de que estava mancomunado com os contrabandistas e fazendo-os passar "pelo mato sem virem ao dito registro". Isabel de Souza negou as acusações e afirmou que, ao contrário, eram os próprios soldados e fiscais que praticavam esse delito "em prejuízo" da Fazenda Real e dos reais direitos do rei. A viúva denunciou ainda que seus acusadores apossaram-se de seus negócios e os estavam explorando, infringindo as leis do Reino que proibiam funcionários de ter negócios no mesmo local em que estavam a serviço real.

---
[19]AHU — Avulsos RJ: cx. 14, doc. 22.
[20]Registro era o posto de cobrança de quem passava de Minas Gerais para o Rio de Janeiro, ou vice-versa. Espécie de posto da alfândega.

Concluiu o requerimento qualificando-se como "uma viúva carregada de filhos ("cinco machos e três fêmeas"), sem outros meios para os sustentar que os da sua agência e terras que Deus e Vossa Majestade lhe deu". Pediu a restituição das terras e de seus negócios de armazém de secos e molhados e rancho para hospedaria.

Os descendentes do "estrangeiro" John Braneck e da carioca Isabel de Souza em algum momento passaram a assinar o sobrenome Werneck (tornando-se de origem portuguesa fidalga) e com ele participaram da formação das importantes fazendas produtoras de café do Vale do Paraíba e da cidade de Vassouras. Essa família escreveu uma bela história fluminense, encabeçada pelo neto do casal Braneck, o capitão Inácio de Souza Werneck.

Fontes:

Para esta crônica consultei muitos documentos primários dos arquivos: Nacional do RJ, Biblioteca Nacional, Cúria Metropolitana do Rio de Janeiro (documentação de assentamentos de batismo, casamento e óbito) e do Arquivo Histórico Ultramarino de Lisboa.

CRÔNICA 6 O mameluco valentão

Os moradores da cidade do Rio de Janeiro, na metade do século XVII, estavam apavorados com o soldado desertor Simplício Pinto. Ele e seus asseclas praticavam constantes assassinatos, além de acintosas desordens. De quando em vez, o meliante desfilava pela cidade, à vista de todos, menos das autoridades, que fingiam não o ver. Quando praticava um crime, fugia para os matos da redondeza. Iam os soldados à sua procura, porém logo voltavam sem o assassino. Para os moradores, faltava empenho às autoridades. Se quisessem, ele já estaria preso há muito tempo. Aliás, o clamor geral era que ele fosse enforcado para servir de exemplo a outros desordeiros.

Simplício era mameluco, natural de São Paulo, filho de um branco morador do Rio de Janeiro com uma índia das terras paulistanas. Começou sua vida criminosa ainda soldado do Exército, chegando a ser preso, mas logrou fugir e mantinha-se cometendo assaltos nas estradas dos subúrbios da cidade. Amancebara-se com uma mulher chamada Maria Correia.

Ao tomar posse, o governador Tomé Correia de Alvarenga (1657-1660), comovido com o clamor do povo, resolveu empenhar-se na captura do valentão. Acabaria com a impunidade que grassava na cidade do Rio de Janeiro com a prática de "grandes crimes, latrocínios e mortes violentas". O caso de Simplício era exemplar desse tipo de criminoso, pois sua folha corrida já apontava para a condenação à morte.

Como exemplo, o assassinato do carpinteiro Domingos Nunes, baleado numa madrugada quando trabalhava na porta de sua casa, e de cujo ferimento veio a falecer em 1º de julho de 1657. O próprio Domingos não viu o assassino, mas como Simplício, com frequência, era visto em residência próxima à da vítima e uma testemunha declarou ter ouvido a voz do malfeitor na hora do atentado, o crime era dado como de sua autoria. A esposa do carpinteiro, Úrsula Lopes, e um irmão do morto comentavam à boca pequena que tinha sido ele o autor dos tiros. Nunca se queixaram à Justiça por medo de serem mortos pelo acusado. Ou expor a vida das duas filhas do casal: Domingas e Catarina, com 5 e 4 anos.

Já a donzela Bárbara Gata, filha de Domingos Cardoso e Maria Rodrigues, ninguém tinha dúvida, fora morta por Simplício. Ele confessou, quando preso, que o fizera porque a vítima o havia xingado de "mameluco", na presença de sua amásia Maria Correia. Registro de que os "mamelucos" sofriam, da parte de alguns brancos, discriminação e preconceito. Por isso, invadiu a casa dos pais de Bárbara, onde ela residia, armado de pistola e espingarda, e esbofeteou-a. Ao tentar fazer o mesmo com a mãe da moça, Bárbara fechou a porta do quarto a fim de livrá-la do ataque. O agressor, "sem temor a Deus e das justiças de sua majestade", atirou com a espingarda, tendo duas balas perfurado o corpo da "inocente moça".

Também era de conhecimento público a tentativa de assassinato de Miguel de Pina feita por Simplício. Era madrugada quando o assassino, protegendo o rosto sob um guarda-chuva, aproximou-se da vítima e desferiu-lhe várias "cutiladas" que quase o levaram à morte. Isso porque Miguel havia se desentendido com uma amiga do agressor. Atitude ousada, pois o atentado ocorreu "à vista de um corpo de guarda e das sentinelas que guardavam a casa" do governador dom Luís de Almeida Portugal (1652-1657).

Não menos afrontoso foi o assassinato do capitão Francisco Pinto Pereira, pois se deu na rua em que ele morava, às 10h. Ação criminosa para todo mundo ver. Simplício juntou-se a um parente que fora "ofendido" pelo capitão, além de um "seu irmão e de um cunhado". Todos disfarçados com "bigodeiras" e armados de pistolas e espingardas atacaram a vítima quando ela se recolhia a casa. Acertaram dois tiros no capitão Francisco, que, em decorrência, faleceu dois dias depois.

O governador Tomé Correia de Alvarenga ordenou que uma tropa de infantaria, acompanhada de "oficiais de justiça", vasculhasse os subúrbios da cidade, estradas e matos e trouxesse aquele grupo de assassinos. Missão vitoriosa, para alegria dos moradores, pois assistiram à entrada da tropa, na cidade do Rio de Janeiro, triunfalmente trazendo presos o mameluco Simplício e seus comparsas.

Foi necessário reforçar a guarda à cadeia, ameaçada de invasão por grupos de pessoas revoltadas, desejosas de fazer justiça com as próprias mãos.

Pelas regras legais, a Justiça do Rio de Janeiro deveria abrir o processo, ouvir as testemunhas e os presos e enviá-lo para ser concluído no Tribunal da Relação, em Salvador. A condenação à "morte natural" na forca só cabia àquele tribunal, processo demorado e que não atendia ao clamor público de justiça imediata.

Tomé Alvarenga tomou a decisão de julgá-los na cidade do Rio. Justificou ao rei que ele e os juízes basearam-se na evidência dos delitos que "foram mais patentes, movidos de zelo da justiça, do serviço de Deus e de Sua Majestade, das queixas gerais do povo e grande merecimento das culpas, acomodando-nos ao regimento, condenamos este delinquente à morte natural, a qual padeceu na forca em lugar público desta cidade".

Depois desse julgamento é que o processo foi enviado para apreciação pela Relação, fora das normas, é verdade. Porém, para as autoridades do Rio de Janeiro, o enforcamento de Simplício

> intimidou tanto aos que poderiam ter ânimo de exercitar semelhantes insultos que desde o dia em que se executou esta sentença não houve mais morte violenta, crimes ou infusão de sangue, sendo estes de antes tão contínuos por se não se executar a justiça que ordinariamente, ou na cidade ou seu recôncavo, não sucedessem; cujos delinquentes, dos que pôs diligência se puderam recolher à prisão, estão nesta enxovia, e seus processos se irão continuando para se executar a justiça conforme a grandeza de seus delitos.

O ouvidor-geral João Velho de Azevedo havia trazido um regimento que, segundo Tomé Alvarenga, continha pontos — ele estava com dúvidas em sua interpretação — que poderiam beneficiar os delinquentes pela dificuldade de castigá-los. Isso seria a "ruína para este povo pela ousadia das muitas pessoas, que nele há sem cabedal, *principalmente destes mamelucos* que com facilidade cometem qualquer grave crime e se recolhem aos grandes matos do recôncavo aonde são criados". (Grifo meu.)

Tomé Alvarenga, em seu nome e dos juízes que participaram do processo, pediu ao rei que aprovasse por carta os atos praticados "para que em nenhum tempo" fossem contestados pelos "ministros da Relação deste Estado, em razão de se lhe não haver feito aviso com as culpas antes de executar este réu".

Oxalá a paz anunciada pelo governador tenha-se prolongado por muitos anos!

Fonte:

AHU — Avulsos RJ: cx. 3, doc. 127.

CRÔNICA 7 Hipólito Guido: juiz de fora marcado para morrer

A administração pública municipal, no início do século XVIII, sofreu importante mudança no comando da Câmara de Vereadores e deve ter provocado muita insatisfação entre os Homens Bons, isto é, aqueles habilitados a votar ou ser votados para o exercício da vereança. Antes da reforma assumia a presidência da Câmara o vereador mais velho, morador na cidade do Rio ou de seu termo, que pertencia a tradicional família local e que poderia ter diploma universitário ou não. As decisões tomadas nas vereanças atendiam aos interesses desses Homens Bons.

A cada ano o ouvidor-geral (um letrado formado numa universidade, geralmente um desembargador) fazia a correição na Câmara verificando o que fizeram os vereadores no período, se realizaram as decisões tomadas na correição anterior, se houve irregularidade administrativa, quais as posturas que editaram etc. Era a cobrança de um conhecedor dos melindres das leis a um grupo, muitas das vezes, sem nenhum advogado entre os vereadores em exercício naquele ano.

A Corte resolveu colocar na presidência da Câmara um letrado por ela nomeado e enviado com a função também de juiz de fora. Evidentemente com essa mudança a Corte passava a ter o controle e a informação sobre o trabalho dos vereadores e maior segurança de que as leis que envolviam os interesses municipais seriam cumpridas.

O primeiro juiz de fora nomeado para a cidade do Rio de Janeiro (Provisão Real de 14/3/1703) foi Francisco Leitão de Carvalho. Entre os atritos que ele teve, o mais forte foi com o ouvidor-geral, desembargador João da Costa da Fonseca, por conta de divergências sobre os culpados da morte do escrivão Henriques Fernandes Mendes, ocorrida em 29 de outubro de 1706. O ouvidor culpou e prendeu o tenente João Lobo de Macedo e o capitão Baltazar Dias de Oliveira, mas Francisco Leitão não viu provas suficientes para condená-los. Além disso, estranhou o fato de que esses dois condenados pudessem sair à noite da prisão e que, em uma das noites, o ouvidor João da Costa tivesse prendido o carcereiro e levado a chave da cadeia consigo, permitindo que outros presos fugissem, entre os quais "12 dos maiores facínoras".

Quando Hipólito Guido tomou posse, em 18 de junho de 1707, encontrou a população da cidade do Rio de Janeiro vivendo esse escândalo do caso do falecido Henriques Fernandes Mendes. Como advogado, leu cuidadosamente o processo da devassa e tomou conhecimento da atitude curiosa da libertação do carcereiro, pelo próprio ouvidor João da Costa, logo após ter conhecimento da fuga dos presos. Mais curioso para Hipólito Guido foi ele ter entregado a chave da cadeia ao mesmo carcereiro! Diante dos fatos, mandou prender dois servidores públicos ligados ao ouvidor, os meirinhos da Correição, Manuel da Rocha Pereira, e o da Casa da Moeda, Manuel Gonçalves Maciel. Porém teve o cuidado de, com o apoio do governador dom Fernando Martins Mascarenhas de Lencastre (1705-1709), prendê-los no calabouço da Fortaleza de Santiago, livre da influência do ouvidor.

A partir daí Hipólito Guido passou a fazer parte da lista de desafetos do ouvidor-geral João da Costa da Fonseca.

Foram muitas as querelas entre os dois, com o ouvidor dando carta de soltura a presos condenados pelo juiz de fora, pessoas sendo presas por serem consideradas partidárias de um ou de outro. Os atritos alcançaram níveis preocupantes, a ponto de o bispo dom Francisco de São Jerônimo (1702-1721) reunir-se com os querelantes buscando a concórdia entre eles (24/1/1708). Tudo em vão!

Como se não bastassem esses antigos problemas que perturbavam Hipólito Guido, ocorreu um atentado ao doutor Cláudio Gurgel do Amaral, quando estava acompanhado de Domingos Dias de Aguiar, ficando gravemente ferido o primeiro e morto o segundo. Na devassa tirada por Hipólito Guido ele denuncia o ouvidor-geral João da Costa como o principal mandante do crime, associado ao comerciante João Mendes de Almeida e ao futuro cunhado desse, o capitão José Soares, seu irmão Carlos Soares, Sebastião Gago, filho de Pedro Gago da Câmara, e outros.

Após essa devassa aconteceu a tragédia anunciada: entre as 20h e as 21h do dia 10 de fevereiro de 1708, chegando Hipólito Guido a sua casa, acompanhado do escrivão e do alcaide, ao se despedir de seus acompanhantes recebeu um tiro "com arma de fogo que lhe fizeram quatro feridas em o braço e peito esquerdo; de que escapou milagrosamente com vida".

Em carta ao rei (10/3/1708) Hipólito Guido lista os principais envolvidos no atentado, cujos atiradores foram Francisco de Souza Bitesga e o sargento Luiz Pinheiro. Como principal mandante citou o doutor ouvidor-geral João da Costa da Fonseca, em seguida listou o capitão-tenente dom Manuel Henriques, o capitão

José Soares, Domingos Rodrigues Távora (o escrivão que o havia acompanhado), João Mendes de Almeida, Sebastião Gago, Manuel de Vasconcelos Velho e outras pessoas que no decorrer da devassa iriam aparecer. Pediu ao rei para que algumas pessoas importantes do Rio de Janeiro não participassem da devassa por serem amigos ou partidários do ouvidor-geral João da Costa: o desembargador João Saraiva de Carvalho, o mestre de campo Gregório de Castro Morais e seu filho, capitão Francisco Xavier de Castro, o capitão Thomas Gomes e Carlos Soares, seu desafeto antigo.

O Conselho Ultramarino, examinando as cartas enviadas pelos envolvidos e demais papéis e processos referentes às intrigas e aos confrontos entre o juiz de fora Hipólito Guido e o ouvidor-geral João da Costa da Fonseca, principalmente sobre o bárbaro atentado que sofrera aquela autoridade, sugere ao rei que substitua imediatamente todos os servidores públicos envolvidos no caso, principalmente os dois pomos da discórdia.

> Estas cartas do juiz de fora [10/3/1708], do ouvidor, do governador [8/3/1708] do Rio de Janeiro e todos esses papéis, que uns e outros juntam, são uma evidentíssima prova da inimizade capital que há entre o juiz de fora e o ouvidor, e entre este e o governador, e da incurialidade e injustiça dos despachos destes dois ministros, cujo fim é só vingar-se um do outro, com injúria dos lugares que ocupam e opressão das miseráveis partes, sobre quem caem todos os efeitos destes teimosos procedimentos, padecendo uns injustas prisões, e outros sendo livres delas injustamente, o que só pode ter remédio, mandando Sua Majestade logo tirar ambos estes ministros dos seus lugares, ainda que não tenham acabado o seu tempo. O prover outros de novo, e assim requeiro que se faça parte ao Dito Senhor, para que sendo servido o proveja assim pelo Tribunal, a que toca. E quanto ao governador se deve estranhar muito o que ele confessa fez, dizendo que por ter

entendido que o ouvidor injustamente suspendera ao meirinho, a quem este governador tinha passado provisão, lhe levantara a suspensão e o mandara servir, porque para este efeito não tinha jurisdição alguma para conhecer da injustiça do ouvidor; no caso, que a fizera, antes devia dar conta a Sua Majestade para que o castigasse e ao ouvidor se deve escrever que logo suspenda o dito meirinho, se ainda servisse.

Foi nomeado o desembargador Antônio da Cunha Souto Maior para realizar a sindicância do atentado a Hipólito Guido. Atendendo a ordem do rei, o sindicante informou sobre o andamento da devassa e o estado de saúde do juiz de fora:

> O dito Ministro estava de presente sem esperanças de vida por causa de uma hidropisia, que lhe sobreviera depois de vários achaques, que se lhe continuaram as feridas, que com balas lhe tinham feito e estava moribundo e incapaz de viver naturalmente.

Sugeriu ainda o sindicante (30/10/1709) que o rei nomeasse logo o substituto do moribundo Hipólito Guido, com regimento claro e específico para aquela importante função,

> e que este fosse como devem ser todos os que se ocupam no serviço de Sua Majestade, porque aquela terra [Rio de Janeiro] estava hoje muito populosa e o lugar de juiz de fora tinha muito que fazer no Cível e Crime, e necessitava de Ministro de grande suposição, talento e capacidade, e que enquanto V. M. não mandasse para as Conquistas Ministros de veras qualidades não havia de ser quietos e sossegados seus vassalos, pois este era o meio de os manter em paz e sossego.

Doze dias depois faleceu o juiz de fora e presidente da Câmara de Vereadores. Pelo seu testamento verifica-se que Hipólito Guido era solteiro, pobre e muito religioso, solicitando a seus testamenteiros que mandassem oficiar muitas missas por sua alma. Pediu para ser sepultado no hábito de São Francisco, de cuja Ordem Terceira era irmão.

Nomeou como herdeiro de seus parcos bens o irmão Inácio Celestino Guido. Ao rapaz que morava com ele, Sebastião Dias, deixou um pouco de dinheiro e várias peças de seu vestuário, como camisas, seis ceroulas, seis pares de meias brancas, uma veste de baeta preta etc.[21]

Lamentavelmente, foi este o triste fim de um servidor público que tentou exercer seu trabalho bem servindo ao rei, na cidade do Rio de Janeiro colonial!

Fontes:

AHU — Castro Almeida RJ: doc. 3.051; 19.12.1707
AHU — Castro Almeida RJ: docs. 3.045 a 3.1047; 23.11.1708
AHU — Castro Almeida RJ: docs. 3.164 a 3.197; 02.02.1709
AHU — Castro Almeida RJ: docs. 3.198 e 3.199; 17.03.1709
AHU — Avulsos RJ: cx. 8, doc. 35; 16.03.1709
AHU — Avulsos RJ: cx. 8, doc. 40; 18.05.1709
AHU — Avulsos RJ: cx. 8, doc. 34; 11.06.1709
AHU — Avulsos RJ: cx. 8, doc. 64; 10.03.1710

---

[21]ACMRJ — Livro de óbitos da freguesia da Sé, 1701-1710: AP — 0400.

CRÔNICA 8 Os provedores da Fazenda Real:
família Cordovil

O pioneiro na Provedoria da Fazenda Real, Bartolomeu de Sequeira Cordovil, nasceu em Lisboa e era filho de Francisco Cordovil de Sequeira e de Margarida Pacheca, de famílias tituladas em Portugal.

Bartolomeu veio para o Brasil, primeiramente para a capitania de Pernambuco, onde serviu ao Exército em vários postos, e depois como oficial maior da Secretaria do Governo por mais de três anos (26/5/1699 a 30/10/1702). Concluída essa missão, voltou para Lisboa.

Expirado o mandato do secretário do governo da capitania do Rio de Janeiro, então exercido por Faustino Aires de Carvalho, passaram a disputar a vaga Bartolomeu de Sequeira Cordovil e Francisco de Souza Andrade. Considerando os bons serviços realizados pelo primeiro, e por ser de conhecida nobreza, Bartolomeu foi nomeado em 10 de janeiro de 1704 para o cargo pelo tempo de três anos. Em sua fé de ofício destacou-se ter ele exercido a função de secretário em Pernambuco com "toda a satisfação dela e bom procedimento e com muita inteligência, assim para os negócios do serviço Real, como das partes, sendo mui limpo de mãos, e bom escrivão".[22]

Ao término do mandato de secretário do Governo da Capitania do Rio de Janeiro, Bartolomeu de Sequeira Cordovil, em 19 de fevereiro de 1707, casou-se com Margarida Pimenta de Mello (viúva do capitão José Pinheiro de Azevedo), de tradicional família fluminense.

O casal teve dois filhos: Francisco Cordovil de Sequeira e Mello, batizado em 28 de dezembro do mesmo ano, e Luiza Inácia Xavier. Essa, após chegar à idade adulta, tornou-se freira no Convento de Odivelas, em Lisboa.[23]

Era proprietário do Ofício de Provedor da Fazenda Real no Rio de Janeiro o coronel Francisco do Amaral Gurgel, que pagara 40 mil cruzados como donativo para ser nomeado, em 11 de agosto de 1714. Dois anos depois, Amaral Gurgel foi envolvido em uma devassa, acusado de ter cometido atos prejudiciais aos interesses da Coroa. Embora contestasse a acusação, dizendo-se vítima de envolvidos em falcatruas por ele denunciadas, foi preso pelo período de 17 meses. Essa prisão prejudicou muito suas finanças e, principalmente, a manutenção de sua família, constituída por mulher e quatro filhas, que dependiam exclusivamente de seus rendimentos. Viajou para Lisboa e lá pediu ao rei renúncia do Ofício, indicando para substituí-lo seu amigo Bartolomeu de Sequeira Cordovil. Se Amaral Gurgel recebeu do indicado algum pagamento — o que seria bem-vindo, considerando a dificuldade financeira em que se encontrava — a documentação oficial não dá pistas.

Para cuidar do ouro do rei só alguém de muita confiança e credibilidade, por isso o monarca dom João V mandou o seu juiz de

---

[22]AHU — Castro Almeida RJ: docs. 2.816 e 2.817.
[23]Arquivo da Cúria Metropolitana do Rio de Janeiro (ACMRJ) — Livro de óbitos na Freguesia da Sé, 1736-1740: AP — 0406.

Índia e Mina, Antônio da Cunha Brochado, fazer investigação sigilosa sobre a vida atual e pregressa de Bartolomeu de Sequeira Cordovil,

filho de Francisco Cordovil Sequeira e de Margarida Pacheca, ambos naturais da vila de Alvito. Neto pela parte paterna de Bartolomeu de Sequeira e de Natália Froes, e pela materna de Antônio Vaz Gago e de Isabel Pacheca, todos naturais da mesma vila de Avilto e para esse efeito perguntareis pessoalmente, às testemunhas que tiverdes informação, que ao menos serão sete, que tenham razão de saber se por alguma destas partes depondo elas clara e separadamente a cada um dos itens seguintes.

1º Se sabe suspeita o que lhe querem perguntar, ou se lhe disse alguém que sendo perguntado dissesse mais ou menos da verdade.
2º Se conheceu ao dito Bartolomeu de Sequeira Cordovil e se sabe quem são seus pais e avós e que razão tem de conhecer.
3º Se sabe que o dito é Cristão-Velho, limpo e sem raça alguma de Cristão-Novo, Mouro, Mulato, ou de outra qualquer infecta Nação, ou de novamente convertido a nossa Santa Fé Católica, se ouviu ainda que o não saiba de certo alguma fama ou rumor, em contrário sobre esta matéria, e a que pessoa o ouviu e em que ocasião.
4º Se sabe que os pais e avós do suplicante [Bartolomeu de Sequeira Cordovil] tivessem algum ofício mecânico.
5º Se é pessoa de boa vida e costumes, solteiro ou casado com mulher de limpo sangue sem raça.

E feita esta diligência pessoalmente como dito é que será com todo o segredo, que as partes o não venham a saber para o que dareis o juramento dos Santos Evangelhos, as testemunhas que perguntardes, para que não digam o para que foram chamados, e me enviareis com esta os próprios autos, que tudo com nossa Carta será entregue ao Secretário do Meu Conselho Ultramarino, André Lopes de

Laure. Cumpris assim. El-Rei nosso senhor o mandou por João Teles da Silva e Antônio Rodrigues da Costa, Conselheiros do seu Conselho Ultramarino. Dioniso Cardoso Pereira o fez em Lisboa a 26 de outubro de 1716.

Bartolomeu de Sequeira Cordovil foi aprovado na severa e preconceituosa investigação e nomeado provedor da Fazenda Real, em 17 de dezembro de 1716.[24] Eis que quatro anos depois de sua posse estava Bartolomeu pedindo ao rei a restituição do seu Ofício, perdido por ter sido condenado e preso na devassa feita sobre o ex-governador do Rio de Janeiro Antônio de Brito de Menezes (1716-1719). Bartolomeu de Sequeira Cordovil recorreu, foi inocentado e reconhecido que ele "havia servido o dito cargo" com bom procedimento. O parecer exarado no Conselho Ultramarino (29/11/1720) lhe foi favorável e recomendava ao rei restituir-lhe a propriedade do Ofício de Provedor da Fazenda Real do Rio de Janeiro. De volta ao cargo de provedor, Bartolomeu atuou regularmente até sentir o peso da idade "além de 60 anos" e dos "vários achaques de que lhe resulta não poder assistir os serviços" do rei com a presteza desejada. Resolveu, então, pedir ao monarca que seu jovem filho, Francisco Cordovil de Sequeira e Mello, formado em direito pela Universidade de Coimbra, o substituísse nos períodos de seus impedimentos. Ponderava que seria vantajoso para o serviço real, pois o jovem preparava-se para assumir o ofício, praticando-o sob a orientação do pai. O rei, após ouvir seus conselheiros, aprovou o pedido em 20 de agosto de 1733.

A partir daí, Bartolomeu de Sequeira Cordovil foi-se afastando do trabalho por períodos cada vez mais prolongados até falecer, em 3 de janeiro de 1738.

---

[24] AHU — Castro Almeida RJ: doc. 3.817.

Imediatamente o governador Gomes Freire de Andrade fez provisão nomeando Francisco Cordovil de Sequeira e Mello para o cargo, exigindo-lhe fiança correspondente a um terço do rendimento do ofício. Evidentemente cabia ao rei nomeá-lo em definitivo, o que geraria novo processo e averiguação se Francisco Cordovil atendia aos requisitos para tal propriedade de ofício público. Em junho de 1739 o Conselho Ultramarino já analisava se o candidato estava isento ou não de fazer depósito do donativo.[25]

Passando pela mesma averiguação de limpeza de sangue exigida para seu pai, Francisco Cordovil foi aprovado e nomeado definitivamente, pelo rei, em 2 de março de 1742, proprietário do ofício de Provedor da Fazenda Real, vedor-geral e contador da Capitania do Rio de Janeiro.[26]

Preocupado com melhor fiscalizar os bens estocados pertencentes à Fazenda Real e as atividades da fábrica de moeda e cunhagem de ouro, Francisco Cordovil pediu licença ao rei — e a obteve — para reformar os diversos prédios existentes no Largo do Carmo (atual Praça Quinze), onde funcionavam a Casa dos Contos (administração da Fazenda Real), a Casa da Moeda e os Armazéns Reais, destinando esta última para sua moradia. A reforma ficou tão vistosa que gerou ciúmes, levando o procurador da Coroa e Fazenda a denunciar Francisco Cordovil como desperdiçador do dinheiro público, pois teria feito obra de "tanta grandeza e exorbitância de despesas" sobre a que o brigadeiro José da Silva Pacs (governador interino do Rio de Janeiro) havia realizado fazia bem pouco tempo.

Por certo não repercutiu bem na Corte o gasto supérfluo de Francisco Cordovil para sua moradia. Como o governador Gomes

---
[25] AHU — Avulsos RJ: cx. 36, doc. 67.
[26] AHU — Castro Almeida RJ: docs. 11.874 a 11.885.

Freire insistia em pedir recursos, sem sucesso, para construir a Casa do Governador, por considerar a que lhe era destinada muito acanhada (na Rua Direita, atual Primeiro de Março), a solução foi tomar a moradia do provedor e transferir todos os serviços da Fazenda Real para lá.

Assim começa a história do atual Paço Imperial.

Se Francisco Cordovil foi gastador nesse caso, redimiu-se pelos inúmeros processos movidos contra os sonegadores, contrabandistas, ladrões de mercadorias e funcionários corruptos, recuperando bons recursos para a Fazenda Real. Como exemplo podem ser destacados a prisão e o confisco dos bens do negociante de grosso trato, Luís Duarte Francisco, que exercendo a função de tesoureiro da Alfândega envolvera-se em falcatruas. O rombo nas suas contas chegava a quase 59 contos de réis, correspondentes a impostos por ele não recolhidos.

Em meados de 1751, Luís Duarte implora ao rei para que, sob fiança, o mandasse soltar da cadeia do Rio de Janeiro, na qual se encontrava havia dois anos, pela "vexação de sua pessoa de sua casa e família". Argumentava que, solto, poderia "tratar da cobrança de suas dívidas", reerguer sua casa de negócios e cuidar de sua mulher e de seus filhos, que moravam na cidade do Porto. A providência evitaria o prejuízo à Fazenda Real, pois se continuasse preso, os devedores poderiam se ausentar ou montar "outra qualquer falência". O rei, porém, não lhe deu ouvidos. O processo arrastou-se e em 6 de janeiro de 1754 Luiz Duarte permanecia preso.[27]

Francisco Cordovil ainda comprou uma briga com os vereadores ao denunciá-los (15/1/1767) por realizar a obra de cobertura da vala que passava pela atual Rua Uruguaiana (então Rua da Vala)

---

[27] AHU — Avulsos RJ: cx. 55, doc. 6.

sem ordem da Fazenda Real. Por essa e muitas outras cobranças que fazia, cuidando para que o dinheiro público fosse empregado dentro da lei, é que esse provedor desagradou muita gente.

O contratador do negócio de geribita[28] e aguardente na Praça do Rio de Janeiro, Francisco José da Fonseca, solicitou, em 10 de setembro de 1760, licença real para citar judicialmente Francisco Cordovil "pelas perdas irreparáveis que teve no seu contrato".[29]

O comerciante João Rodrigues Cunha também pediu provisão para citar Cordovil judicialmente (1/2/1765). Argumentava estar sendo prejudicado pela negligência do provedor em não pagar o que lhe deviam os presos, acusados de contrabando de ouro e diamantes, Antônio Antunes Ferreira e Antônio Rodrigues. Assegurava o comerciante que, de fato, o dinheiro existia porque os bens desses condenados haviam sido sequestrados e leiloados pela Fazenda Real.[30]

Porém o que mais prejudicou a carreira profissional de Francisco Cordovil foi o destempero de sua mulher, dona Catarina Vaz Moreno. No dia 14 de janeiro de 1760, Antônio Gonçalves Marques, capitão de um navio que fazia rota para Benguela e Angola, foi à casa do provedor a fim de dar entrada de sua chegada ao porto do Rio. Ocorre que a família de Cordovil havia recebido uma carta anônima datada de Benguela acusando o capitão de fazer "más ausências sobre a Família" e contra o "crédito" de dona Catarina e de suas filhas. A denúncia ou intriga gerou a maior pancadaria sobre o difamador.

---

[28]Segundo o dicionário de Antonio de Moraes Silva (primeira edição, de 1785) "gerebita" seria a "agua ardente de borras de assuçar — cachaça. bebida de segunda categoria, de qualidade inferior à aguardente". O curioso é que deixamos de falar nos dois tipos e cachaça passou a designá-los!
[29]AHU — Avulsos RJ: cx. 55, doc. 6.
[30]AHU — Avulsos RJ: cx. 80 doc. 40.

Ninguém melhor do que o desembargador João Pedro de Souza de Siqueira Ferras, ouvidor-geral do Crime, para narrar o caso que, por envolver alto funcionário público, passava ao governador Gomes Freire a palavra final.

> Dona Catarina Vaz Moreno, mulher do Provedor, que a esse tempo se achava presente com vários escravos destinados para satisfazer à sua paixão, sem embargo do capitão lhe asseverar da sua inocência, mandou aos mesmos lhe dessem o que eles obraram com tal excesso que daquele lugar saiu o capitão com o rosto inchado e cheio de contusões ocasionadas das pancadas, que os sobreditos escravos lhe deram com as mãos e uma palmatória. Recolhendo-se para a sua casa coberto com um capote, donde esteve sangrado, no braço e pé.

Imediatamente foi aberta devassa sobre o ocorrido. Nela, as testemunhas "asseveraram por pública voz e fama que a sobredita dona Catarina Vaz Moreno mandara chamar ao referido capitão por um Joaquim, seu escravo, a fim de obrar aquele excesso". O desembargador propôs a prisão de dona Catarina e seu escravo Joaquim. Com relação a Francisco Cordovil, também arrolado no processo de sua esposa, por ser provedor e vedor do Exército, cabia ao governador Gomes Freire tomar as providências, levando o caso à presença real para ser devidamente orientado.

Em julho de 1760 o pedido de Francisco Cordovil para que pudesse aguardar a conclusão do processo em liberdade, analisado no Conselho Ultramarino, foi, por fim, indeferido.

Segundo o advogado Waldir da Fontoura Cordovil Pires, o seu antepassado "foi condenado ao pagamento de três mil cruzados e a degredo em cinco anos no Rio Grande [do Sul atual], mas que foi transformado em multa de cinquenta mil-réis, voltando ao exercício do cargo".[31]

---

[31] Waldir da Fontoura Cordovil Pires, *Cordovil, suas origens, a família, o bairro*, p. 14.

O rei dom José, em 5 de novembro de 1763, por decreto, concedeu a Francisco Cordovil a reintegração ao ofício do qual estava suspenso.[32]

Quatro anos depois de reassumir suas funções, Francisco Cordovil pediu ao vice-rei conde da Cunha (1763-1767) permissão para que seu filho mais velho, Bartolomeu de Sequeira Cordovil, já com mais de 21 anos (o outro filho chamava-se Filipe), o substituísse em seus impedimentos decorrentes de "ataques de gota nas mãos e pés, os das erisipelas nas pernas e presentemente o de dores itericas, o não deixam sair de casa".

O conde da Cunha enviou o pedido ao Conselho Ultramarino, manifestando-se contrário ao deferimento por considerar os filhos do requerente inábeis para a função. "Nenhum deles tem idade competente, e o mais velho, por falta de juízo, não tem capacidade, nem também o segundo se lhe conhece."[33]

Dom José, em 19 de abril de 1766, considerando a pouca idade de Bartolomeu e a importância do cargo, ordenou ao chanceler da Relação do Rio de Janeiro novo parecer sobre o caso. Um ano depois, o processo ainda percorria os caminhos do Conselho Ultramarino. Nele, era lembrado ao rei que a reforma feita em seu reinado criando a Junta da Fazenda Real e a entrada em funcionamento do novo Real Erário, a partir de janeiro de 1768, recomendavam que Francisco Cordovil fosse substituído, em seus impedimentos, por um dos desembargadores do Tribunal da Relação. O parecer acrescentava que a escolha recaísse sobre o que estivesse menos atarefado.

Enquanto Francisco Cordovil batalhava para emplacar seu filho como substituto, veio ordem da Corte (24/4/1769) ao vi-

---

[32] AHU — Avulsos RJ: cx. 76, doc. 14.
[33] AHU — Avulsos RJ: cx. 88, doc. 11.

ce-rei marquês de Lavradio mandando imediatamente prendê-lo e remetê-lo para o Reino. Lavradio, apiedado do servidor, só no ano seguinte cumpriu a ordem real, explicada em carta ao ministro conde de Oeiras (que veio a ter o título de marquês de Pombal), de 20 de fevereiro de 1770:

> porque vendo-o muito cheio que é de queixas este miserável homem, que igualmente se achava reduzido a não ter meios com que de repente pudesse fazer esta longa viagem, tendo ficado de todo destruída a sua Casa, da outra que a poucos anos o obrigaram a fazer; este lastimoso estado me obrigou a 8 dias antes da Nau partir, eu o chamar e lhe dizer que o obrigava a embarcar nesta Nau para ir a Lisboa a diligência do Serviço de Sua Majestade, e que ele se devia por pronto para assim o executar; com este meu aviso aproveitou este breve tempo em empenhar alguma pequena prata que tinha a sua Casa, para o fim de fazer algumas camisas, e pagar a sua passagem, deixando a sua miserável família em bastante miséria e necessidade.
>
> Logo que a Nau sair principio a tirar a Devassa que V. Exa. me ordena a respeito dos descaminhos que fez a Fazenda Real o Almoxarifado Luís de Miranda, incluindo na mesma Devassa as omissões que este Provedor da Fazenda teve em não evitar todos os descaminhos de que é acusado aquele Almoxarife.

Francisco Cordovil foi preso na terrível cadeia do Limoeiro. Mesmo inocentado das acusações e libertado, foi obrigado a permanecer em Lisboa enquanto não se concluísse a devassa. Faleceu em 1779, sem poder rever sua cidade natal.

Era o ano de 1783 quando o seu filho Felipe Cordovil de Siqueira e Mello solicitou o que considerava ser de direito, desde 28 de janeiro de 1717, pois a propriedade do Ofício de Provedor da Fazenda Real do Rio de Janeiro pertencera a seu avô, Bartolomeu de Sequeira Cordovil.

Não sabia ou fez que desconhecia que, na reforma administrativa promovida pelo rei dom José, o Alvará de 3 de março de 1770 extinguira o Conselho da Fazenda e o ofício de seu provedor, na Capitania da Bahia, e criara um lugar de intendente da Marinha e Armazéns Reais.

Esse Alvará e outros decretos reais foram usados como justificativa para extinguir a propriedade do Ofício de Provedor da Fazenda Real e outros que pertenciam à família Cordovil.[34]

Como vimos, o trabalho dos provedores da Fazenda Real do Rio de Janeiro a eles trazia mais aborrecimentos e prejuízos do que benesses e acúmulo de riquezas.

O bairro de Cordovil, na cidade do Rio de Janeiro, guarda no nome a memória dessa ilustre família carioca, além de marcar o local onde ela possuía o Engenho do Provedor.

---

[34] AHU — Avulsos RJ: cx. 94, doc. 11.

CRÔNICA 9 A devassa do bacharel Luiz Antônio Rosado da Cunha

No Brasil Colônia, ao término do exercício de um cargo no serviço público, o rei ordenava que fosse realizada uma devassa — denominada "residência" — para apurar o comportamento do servidor, e de seus auxiliares próximos, durante o período em que exercera aquela função. Por essa "malha fina" passou o bacharel Luiz Antônio Rosado da Cunha ao concluir seu mandato de juiz de fora da cidade do Rio de Janeiro, exercido de agosto de 1744 até janeiro de 1750. Saliente-se que o desempenho do cargo dava-lhe, automaticamente, a função de presidente da Câmara de Vereadores, além de provedor dos defuntos e ausentes, das capelas e dos resíduos da capitania.

O bacharel é autor do primeiro livro impresso no Brasil, em 1747, pela gráfica instalada na cidade do Rio de Janeiro por Antônio Isidoro da Fonseca, no tempo do governador Gomes Freire de Andrade. A edição (rara) tem o curioso e longo título de *Relação da entrada que fez o Excelentíssimo e Reverendíssimo Senhor D. Frei Antônio do Desterro Malheiro: bispo do Rio de Janeiro em o primeiro dia desse presente ano de 1747, havido sido seis anos*

Bispo do Reino de Angola, donde, por nomeação de Sua Majestade e Bula Pontifícia, foi promovido para esta Diocese. Trata-se de importante descrição das cerimônias e festas que ocorreram na posse desse monge beneditino e dos costumes da cidade na época.

Infelizmente, o rei dom João V mandou fechar essa pioneira editora, ordenou o sequestro de todas as "letras de imprensa" e, sobretudo, proibiu a impressão de "livro ou papel avulso" no Brasil. A amordaçadora lei de imprensa (Ordem Régia de 10/5/1747) determinava a prisão e o envio para Lisboa das pessoas que exercessem a atividade proibida.

Em 12 de novembro de 1749, chegou da Corte a carta real designando o desembargador Roberto Car Ribeiro juiz do Fisco da cidade do Rio de Janeiro, para tirar a "residência" do juiz de fora Luiz A. R. da Cunha, na forma da "Ordenação e Regimento". Ausente Roberto Car Ribeiro, a tarefa coube ao ouvidor da comarca Francisco Antônio Berquó da Silveira Pereira. Na citada devassa o rei ordena que o responsável pelo processo tomasse todas as medidas necessárias para o bom êxito da "residência" e averiguasse

> se este Ministro comerciou contra a disposição da minha Lei de 20 de agosto de 1720 e Alvará de 27 de março de 1721, e para esta diligência nomeareis escrivão e meirinho dos que estiverem providos em semelhantes ofícios, havendo-os sem impedimento e, quando o tenham, podereis nomear para este efeito as pessoas mais aptas que vos parecer, e tanto que a dita residência for acabada me enviareis os autos dela, cerrados e lacrados, ao meu Conselho Ultramarino, escrevendo-me por vossa carta o que por ela constar e de como o dito bacharel Luiz Antônio Rosado da Cunha me serviu no dito lugar com o mais que achardes na informação particular que também haveis de tirar do seu talento, vida e costumes, e se foi de bom acolhimento às partes, que tudo será entregue ao secretário do dito Conselho.

Imediatamente o Dr. Francisco Antônio Berquó divulgou pela cidade do Rio de Janeiro o seu edital (7/2/1750), conclamando a todos que tivessem alguma queixa contra o bacharel Luiz A. R. da Cunha e seus auxiliares que comunicassem aos membros responsáveis pela "residência".

Foram convocadas noventa pessoas da elite política, militar, eclesiástica, da alta administração pública, advogados, médicos e cirurgiões, senhores de engenho e "homens de negócio da Praça do Rio de Janeiro". Todos foram unânimes em considerar Luiz A. R. da Cunha como dos melhores "ministros" que exerceram o cargo de juiz de fora. Elogiaram sua presteza e rapidez na solução dos problemas que enfrentava, no tratamento respeitoso e educado para com todos que o procuravam e a retidão, ética e honestidade com que exerceu suas funções com "limpeza de mãos".

Concluído o processo, em 9 de abril de 1750, o corregedor Francisco Antônio Berquó despachou-o favoravelmente a Luiz A.R. da Cunha, considerado digno de aplausos pelo bom desempenho que tivera durante o seu mandato. As culpas de eventuais deslizes recaíram sobre o escrivão das execuções Manuel da Silva, convocado a defender-se perante o "corregedor do Crime da Corte".

Em Lisboa, deram pareceres favoráveis ao investigado bacharel o Tribunal da Mesa da Consciência e Ordens e Contos, a Secretaria do Conselho Ultramarino, o juiz do Fisco Real e Juízo e a Junta da Bula da Santa Cruzada. Por fim, em 22 de agosto de 1750, o Conselho Ultramarino manda que fosse passada certidão de bom servidor a Luiz A.R. da Cunha — currículo limpo "sem nota", isto é, sem anotação de qualquer culpa ou deslize.

A despedida do bom ex-juiz de fora deve ter sido um acontecimento festivo na cidade do Rio de Janeiro. Assim como deve ter sido bem comemorada a sua nomeação para intendente do ouro e provedor da Fazenda Real de Goiás, em cujo importante cargo tomou posse em 17 de janeiro de 1758, nele permanecendo até 1761, quando foi substituído, em 11 de julho desse ano, pelo bacharel Antônio Mendes de Almeida.[35]

Luiz A.R. da Cunha, após a longa e cansativa viagem de Goiás para a cidade do Rio de Janeiro, a fim de embarcar para Lisboa, reviu seus amigos do tempo em que fora juiz de fora da cidade, exceto os jesuítas, expulsos do Reino de Portugal e seus domínios em 1759. O governador continuava sendo Gomes Freire de Andrade, agora com o título de conde de Bobadela.

Diferentemente da função de juiz de fora, a de provedor da Fazenda Real de Goiás rendeu ao bacharel bom pé-de-meia, pois trazia consigo ouro, escravos, armas de fogo, roupas luxuosas e objetos de prata e ouro valiosos.

Uma surpresa, contudo, reservara-se ao, até então, considerado probo funcionário. Não sabia Luiz A.R. da Cunha ser alvo de denúncias e que o rei havia enviado carta sigilosa a Gomes Freire (27/10/1761) avisando-o das falcatruas do ex-provedor e ordenando ao desembargador do Tribunal da Relação Manuel da Fonseca Brandão para deslocar-se até Goiás a fim de prendê-lo e confiscar os seus bens.

Em carta datada de 18 de abril de 1762, o conde de Bobadela comunicou ao conde de Oeiras que, coincidentemente, Luiz A.R. da Cunha já se achava na cidade do Rio e por isso o havia recolhido à cadeia do Tribunal da Relação, mandado o desembargador confiscar os bens que o bacharel trazia consigo, assim como a ida de Fonseca Brandão para Goiás para proceder à apuração dos fatos.

A notícia da prisão do ex-juiz de fora, por corrupção, deve ter sido uma grande surpresa e decepção para os noventa depoentes que, 12 anos antes, o elogiaram como um servidor de "mãos limpas"!

---

[35] AHU — Goiás: cx. 18, docs. 1040 e 1050.

Segundo o relatório do guarda-mor de Tocantins e Traíras, Diogo Gouveia Osório e Castro, ao rei (15/5/1760), a corrupção instalara-se havia muito tempo na administração pública de Goiás. Naquele ano, formara-se verdadeira quadrilha composta por altas autoridades cujos nomes são citados, mas aqui omitidos: o ouvidor da Comarca, o tesoureiro e o escrivão da Fazenda Real, o capitão-mor, vereadores, padres e o provedor Luiz A.R. da Cunha.[36]

O governador de Goiás, capitão João Manuel de Melo, em carta ao rei (16/5/1760), também denuncia a corrupção, especialmente a "desordem" que encontrou na Provedoria da Fazenda Real. Além disso, revela que muitos dos funcionários nomeados pelo rei, ao passarem por São Paulo, adquiriam escravos e animais para venderem por alto preço em Goiás. Exceção para o novo provedor da Fazenda Real, bacharel Antônio Mendes de Almeida, substituto de Luiz A.R. da Cunha.

> No modo com que este Ministro fez a entrada, logo deu evidentes indícios de que vinha despido de interesses; pois os outros costumavam vir acompanhados de comboio de pretos para venderem e providos de cavalos que compravam em São Paulo para lhe trazerem o fato e comitiva, que, chegando estropiados de tão comprida jornada, o vendiam por três dobrados preço à Fazenda Real para remonta das tropas de que eles são vedores.[37]

Tais denúncias devem ter calado fundo no conde de Bobadela, homem que governou o Rio de Janeiro por trinta anos que ao morrer, em 1763, não deixou riqueza material, mas sim a bela imagem de honesto, bondoso, de profunda religiosidade e de grande protetor dos vassalos do Rio de Janeiro. Foi o único dirigente alvo

---
[36] AHU — Goiás: cx. 16, doc. 965.
[37] AHU — Goiás: cx. 18, doc. 1050.

de especial homenagem: a pedido do povo da cidade, o rei permitiu que o quadro com a imponente figura de exemplar governante, mandado pintar por seus admiradores do Rio de Janeiro, fosse posto na sala de audiências da Câmara de Vereadores.

Ao contrário, Luiz A.R. da Cunha, em apenas três anos de serviço público, esquecera os princípios éticos que deveriam nortear um servidor da monarquia portuguesa e teve, por isso, registrada em seu currículo prisão na cidade do Rio de Janeiro, como declarou o alcaide-mor José Martins Coimbra.

> Certifico que revendo o livro que serve para fazer assentos das pessoas que vêm presas às ditas cadeias, nele, à folha 53 verso, está o assento que fiz ao Dr. Luiz Antônio Rosado da Cunha, cujo teor é o seguinte: o Doutor Luiz Antônio Rosado da Cunha veio preso a esta Cadeia por ordem de Sua Majestade, trouxe o Doutor Juiz de fora desta Cidade José Maurício da Gama Freitas e, debaixo de chave, tomei conta dele como carcereiro que por ora sirvo por impedimento do atual e me obrigo a dele dar conta quando me for pedido de que para constar fiz este assento que assinei. Rio de Janeiro, 25 de janeiro de 1762.

Foi esse o triste fim de um ex-exemplar juiz de fora da cidade do Rio de Janeiro.

Fontes:

AHU — Avulsos RJ: cx. 50, docs. 40 e 98.
AHU — Avulsos RJ: cx. 70, docs. 50 e 49.
AHU — Avulsos RJ: cx. 71, doc. 08.

CRÔNICA 10 Na sombra da Inconfidência

A caravana familiar do coronel Luiz Alves de Freitas Belo, vinda da Borda do Campo, comarca do Rio das Mortes, em fim de 1790, passou pelo arraial de Nossa Senhora de Mont Serrat.[38] Deve ter aproveitado para descansar e orar na capela onde fora batizada, quase 12 anos antes, a filha Bernardina Quitéria de Oliveira Belo (13/4/1779). Momento de emoção para uma família católica reviver tais lembranças, principalmente para a mãe e a irmã da menina, dona Anna Joaquina de Oliveira e Mariana Cândida. A jovem Bernardina viveria fortes emoções e novidades para seus 11 anos: conheceria a cidade grande do Rio de Janeiro, moradia do vice-rei, cidade de muitas casas e de multidão nas ruas, conheceria o mar e, principalmente, o noivo com quem se casaria. Teria, porém, de esperar alguns meses até completar os 12 anos exigidos pelas normas católicas, exceto por concessão especial do bispo, para casar-se.

---

[38]Hoje bairro do município de Comendador Levy Gasparian (RJ), à beira da antiga estrada Rio-Juiz de Fora.

Casos como esse, hoje estranho para nós, poderiam ocorrer naquela época. Bernardina era aguardada pelo noivo, homem de mais de 30 anos, também ex-morador da Borda do Campo, amigo e sócio comercial do futuro sogro. Um fator insólito o obrigava a residir e a permanecer na cidade do Rio: deveria aguardar que fosse concluída a devassa dos revoltosos de Minas Gerais, denunciados por ele.

Esse personagem, cercado de contradições, era o coronel Joaquim Silvério dos Reis, que, em 11 de maio de 1789, declarara ao juiz da devassa ter 33 anos, ser português natural da cidade de Leiria e filho do capitão José Antônio dos Reis Montenegro e de dona Tereza Jerônima de Almeida.

Silvério dos Reis informou na sua petição ao juiz eclesiástico que, com a idade de 11 anos, saiu de Leiria e veio diretamente residir na cidade de Mariana, Minas Gerais. Lá, fez fortuna: possuía fazendas com muita plantação e animais nos pastos; na mineração, no decorrer do ano de 1777, acumulou, em ouro, 12 arrobas, 70 marcos e 2 onças (corresponde a 192,442kg). Declarou ainda que mandara fundir o precioso metal na Real Casa de Fundição da vila do Sabará para pagamento do imposto do quinto. Essa quantidade de ouro, destinada por uma mesma pessoa à fundição, e o respectivo pagamento do imposto real asseguravam-lhe, por lei, o direito de solicitar o título de Cavaleiro Professo na Ordem de Cristo. Na maioria dos casos, exibindo tantas posses, o solicitante era contemplado.

As coisas, porém, não se mostravam tão simples. Por ser abonado e destacado coronel do Regimento de Cavalaria Auxiliar, Silvério dos Reis pôde arrematar o Contrato das Entradas de Minas Gerais por 355 contos e 612 mil-réis, pelo período de janeiro de 1782 a dezembro de 1784. Em decorrência, deveria recolher anualmente à Fazenda Real um terço desse valor. Apurou-se que ficara devendo quase 173 contos de réis, isto é, só tinha recolhido 50% do montante contratual.

Segundo o levantamento feito pelo mesmo órgão, vários comerciantes não haviam recolhido os impostos nas passagens (registros) de Minas Gerais, cabendo ao provedor da Fazenda convocar os devedores e averiguar o que ocorrera. Se, de fato, haviam pagado os impostos a Silvério dos Reis e esse não dera baixa nos valores ou se ele não efetuara a cobrança. Entre os negociantes de grosso trato beneficiados com a omissão estavam: o capitão Antônio Gomes Barroso, o tenente Domingos José Ferreira, Francisco Pinheiro Guimarães, o capitão Julião Martins da Costa, o tenente Luís Monteiro da Silva e o próprio futuro sogro de Silvério dos Reis, coronel Luís Alves de Freitas Belo.

Essa sua dívida com a Fazenda Real era o motivo de sofrer permanentemente a lente investigativa das autoridades sobre ele. Além da suspeita de que participava inicialmente do complô contra a monarquia.

Tudo começara em fevereiro de 1789, ainda em Vila Rica (hoje Ouro Preto), quando Silvério dos Reis exercia suas atribuições de coronel da tropa auxiliar e desfrutava de poder e de prestígio.

Ao ouvir do comandante da tropa mineira que a rainha mandara extinguir o regimento que comandava, o coronel Joaquim Silvério dos Reis ficara indignado, pois tinha investido muito cabedal próprio para vestir seus soldados e tudo o necessário para fazer do regimento "uma figura como não estava outro na capitania". Aos brados, mencionando autoridades, protestou contra a extinção do regimento: "ou Sua Majestade o havia enganado ou o Exm° senhor Luís da Cunha", comandante da tropa mineira. A fala de Silvério dos Reis espalhou-se rapidamente e, ao pernoitar na casa de um amigo, o capitão José de Resende, foi chamado a um cômodo da casa, discreto e mal-iluminado. Nele encontrava-se o sargento-mor

Luís Vaz de Toledo Piza, que lhe disse estar presente na hora em que verberava contra as autoridades e por isso considerava-o um provável aliado à causa do grupo: a organização de uma revolta em Minas Gerais. Como todos sabiam da imensa dívida de Silvério dos Reis com a Fazenda Real e a proposta dos insurretos era perdoar os devedores à monarquia, tornava-se fácil cooptá-lo para a conjura.

Toledo Piza abriu o jogo, declarando alguns nomes dos envolvidos e quantos homens armados para a sublevação estavam preparados. O primeiro procedimento dos revoltosos seria cortar a cabeça do governador, o visconde de Barbacena, e que, exibindo-a bem alto, seria feita uma "fala ao povo", fala essa confirmada pelo desembargador Tomás Antônio Gonzaga.

Silvério dos Reis, fingindo-se aliado, continuou a confabular com o grupo até tomar conhecimento pleno dos nomes e do grau de envolvimento de cada um deles para, imediatamente, delatá-los ao governador Barbacena. A seguir, viajou para o Rio de Janeiro a fim de localizar o alferes Joaquim José da Silva Xavier e incluir seu endereço na carta-denúncia encaminhada ao vice-rei dom Luís de Vasconcelos.

A delação, porém, lhe trouxe outros dividendos, inesperados e inquietantes. Silvério dos Reis passou a ser visto com reservas até pelos naturais aliados.

Assim, realizado o casamento com a menina Bernardina, urgia retirar-se do Rio de Janeiro para Lisboa a fim de preservar sua vida e a de sua família, incluindo os pais e a irmã da esposa. Pretendia narrar pessoalmente ao príncipe regente dom João todos os fatos da conjuração mineira e seu real propósito ao denunciá-la.

Aliás, Silvério dos Reis, após a denúncia, passou a acrescentar ao seu nome os sobrenomes Leiria ou Montenegro nos documentos que assinava, talvez para confundir os que não apoiavam o seu papel de denunciante. A começar pelo próprio vice-rei dom Luís de Vasconcelos, que o mandara prender no mesmo dia (10/5/1789) em que denunciara, no Rio de Janeiro, o alferes Joaquim José da Silva Xavier e suspeitava de que ele buscara, com a delação, ser perdoado da grande dívida que tinha com a Fazenda Real. Por isso fora trancafiado na Fortaleza da Ilha das Cobras e só liberto nove meses depois (28/1/1790), sob a condição de permanecer na cidade do Rio e proibido de retirar-se dela enquanto não fosse encerrada a devassa.

Em sua prisão domiciliar na urbe carioca vivia muito apreensivo, pois sofrera um atentado de tiros de bacamarte, em frente à sua casa (26/6/1790). Além disso, acreditava-se cercado de inimigos e "desconfiava de todo o povo" da cidade do Rio. Segundo a carta que escreveu ao ministro Martinho de Melo e Castro, "não havia rua desta cidade por donde pudesse passar que não ouvisse as maiores injúrias e desatenções, tudo sofria constantemente, sem que a elas pudesse responder". Essas injúrias feriam-no mais "do que todos os trabalhos e perdas" de seus bens decorrentes de seu papel de denunciante.

Em Minas Gerais também sofria hostilidade. Fora avisado, ainda enquanto prisioneiro, de que suas fazendas da Caveira e Cangalheiro haviam sido invadidas por moradores da recém-criada Vila de Barbacena (antes Arraial da Freguesia Nova), para abrirem logradouros e construírem casas, e que nos matos haviam-se homiziado inimigos para matá-lo, se voltasse para lá.

Não bastassem aquelas invasões, o capitão Alexandre Peixoto entrara no Tribunal da Relação em 12/12/1789 com queixa-crime contra ele e seu sócio e futuro sogro Freitas Belo. Eram acusados de proteger escravos ladrões que, "furtivamente e de assuada, lhe foram colher uma roça de milho" no Ribeirão, comarca de São João del-Rei!

Silvério dos Reis sentia-se perseguido e injustiçado. Como poderia ser acusado de tal infâmia sendo um "leal vassalo e primeiro denunciante da abominável conjuração tramada e urdida na Capitania de Minas Gerais"? E mais: tendo as autoridades, no processo da devassa, o reconhecido como "denunciante vassalo distinto, Honra da Nação Portuguesa".

Provavelmente Silvério dos Reis não queria estar na cidade do Rio para assistir à execução dos réus, pois previa reação mais violenta daqueles que condenavam seu papel de traidor dos amigos mineiros. Como comentavam sobre o caso do advogado Cláudio Manuel da Costa ter sido contratado para defendê-lo, em causa particular, poucos meses antes de denunciá-lo (20/1/1789), ninguém aceitava que fizera a denúncia por dever de fiel vassalo ao monarca.

Finalmente veio a ordem de Lisboa para que o conde de Resende liberasse os passaportes para que Silvério dos Reis e seus parentes pudessem viajar para a Corte de Lisboa.

Em Portugal ele foi bem-sucedido: recebeu o ambicionado título de Cavaleiro da Ordem de Cristo (4/10/1794); conseguiu a suspensão do sequestro dos bens dos fiadores do seu Contrato das Entradas de Minas Gerais (13/10/1794); e obteve também o alto título de nobreza de Fidalgo da Casa Real (20/12/1794). Obteve ainda para seu sogro, Freitas Belo, trabalho remunerado de administrador das posses do Morgado de Asseca, em Campos dos Goytacazes. Desse mister, Silvério também participaria. A eles caberia a cobrança de foros e dívidas de todos os que arrendavam ou utilizavam, mesmo sem título, as terras daquela família nobre.

Em carta a Luiz Pinto de Souza Coutinho, ministro da Marinha e Ultramar, em 8 de janeiro de 1795, Silvério dos Reis registra seu retorno ao Rio de Janeiro:

Muito meu Senhor, é esta a primeira ocasião que se me oferece de me justificar na ilustre e sempre respeitável presença de V. Exa., cheio de prazer e contentamento pela felicidade que temos em ver a V. Exa. no importante governo do Ultramar, todos a perpétua conservação de V. Exa. nele para a nossa felicidade.

A minha viagem foi feliz, de 51 dias, e livre do encontro que tiveram os piratas franceses com os navios *Torcato*, *Aparecida* e *For do Mar*, que todos foram tomados, e outros que vinham para a Bahia, maltratados por um brigue.

Logo que cheguei, parti para os Campos dos Goytacazes, mais de 80 léguas distantes desta cidade [Rio de Janeiro], a ver e conduzir a minha família que ali se achava, e por isso não dei notícias minhas a V. Exa. pelos navios que vieram.

Todas as ocasiões que tiver de ir à presença de V. Exa., nunca as perderei e igualmente hei de sempre rogar a Deus pela conservação da preciosa e importantíssima vida da Pessoa de V. Exa., a quem desejo sempre a mais próspera saúde e que o mesmo Senhor guarde por muitos anos.

Silvério dos Reis e seu sogro ignoravam, no entanto, que iriam administrar os interesses de um senhor odiado, alvo de muitos processos judiciais e de conflitos que levaram à morte algumas pessoas. Suas vidas foram tumultuadas e em pouco tempo fizeram muitos inimigos, denunciados à Corte como simpáticos ou diretamente envolvidos com os conjurados mineiros, ainda escondidos e disfarçados no meio dos campistas.

Cobrar as dívidas de pessoas sem expressão política e sem grandes recursos, em nome do conde de Asseca, era tarefa fácil de realizar. Mas quando Silvério dos Reis e o sogro entraram no rol dos inimigos do poderosíssimo capitão Joaquim Vicente dos Reis, comeram o pão que o diabo amassou.

Denunciou Silvério dos Reis que "aquele Joaquim Vicente é o mais poderoso vassalo que se conhece no Brasil, pois possui mais de dois mil escravos, sete engenhos, roças infinitas, fazendas e imensos gados. E, pela sua grande riqueza e gênio perturbador terrível", chegou à soberba de afirmar ser um dos vassalos de Campos dos Goytacazes que o rei exigira que fosse respeitado. De fato, a influência do capitão campista era tanta que subornara a "Câmara e as justiças daquela vila e uma grande parte daquele povo, que é falto de obediência e revoltoso". Em 1800 seus inimigos criaram tal tumulto em Campos que levou o vice-rei a enviar tropa do Rio de Janeiro "para aquietar aquela sedição" formada contra a ordem real.

Silvério dos Reis e o coronel Freitas Belo foram acusados de arrendar, para si, terras do visconde a preços inferiores aos dos demais arrendatários, além de ter tomado "uma fazenda a uma viúva, Ana Maria, com violência".

Pura falsidade dos inimigos! Desejavam apenas que ele e seu sogro fossem expulsos de Campos dos Goytacazes.

Embora discriminado pelos campistas, o governo da capitania incumbia Silvério dos Reis de organizar a estatística das vilas de São Salvador e de São João da Barra, concluída em 1799.

Deve-se a ele o seguinte registro histórico: na primeira vila havia 10 ruas e 8 travessas, com 98 sobrados e 1.106 casas térreas; já a segunda, de menor porte, possuía 7 ruas, com 2 sobrados, 227 casas térreas e 100 casas de palha.

Orgulhoso do trabalho, escreveu ao vice-rei, pois tivera a "felicidade de mostrar a sua fidelidade" ao rei "como primeiro denunciante, da premeditada conspiração de Minas Gerais", esperando, assim, que o conde de Resende lhe desse o privilégio de fazer chegar à Sua Majestade, para seu crédito, o levantamento feito.

De nada lhe adiantou, contudo, ter realizado a importante estatística. O capitão Joaquim Vicente dos Reis ganhou a luta.

Em março de 1802, Silvério partia para Lisboa, na nau *Medusa*, levando consigo: a esposa dona Bernardina Quitéria dos Reis; sua irmã dona Maria Januária dos Reis; um filho por nome Joaquim Silvério; os cunhados Venceslau de Oliveira Belo e Joaquim Mariano, este, estudante de Coimbra (acompanhado do criado José Joaquim de Abreu); uma criada branca por nome Joaquina e duas pretas forras, Catarina e Teresa.

Em 6 de maio de 1802, Silvério dos Reis fez procuração nomeando para a cidade do Rio de Janeiro os tenentes-coronéis Antônio Correa da Costa e Domingos José Ferreira, o capitão Joaquim José Pereira de Faro, os advogados doutores Manuel Inácio da Silva Alvarenga (professor régio, que fora preso por dois anos acusado pelo conde de Resende de ser simpático aos ideais franceses, na devassa da Sociedade Literária) e Teotônio Ribeiro de Paiva e os solicitadores de causas (despachantes) Elias Paulo e Joaquim de Morais.

Em Campos dos Goytacazes foram procuradores Francisco José da Silva Gomes e os capitães Antônio José de Figueiredo e Francisco Franco Henriques de Miranda. Na Capitania de Minas Gerais, em Vila Rica do Ouro Preto, Antônio Teixeira Roma e Filipe dos Santos Lisboa; em Sabará, os capitães Antônio Fernandes Gomes e Julião Martins da Costa e no Serro Frio, os tenentes-coronéis Francisco Martins Roma e João Carvalho de Souza.

É no mínimo curiosa a tumultuada relação de Silvério dos Reis com pessoas dos lugares em que residiu. Apregoava (ou imaginava?) que a maioria desejava matá-lo e desrespeitá-lo, após conquistar título do qual se orgulhava. ser o "primeiro fiel vassalo denunciante dos inconfidentes" e ter como procuradores pessoas importantes dispostas a defendê-lo e a cuidar de seus interesses. Essas pessoas eram admiradoras de Silvério dos Reis? Concordavam com sua atitude?

Uma vez mais, de volta de Lisboa, Silvério dos Reis e sua família não puderam ficar em Minas Gerais, na cidade do Rio de Janeiro nem em Campos dos Goytacazes. Transferiram-se, então, para o Maranhão, capitania onde ele veio a falecer em 17 de fevereiro de 1819.

A questão sobre seu rico patrimônio ficou nebulosa. Pela informação do visconde de Anadia, em 6 de abril de 1803, "sabe-se mais que ele [Silvério dos Reis] obtivera naquele tempo [1789] o perdão de uma avultada soma que devia à Fazenda Real, o que se sabe é somente de memória [informação oral] por ter sido esta mercê feita pelo Erário".

Quando do casamento, em 1802, do tenente Francisco de Lima e Silva com dona Mariana Cândida Belo (pais do futuro duque de Caxias), filha do coronel Luiz Alves de Freitas Belo, sabe-se que o padrinho e cunhado da noiva, Silvério dos Reis, deu como dote "uma morada de casas de sobrado que possuía na Vila de Barbacena".

Quando os seus três filhos, coronel Joaquim Silvério dos Reis Montenegro, Luiz José e José Antônio, foram ao cartório, em 15 de dezembro de 1837, registrar a partilha amigável dos bens de sua falecida mãe, cujo inventário havia se "desencaminhado", coube a cada um pouco mais de 738 mil-réis, importância inexpressiva em face das posses atribuídas a Silvério.

Teria Silvério dos Reis consumido o seu patrimônio ao longo desses anos ou não fora perdoado de fato da dívida para com a Coroa e teve de se desfazer de seus bens para pagar suas dívidas?

Fontes:

Para escrever esta crônica foram utilizados documentos pesquisados no Arquivo Histórico Ultramarino, em Lisboa, Arquivo Nacional do RJ, Biblioteca Nacional do RJ, Arquivo da Cúria Metropolitana do Rio de Janeiro e a leitura dos Autos da Devassa.

CRÔNICA 11 João Henrique Böhm, o marechal calvinista (1708-1783)

No Brasil Colônia era proibido às pessoas professarem outra religião que não fosse a Católica Romana. O protestantismo era considerado seita, e sua prática, motivo de prisão e de denúncia ao Tribunal do Santo Ofício da Inquisição, assim como era inconcebível erguer templo de outra religião. Situações inusitadas ocorriam ao reverenciar autoridades estrangeiras que professavam o protestantismo. Essas, ao desembarcar no porto da cidade, deveriam ser recebidas com cerimônia e festividade, sobretudo quando tais personagens chegavam sob recomendação real: "que o mesmo seja tratado com toda a dignidade". As autoridades faziam o possível e o impossível para agradar ao recomendado, pois o rei, sabedor de tal recepção, poderia premiá-las com alguma benesse, não importando se o homenageado professasse alguma "seita" condenada pela religião católica, pois participaria de cultos a serem ministrados pelo bispo ou outras autoridades eclesiásticas.

Se o personagem vinha para o Rio de Janeiro a serviço da Coroa, mesmo que não fosse católico, discriminá-lo constituía ofensa ao rei. Foi esse o caso do marechal de campo alemão Johann Henrich Böhm — nome aportuguesado para João Henrique Böhm —, nomeado pelo rei dom José I, em 22 de junho de 1767, no posto de tenente-general, encarregado do

> Governo e Comandamento de todas as Tropas de Infantaria, Cavalaria e Artilharia, em qualquer parte do Brasil, onde ele se achar, e da Inspeção Geral delas, para que todos os Regimentos sejam reduzidos ao mesmo número e uniformidade de disciplina e economia que com tão manifesto aproveitamento do seu Exército se estabeleceu, e está praticando nesse Reino, de sorte que entre uns e outros não haja a menor diferença, havendo o mesmo Senhor por bem, que o dito Tenente-General principiasse a vencer tempo, antiguidade e jurisdição na mesma hora em que se embarcasse, sem dependência de qualquer outro despacho.[39]

Böhm chegou ao Rio de Janeiro em 5 de outubro de 1767 acompanhado do sargento-mor José Luiz Teixeira, nomeado seu ajudante de ordens, do engenheiro Jaques Funck, nomeado "Brigadeiro e Inspetor Geral da Artilharia", e de outros ajudantes de ordens: capitães engenheiros Elias Schierling e Francisco João Rocio.

O vice-rei conde da Cunha fez o que estava ao seu alcance para atender às determinações reais e à altura da importância de Böhm, fornecendo: casa decente, carruagem, cavalos arreados, criados vestidos a libré e guarda de honra em sua porta. Só não pagou o seu soldo, porque o rei não o havia especificado.

Para residência de Böhm o vice-rei alugou a recém-construída casa do ex-tesoureiro da Casa da Moeda, Alexandre de Faria e Silva, mobiliando-a e abastecendo-a com alimentos para vários dias. Adquiriu, de um tristonho noivo cuja boda fora cancelada,

---

[39] AHU — Avulsos do RJ: cx. 89, doc. 70.

uma carruagem nova, toda decorada com tecidos finos. Para servir nessa carruagem, o conde da Cunha comprou dois escravos mulatos vestidos a caráter e ofertou à autoridade, como guarda de honra, uma companhia completa, com caixa e bandeira.

O conde da Cunha julgou ter feito tudo para agradar a Böhm, quando foi informado pelo desembargador Alexandre Nunes Leal, procurador da Coroa, de que, em sua presença, Böhm havia ficado possesso por não ter recebido os soldos e "arrancara com suas mãos o chicote do cabelo", queixando-se ainda de ter sido tratado pelo conde como um exilado. Por certo, apavorado com a acusação, o vice-rei apressou-se em escrever para a Corte narrando o ocorrido e justificando-se de não ter pagado o soldo de Böhm por não saber, até aquele momento, qual seria a importância!

No fim, esclarecidos os fatos, tudo foi resolvido a contento das partes.

São escassos os dados familiares sobre o tenente-general Johann Henrich Böhm encontrados até o presente momento. Catando dados aqui e ali, principalmente no *site* dos mórmons, registramos o casamento, em 22 de maio de 1707, de Johann Henrich Böhm com Apollonia Gülcherin, em Baden, na Alemanha. Provavelmente, trata-se de seus pais, pois o Böhm do Brasil nasceu em 1708, na cidade de Bremen (documentos portugueses registram Brema), uma das principais da Alemanha da época.

Nesse *site* localizamos outros documentos com nomes semelhantes ao seu. Duas certidões de casamento de Johann Henrich Böhm: a primeira (25/10/1760) com Anna Maria Huckenbeck, na igreja evangélica de Rheinland, Prússia; a segunda (29/05/1763), em Westfalen, Prússia, com Trin Margreth Gerding, também, na igreja evangélica. Esses citados Böhm podem ser o mesmo que esteve entre nós e ter-se casado duas vezes e com idade madura

— 52 anos, no primeiro casamento, e 55, no segundo —, o que não era fato raro no caso de militares.

Os documentos consultados, no período de 1767 a 1783, ano em que faleceu, não fazem referências a se era solteiro, casado ou viúvo. Infelizmente, o seu assento de óbito (21/12/1783), no livro da Freguesia de São José e de sepultamento no Convento de Santo Antônio é sumaríssimo. Para aumentar as indagações, localizamos o passaporte de dona Augusta Conradi Böhm, cujo sobrenome revela pertencer à mesma família, registrando que embarcara no Rio de Janeiro, no navio *Senhora da Boa Nova N. Sra. do Carmo*. Chegou a Lisboa em 30 de agosto de 1784, acompanhada de quatro criados, José Pereira, Antônio Nunes, Manuel Alves e a mulata forra Maria da Conceição, indicando ser pessoa importante.

Como na cidade do Rio de Janeiro não residisse nenhuma pessoa com esse sobrenome antes da vinda do militar, podemos levantar a hipótese de que ela poderia ser sua filha.

O tenente-general Johann Henrich Böhm teve papel importantíssimo na organização do Exército brasileiro e no comando das tropas que combateram e expulsaram os espanhóis e colonos da América espanhola dos territórios dos atuais estados do Rio Grande do Sul e de Santa Catarina, cuja posse definitiva foi retomada por Portugal a partir do Tratado de Santo Ildefonso (1/10/1777), assinado na cidade espanhola de Segóvia.

De volta à capitania do Rio de Janeiro, Böhm dedicou-se a aperfeiçoar os batalhões de linha e da tropa auxiliar, formada por civis, sob comando de oficiais dos quadros do Exército regular.

Böhm, com 74 anos, mantinha sua paixão por passear montado em seu garboso cavalo. Em um de seus passeios pela praia de

Botafogo, ao longo da orla, no dia 14 de julho de 1782, às 7h, ao passar perto das canoas de pescadores, o cavalo enganchou-se nas cordas que as fixavam na areia e caiu sobre Böhm. Desesperado, o animal tentava desvencilhar-se, ferindo mais ainda o velho militar. Passantes correram em seu socorro e conseguiram soltar o cavalo, libertando o já desacordado cavaleiro.

Böhm foi levado para casa e, imediatamente, atendido por equipe de médico e cirurgiões renomados na cidade, citados como "Professores". Constataram que a sua "perna direita se achava fora da sua postura natural por causa da completa deslocação do osso fêmur, que violentamente saíra do acetábulo para a chanfradura da parte inferior e externa do osso ílio". Pela distância em que o osso estava, os examinadores julgaram que deveria o "ligamento capsular" encontrar-se roto e que o "ciliar" sofrera "violentíssima distensão". Além disso, Böhm apresentava muitas "contusões na parte anterior e inferior do peito, em todo o abdome, região lombar, coxas e braços".

O estado do enfermo era tão grave que, ao simples toque no corpo, gritava de dores. Apesar da constatação, os "Professores" tentaram repor o fêmur na posição correta, o que provocou dores tão violentas que Böhm deu "fortíssimo grito, acompanhado de convulsão universal, que o agitou quase dez minutos". Diante do quadro desesperador, os "Professores" desistiram de "semelhante diligência". Böhm continuou com convulsões e seu corpo ficou molhado de tanto suor que expelia. Foi medicado com soro "continuado de arnica" e com doses de ópio, mas continuou tendo convulsões e fortes delírios. Nesse estado ele permaneceu até o dia 17 seguinte, agravando-se o quadro pelo surgimento de febres contínuas.

Os "Professores" registraram que às 4h daquele dia 17 Böhm teve "um acidente apoplético sem respiração sensível nem pulso, por alguns minutos". Após passar por "mil delírios" em determinado momento, ele chamou os atendentes e solicitou-lhes a presença do seu amigo bispo (dom José Joaquim Justiniano Mascarenhas Castelo Branco) para estar em sua companhia na hora de sua morte. Imediatamente o bispo amigo acorreu a sua casa, procurando alentá-lo nos espaçados momentos de lucidez. A recepção de Böhm alternava declarações de simpatia à religião Católica Romana e de repulsa a ela, nos momentos em que o bispo reconhecia que o paciente delirava.

Imbuído da missão evangélica, o bispo não mediu esforços para salvar o amigo do desvio ao caminho da fé e aproveitava "os intervalos que se lhe observava de mais acordo" para, pouco a pouco, ensinar-lhe as "verdades e autoridades mais próprias para conjurar os erros de Calvino". Böhm continuava na alternância entre aceitar com alegria os ensinamentos do amigo e momentos de repulsa e até mesmo a expulsão dele de sua casa.

O estado de saúde de Böhm piorou, e no dia 21 daquele mês de julho "caiu em violenta síncope, que quase por hora e meia o pôs na figura de moribundo, caindo-lhe até lágrimas involuntárias, sem que valessem nesta ocasião, como nas outras, os remédios mais ativos para o chamar à vida". Os "Professores" só conseguiram que ele saísse daquele estado provocando-lhe dor ao tentar mover a perna destroncada. Ele reagiu, mas permaneceu em delírio que o levou ao estado "frenético, até que no dia 24 se confirmou de todo maníaco, sem ter conseguido nos cinco antecedentes dias inteiros o mais aparente sono, nem se lhe observar o menor intervalo de silêncio".

O sintoma de gangrena aumentou, levando a aplicação de "Água da Inglaterra com grandes porções de Quina". Na noite do dia 25 de julho de 1782, Böhm entrou em profunda letargia, apresentando "total extinção de forças", levando aos presentes a sensação de que ele havia "chegado ao último fim dos seus dias". Pareceu aos presentes que nesse momento de agonia Böhm expressara o desejo de morrer "católico romano" e que desejava a presença do bispo. Insistiram na indagação se realmente desejava que o chamassem e ele respondeu: "'Não só peço que chamem o nosso prelado, mas mando que o avisem já'; e voltando-se para os assistentes com as lágrimas nos olhos, entrou no receio de que o bispo não chegasse a tempo, dizendo que, quando assim sucedesse, aquelas lágrimas lhe servissem de testemunhas dos desejos, com que morria."

Todos correram à casa do bispo, que se encontrava doente e febril, decorrente do exaustivo trabalho que tivera com a assistência ao amigo Böhm e na difícil missão pastoral de convertê-lo à fé católica. Mesmo doente, levantou-se da cama e dirigiu-se à presença do amigo, que esperava encontrar ainda com vida.

Lá chegando, para surpresa de todos, encontraram Böhm animado e com demonstração de piedade beijou a "Santa Cruz Peitoral" do bispo e lhe pediu que o reconciliasse, "pois queria morrer na comunicação da Santa Igreja Católica Romana, reconhecendo os erros em que até ali tinha vivido em Calvinista; e dar ao mundo uma satisfação pública, com a sua reconciliação".

O bispo praticou todos os atos para abjuração ao calvinismo e a aceitação plena e pacífica dos princípios da santa fé católica, pelo arrependido Böhm. Na mesma noite, foram-lhes administrados os "Sacramentos da Penitência, da Eucaristia e Extrema-Unção", porque os "Professores receavam" que ele não chegasse a viver muitas horas.

No entanto, o enfermo passou a estampar o semblante tranquilo e sereno e depois de algum tempo de recolhimento, de consciência plena, disse ao "Médico que o assistia: 'Que admirável mudança! A certeza, em que tenho agora o juízo, ou o vacilante, que estava há vinte e quatro horas, quando não podia combinar umas palavras com outras: louvado seja Deus!'".

O tenente-general Johann Henrich Böhm, agora católico, recuperou gradativamente sua saúde mental e física e, com os remédios que lhe foram aplicados, foi debelada a gangrena. Restou aos "Professores" a árdua tarefa de encaixar os ossos da perna afetada, mais difícil em função das dores que ele sentia ao ser tocado na região traumatizada.[40]

Infelizmente, não localizamos documentos do próprio Böhm dando sua versão sobre a conversão. Nem documentos sobre quem eram o médico e os cirurgiões que o atenderam e como finalizaram o tratamento! Trata-se, portanto, da versão contada pelo vice-rei dom Luís de Vasconcelos e Sousa (1779-1790) e pelo bispo dom José Joaquim Justiniano Mascarenhas Castelo Branco.

No assento do livro de sepultamentos do Convento de Santo Antônio, p. 6, está registrado:

> Sepultura 3ª
> (He a antiga, guarnecida e coberta de mármore.)
> Nela estão sepultados
> O Tenente-General João Henrique Böhm, depois de convertido à nossa Santa Fé, em 25 de junho, digo, 25 de julho de 1782, homem na verdade que antes de convertido era adornado de excelentes virtudes morais, e depois um edificante Cristão, cheio de probidade, cuja vida exemplificou esta Cidade, e a sua morte encheu a todos de consolação na inconsolável pena de perderem tão ínclito Defensor. Foi aqui encerrado no dia 22 de dezembro de 1783.

---

[40]AHU — Avulsos do RJ: cx. 89, doc. 70.

CRÔNICA 12 Reformas ou perseguição aos carmelitas?

Os carmelitas da província do Rio de Janeiro passaram por situações conflituosas que muito traumatizaram a comunidade, com forte cisão interna, no decorrer do século XVIII. Alguns momentos foram especiais, como na eleição do frei Francisco das Chagas para provincial da Ordem, havida no Capítulo de 14 de abril de 1742, tendo um grupo comandado pelo ex-provincial Manuel da Fonseca, pelo mestre e doutor frei Filipe da Madre de Deus e pelo frei José de Santa Ana, em janeiro do ano seguinte, destituindo o eleito e o posto na cadeia do convento. Foi uma longa devassa dirigida pelo bispo dom Antônio do Desterro, que terminou com a prisão, transferência e penas de muitos dos envolvidos no "tumulto".

O governador Gomes Freire de Andrade, ao regressar de Minas Gerais para a cidade do Rio de Janeiro, tomou enérgicas medidas para sanar a confusão montada no Convento do Carmo. Em carta ao rei (5/6/1743) ele informou que já tinham sido tomadas todas as medidas legais para solução do caso, com a soltura do frade Francisco Chagas e abertura da devassa. Informou ainda que havia desmascarado o prior em exercício, que denunciara ter um soldado furado com a baioneta o vidro da custódia quando ele, acompanhado de 18 carmelitas seus aliados, se recolhia para o Convento de Santo Antônio. Segundo os pareceres pedidos por Gomes Freire ao vigário-geral, ao comissário do Santo Ofício e ao ouvidor, ficou patente a "falsidade com que o prior forjara" aquela denúncia e outras suas "imposturas".

Como a maioria desses frades era natural do Brasil, foi motivo para a Coroa suspender a entrada de noviços e cobrar do bispo igualdade numérica entre brasileiros e portugueses, os chamados filhos do Reino. Acontece que não vinham carmelitas lusitanos nem os jovens portugueses que residiam na colônia motivaram-se por ingressar na Ordem do Carmo, o que a levou a abrigar uma maioria de frades brasileiros, de mais idade, e a cada ano a diminuir seu quadro por falecimento dos mais velhos.

Esse problema da idade avançada dos carmelitas pode-se constatar no relatório do bispo dom Antônio do Desterro, em 1766, prestando conta ao rei do andamento da devassa, pois nele registra que dos 46 frades condenados em 1743 já haviam falecido 21.

Nessa devassa foram condenados apenas ao "extermínio", isto é, a transferência ou "degredo" para outro convento ou hospício fora da cidade do Rio de Janeiro, os freis Bernardo de Vasconcelos, para Santos; Damião da Natividade Quintanilha (além de pequena pena de alguns dias), para São Paulo; Francisco de Matos, para Mogi; Francisco de Santa Maria Quintanilha, para o Espírito Santo; João de Santa Tereza Costa, para Angra dos Reis, e José Antônio de Santa Ana, para Itu.

O processo indica 13 frades como principais mentores do golpe contra frei Francisco das Chagas, iniciando pelo ex-provincial Manuel da Fonseca, condenado à reclusão sob arbítrio do provincial da Ordem do Carmo, que o perdoou diante de seu pedido de "misericórdia". O segundo líder, frei Filipe da Madre de Deus, foi condenado em "um ano de cárcere, privação de voz e lugar para sempre e degredado por seis anos para a Ilha Grande [Angra dos Reis]". O terceiro cabeça do movimento, o ex-prior frei José de Santa Ana, acusado de querer matar o frei Francisco das Chagas, "foi condenado em dois anos de cárcere, privado de voz e lugar para sempre e degredado para São Paulo por oito anos" etc.

As penas tipicamente religiosas foram seis: a) andar com "escapulário de línguas" em momentos das refeições e dos atos religiosos; b) "comer pão e água em terra"; c) deitar-se no chão, na "porta do refeitório", para que os demais frades passassem sobre ele; d) pôr "mordaça na boca", para publicamente mostrar que fora condenado de "privação de voz"; f) beijar os pés à comunidade e f) "levar uma disciplina", isto é, ser açoitado.

No decorrer da devassa, sete frades conseguiram fugir e as penalidades ficaram condicionadas a ser cumpridas quando aparecessem: frei Bento Leal, frei Bernardo de Magalhães, frei Bernardo de Vasconcelos, frei José Dias, frei Luiz de Santo Antônio, frei Manuel Vilela e frei Maurício de Santa Úrsula. (Ver Anexo 1.)

Desses fugitivos destacou-se o frei Bernardo de Vasconcelos, pois se tornou líder na Ordem do Carmo comandando um grupo quando da devassa de 1781 e foi preso no convento dos franciscanos na Ilha do Senhor Bom Jesus.

Apaziguados os ânimos na Ordem do Carmo e sendo provincial o frei Manuel Ângelo, este recebeu ordem real, datada de 30 de janeiro de 1764, para não aceitar, e nem seus sucessores, "mais noviços para o coro, leigos ou donatos nos conventos" da província do Rio de Janeiro. Além de solicitar-lhe o envio de relatório detalhado dos conventos, hospícios e das casas dos carmelitas sob a sua direção. Por esse relatório ficamos sabendo que, na capitania do Rio de Janeiro, o convento da cidade do Rio, o mais importante e maior numericamente, com 133 membros, possuía

104 sacerdotes, 8 coristas, 5 noviços para o coro, 15 leigos e um "pupilo", que esperava alcançar idade necessária para receber o hábito. Já o convento, antes hospício, da vila da Ilha Grande (Angra dos Reis) tinha apenas 19 membros: 15 sacerdotes, 1 corista e 3 leigos. A vila de São Salvador dos Campos dos Goytacazes tinha o nível mais simples da Ordem Carmelita: uma Casa com 2 frades.

A capitania de São Paulo abrigava três conventos: um na cidade de São Paulo, com 34 filiados: 22 frades, 5 coristas, 3 noviços do coro e 4 leigos; outro na vila de Santos, apresentando 22 sacerdotes, 2 coristas e 2 leigos; um terceiro na vila de Mogi, que possuía 17 membros: 15 sacerdotes, 1 corista e 1 leigo. Por fim, na vila de Itu, havia um hospício com 12 frades.

Completava a província o convento da capitania do Espírito Santo, com 13 frades, 2 coristas e 1 leigo, totalizando 16 pessoas.

O quadro final dos membros da província carmelitana do Rio de Janeiro apresentava 275 membros: religiosos sacerdotes (219), coristas (20), noviços para o coro (27) e um "pupilo".[41]

O segundo momento de maior tensão para os carmelitas se deu com o processo de reforma da Ordem comandado pelo bispo do Rio de Janeiro, dom José Joaquim Justiniano Mascarenhas, com o apoio do vice-rei dom Luís de Vasconcelos. O processo começa em janeiro de 1781 e se prolonga por dois anos. A cisão interna dividiu os carmelitas em dois grupos, sendo um deles liderado por frei Bernardo de Vasconcelos, que já estivera envolvido no caso de 1743, e o outro por frei Inocêncio do Desterro Barros.

Como o vice-rei dom Luís de Vasconcelos e o bispo dom José Joaquim Justiniano Mascarenhas Castelo Branco consideraram pífio o resultado da devassa antes tirada, resolveram abrir outra,

---

[41] AHU — Avulsos RJ: cx. 80, doc. 57.

em 16 de fevereiro de 1785. Nessa segunda reforma foram imediatamente presos os dois líderes citados e enviados para o Convento do Senhor Bom Jesus da Ilha, pertencente aos franciscanos.

O relatório de dom Luís de Vasconcelos à Corte, de 15 de novembro de 1783, inicia com sua visão muito depreciativa sobre os carmelitas:

> Havendo participado a V. Exa. a necessidade em que me puseram as disposições de intriga e de desordem, com que se preparavam os frades do Carmo para o próximo Capítulo, que devia celebrar-se em 10 de maio [1784], para de comum acordo com o Bispo desta Diocese, mandar no Real Nome de Sua Majestade sustar o mesmo Capítulo, e informar à Mesma Senhora do infeliz estado daquela relaxada Província e seus indivíduos; vou agora participar a V. Exa. novamente tudo, o que tem resultado das minhas indagações, e da minha experiência, para se poder fazer conceito do miserável estado, em que se acha uma Corporação Religiosa, que só serve de descrédito à Religião, e de peso, e mau exemplo ao Estado nesta Capitania.[42]

Criticou a reforma que havia sido feita, considerando que ela acabara "antes de principiar e unicamente serviu de acrescentar despesas inúteis", além de prejudicar os credores da Ordem do Carmo e "dar maiores forças à relaxação dos seus indivíduos", que se sentiram mais autorizados e condecorados pela mesma reforma.

Denuncia o vice-rei que mesmo decisões do geral da Ordem carmelita, frei Joaquim Maria Pontalti, enviadas de Lisboa, foram desconhecidas na província do Rio de Janeiro, como a que abolira

---

[42] AHU — Avulsos RJ: cx. 132, docs. 64, 59, 41, 28, 5, 10, 9, 11, 12 e 42; cx. 131, docs. 72, 49 e 98; cx. 298, doc. 20.

para todo e sempre as Patentes de Mestres de Púlpito, por irrisória e injuriosa a toda a Ordem, e que, enquanto aos Presentados de Púlpito, deveriam para o ser pregar doze anos consecutivos com crédito da Religião e depois disso passarem pelo rigoroso exame e prova da legitimidade da sua ciência *in re praedicabili*.

Os verbetes sobre cada carmelita feitos pelos responsáveis pela segunda reforma são cáusticos, e os poucos frades por eles considerados "moderados de costumes" e dedicados à religião são acusados de ignorantes, ineptos ou que já estavam muito velhos e doentes e, portanto, sem influência sobre os demais. Os reformadores consideraram a maioria dos carmelitas como indigna de pertencer à Ordem do Carmo, que deveria ser exemplo de vida dedicada à pobreza e à prática sacerdotal.

Dom José Joaquim Justiniano Mascarenhas Castelo Branco, bispo do Rio de Janeiro, nomeado "Visitador Geral e Reformador dos Religiosos do Carmo" em 27 de fevereiro de 1786, estabeleceu as regras que deveriam ser observadas e cumpridas pelos carmelitas. Regras duras e minuciosas, compostas de 36 itens, além da nomeação dos frades que deveriam responsabilizar-se pelas aulas e pelo horário delas: o examinador sinodal frei mestre Dr. Fernando de Oliveira Pinto (substituto, frei Francisco Timóteo de Santa Rosa) pela Sagrada Escritura, nas manhãs de segunda, terça e sábado de cada semana; o examinador sinodal frei mestre Dr. João dos Santos Coronel (substituto, frei Domingos Lopes) pela teologia moral, às tardes dos mesmos dias anteriores; o mestre Dr. João de Santa Tereza Costa (substituto, o mesmo frei Francisco Timóteo de Santa Rosa) para as "Constituições da Ordem e essenciais deveres da vida Religiosa", nas manhãs de quarta e sexta-feira; para as aulas de história eclesiástica (manhãs de quarta e sexta-feira) e gramática latina (manhãs de segunda, terça e sábado) o mestre Dr. frei Joaquim Júlio.

Pelas novas regras os carmelitas deveriam começar "o silêncio", isto é, dormir, às 22h e acordar às 3h45 e em "todos os dias do ano pelas 4 horas da manhã se recitariam nesta província *Matinas e Laudes* do Ofício Divino na forma do Cerimonial da Ordem, Livro 1º Rubr. 15 § 1º, *ibi = summa mane diem*".

O bispo, ao prestar contas à rainha dona Maria I, assegura que fez a reforma aplicando "meios mais suaves da justiça, e da caridade, sem omitir (quanto permitem as obrigações do nosso ofício Pastoral) diligência alguma para conseguir um cabal conhecimento do estado espiritual e temporal, material e formal da província".[43]

Os carmelitas protestaram contra essa reforma, denunciando-a ao rei como mera revanche do bispo e do vice-rei contra a Ordem do Carmo. O frei Salvador Machado de Santa Rosa, que se achava em Lisboa, em 1785, quando da reforma, conseguira breve papal para andar com hábito de padre secular a fim de professar nova ordem, pois não pretendia mais continuar na sua de origem por discordar e atritar-se com o bispo reformador.[44]

Em carta anônima ("os religiosos do Carmo da província do Rio de Janeiro") é denunciado o bispo por ter prendido o frei Francisco Brites

> com ambos os pés no tronco, prisão que a ferocidade do R. B. Reformador fez conhecida aos Religiosos, e ao mesmo tempo, com algemas nas mãos. Crueldade espantosa, e inaudita e que enchia de horror e susto a todos o que viam aquele tão triste e aflito espetáculo. (...) Nos primeiros dias de agosto deste mesmo ano enlouqueceu, por alguns dissabores, o corista frei Antônio Joaquim de Santa Ana. Prenderam-no no tronco, do qual mandou tirar o médico ficando no cárcere. Saindo deste por achar a porta aberta

---

[43]AHU — Avulsos RJ: cx. 136, doc. 86.
[44]Ibidem.

por descuido do carcereiro, quis dar um garfo no Presidente da Província, com quem topou no corredor mas impedido por alguns religiosos foi levado ao cárcere e posto, segundo vi, no tronco. Então avançando sobre a ele o padre Presidente da Província lhe deu muitas bofetadas e pancadas, com a mão fechada dizendo quando estava espancando — Ao leão morto formigas o comem.[45]

O conde de Resende, tomando conhecimento dessas violências, escreveu ao prior do Convento do Carmo pedindo esclarecimentos. Foram ouvidas várias testemunhas, que a confirmaram e até apresentaram maiores detalhes da fúria do agressor, que, após quebrar todas as varas de tanto bater no corista, agrediu-o com

> murros e bofetões, e finalmente, pegou no escapulário e, a imitação de corda, lhe pôs no pescoço, querendo-o afogar, pedindo-lhe o dito corista o não fizesse. Depois de bem cansado pediu o Reverendíssimo Presidente da Província uma vela acesa e chegando bem par o rosto do dito corista, dizia — vejam esta cara, este sem-vergonha, este indigno, e com estas palavras continuando aos murros e bofetões, querendo-lhe quebrar até um dedo. Por cansado o deixou que já não podia consigo, e no dia seguinte foi a cela, onde se achava o dito corista, e vendo-o tão digno de compaixão não tendo nenhuma tornou a maltratá-lo com bofetões e murros, e o pobre corista posto de joelhos suplicava que o deixasse.

Desesperado e pressentindo a morte chegar, pois havia seis anos ainda estava na prisão na Ilha do Senhor Bom Jesus, nas dependências do convento dos franciscanos, o frei Bernardo de Vasconcelos escreveu ao ministro da Marinha e Ultramar, Martinho de Melo e Castro, pedindo ser transferido para o seu convento a fim de "morrer entre seus irmãos". Denunciou que os carmelitas estavam

---
[45] AHU — Avulsos RJ: cx. 136, doc. 70; cx. 137, doc. 16.

sendo humilhados, maltratados e violentados por um bispo que "com modos sinistros e reprováveis, procura com a maior eficácia conservar a duração da Reforma". Apesar de frei Bernardo estar muito doente, segundo o laudo do médico que o examinou, o bispo não permitiu que fosse tratado no Convento do Carmo.[46]

Evidentemente esses processos geraram prejuízos para o desenvolvimento da Ordem do Carmo na província do Rio de Janeiro, para as obras de seus conventos e suas igrejas, para manter o prestígio e a credibilidade aos carmelitas, assim como desgosto e constrangimento para os parentes desses religiosos. Não deve ter sido fácil os pais ouvirem piadinhas que o seu santo filho carmelita era ladrão, devasso, violento e outras péssimas qualidades, incompatíveis com a vida sacerdotal.

---

[46] AHU — Avulsos RJ: cx. 149, doc. 12.

CRÔNICA 13 Reforma e expulsão dos jesuítas no Rio de Janeiro

Os pioneiros colonizadores da Capitania do Rio de Janeiro nutriam profunda devoção aos primeiros jesuítas aqui chegados e que participaram de importantes fatos históricos: a expulsão dos franceses e de seus aliados tupinambás, bem como da fundação da cidade, em 1º de março de 1565. Os documentos registram os nomes de Manuel da Nóbrega (o principal do grupo), Antônio da Rocha, Antônio Rodrigues, Baltazar Fernandes, Inácio de Azevedo, Luis de Grã e, o que mais se destacou, José de Anchieta, considerado homem santo.

Quando transferida da Urca (1/3/1567) para o morro que veio a ser batizado de Castelo, a cidade nasceu com o colégio dos jesuítas. Portanto, esses primeiros missionários encarregaram-se da formação religiosa e educacional dos jovens moradores da nascente São Sebastião do Rio de Janeiro. Foram reitores desse colégio, iniciada a lista por Manuel da Nóbrega, intelectuais de destaque do Brasil colonial como Fernão Cardin, Simão de Vasconcelos, Jacobo Cócleo, exímio cartógrafo, Mateus de Moura e tantos outros.

O papel da Companhia de Jesus como missionária, educadora e técnica, com seus cartógrafos, astrônomos, engenheiros e cientistas, dava-lhe prestígio junto à monarquia e aos governantes da capitania do Rio de Janeiro e gerava adeptos e fiéis amigos nas esferas mais elevadas da sociedade. Ao contrário, os jesuítas ganhavam inimigos pelos atritos com a população em função de suas atividades econômicas, de suas posturas políticas e de defesa da liberdade dos índios. Além disso, o imenso patrimônio imobiliário da Ordem, com vastas propriedades rurais espalhadas na capitania e mais de sessenta prédios na cidade do Rio de Janeiro, provocou conflitos permanentes com os vizinhos lindeiros, com as câmaras de vereadores, com a Igreja secular e com outras ordens religiosas: beneditinos, carmelitas e franciscanos.

Muitos atritos ocorreram com os diversos governos da capitania, sequiosos de cobrar impostos da produção agropastoril e das mercadorias transportadas nos navios dos jesuítas. Sentiam-se lesados por perder, principalmente, impostos que seriam originados pela administração exclusiva da Companhia de Jesus das aldeias indígenas sob a sua jurisdição. O mais grave episódio ocorreu em função da demarcação das fronteiras do Brasil estabelecidas pelo Tratado de Madri (1750) por Portugal e Espanha. Quem assumiu o comando das forças luso-brasileiras foi o governador Gomes Freire de Andrade, tradicional amigo dos jesuítas.

Pelo acordo, Portugal cedia a colônia do Sacramento para anexação ao domínio da Espanha e, em contrapartida, recebia o imenso território espanhol definido pelo Tratado de Tordesilhas, parte central e norte do atual Brasil e parte ocupada pelas missões jesuíticas no extremo sul. Além da Companhia de Jesus não acatar o estabelecido no Tratado, declarou independência do território das missões e estabeleceu governo independente (a República Guarani) das monarquias espanholas e portuguesas. O resultado foi desastroso. Os jesuítas e seus comandados foram trucidados pelas tropas luso-espanholas e as Sete Missões incorporadas ao território do atual estado do Rio Grande do Sul.

Gomes Freire e seus comandados voltaram para o Rio de Janeiro, evidentemente, sem lograr manter a antiga amizade com os jesuítas.

No Reino, as relações entre o rei dom José I e os jesuítas azedaram com a publicação de um livreto do padre Gabriel Malagrida, após o terremoto de 1755, denunciando como causa da tragédia a devassidão da Corte e do próprio monarca. Por tal motivo, Deus teria castigado Portugal. Acusação gravíssima, que jogava os vassalos contra o rei. A consequência imediata foi a decisão real de destituir o santo jesuíta São Francisco de Borja de protetor do Reino contra os terremotos, substituindo-o por Nossa Senhora do Patrocínio. Isso com a aprovação do papa.

Mais grave foi o atentado a tiros de bacamarte que sofreu dom José I no dia 3 de setembro de 1758, quando voltava do encontro amoroso com a amante, mulher da nobreza dos Távora.

O rei escapou, e o inquérito sumário comandado pelo ministro conde de Oeiras foi concluído, apontando o marquês de Távora, sua mulher e seus filhos, o conde de Atouguia, o duque de Aveiro e alguns jesuítas confessores e amigos desses nobres como os principais "envolvidos" no atentado. Os fidalgos foram barbaramente mortos em praça pública, e, dos jesuítas presos, apenas o padre Gabriel Malagrida foi condenado à morte e queimado vivo.

Por outro lado, questões conflituosas entre a cúpula da Igreja Católica e a Companhia de Jesus levaram o papa Bento XIV, pelo seu Breve de 10 de janeiro de 1758, a instituir "reforma" na Companhia — ressalte-se, oito meses antes do atentado ao rei dom José — para corrigir os desvios cometidos contra os princípios da Igreja Católica. Poder que só cabe ao pontífice: intervir sobre uma ordem religiosa.

O papa Bento XIV nomeou o cardeal Saldanha para reformador da Companhia de Jesus para o Reino de Portugal e este, por sua vez, nomeou o bispo do Rio de Janeiro, frei dom Antônio do Desterro, "Reformador Apostólico da Religião da Companhia de Jesus" na área de seu bispado.

Portanto, não tem fundamento culpar o ministro conde de Oeiras como o responsável principal pelo acontecido com os jesuítas. Como seria possível um mero ministro passar sobre a autoridade do rei e do papa?

A bula foi recebida com satisfação pela monarquia portuguesa, pois lhe abriu a oportunidade de atuar contra os jesuítas no que tocasse ao poder temporal. Em sucessivas cartas às autoridades das capitanias e aos bispos, a partir de 31 de janeiro de 1758, o rei dom José estabeleceu as estratégias para substituir os jesuítas nas aldeias (missões) que eles administravam por padres do "hábito de São Pedro" (padres seculares), transformar essas aldeias em vilas ou "lugares" e nelas estabelecer paróquias com o "título de vigararia". Os bens de "raiz" (imóveis) confiscados deveriam passar para a Coroa e os bens móveis de uso religioso, para a Igreja secular e seu bispado. Já os bens "semoventes e móveis, que se acharem nas residências, engenhos e fazendas, como pretos escravos, bestas, tachos, caldeiras e outros semelhantes", por serem, segundo o rei, produtos do comércio ilícito que os jesuítas praticavam, as bulas pontificiais mandam que fossem sequestrados "a favor dos pobres, das enfermarias, dos hospitais e demais aplicações declaradas nas referidas bulas". Alerta o rei que o bispo tem autoridade delegada para realizar os sequestros e fazer a respectiva distribuição dos bens.

Em carta de 19 de maio de 1758, do rei ao governador Gomes Freire de Andrade, é recomendado que o governador guarde o "mais inviolável segredo" até a hora em que as suas ordens venham a ser cumpridas.

Antes de tudo é preciso, que V. Exa. confira com o Reverendo Bispo dessa Diocese e com o Conselheiro José Mascarenhas Pacheco Coelho de Melo, que passa a essa cidade, sobre o auxílio, que tem ordem do dito Senhor, para dar ao mesmo Prelado em todas as matérias pertencentes à Subdelegação, que o Eminentíssimo e Reverendíssimo Cardeal Saldanha fez na Pessoa do mesmo Bispo, para reformar na sua Diocese os abusos, em que nela se tem desleixado os Religiosos da Companhia de Jesus, principalmente pelo que pertence ao Comércio, difundido pelo Direito Divino e Canônico, e pelas Constituições Apostólicas, que vão referidas no Mandamento de S. Eminência, ajustando-se o tempo e o modo de se executar o referido com todo o acerto, e com o mesmo recato, que aqui se praticou.[47]

O processo de reforma dos jesuítas, sob o comando do bispo dom Antônio do Desterro, foi iniciado e convocadas 43 testemunhas, todas do sexo masculino, em leque abrangente de profissões e idade. São moradores da cidade do Rio e de outros lugares, como Campos dos Goytacazes, Macaé, Itaboraí, Marapicu (hoje bairro de Nova Iguaçu) e Cabo Frio, que tiveram relações ou trabalharam para os jesuítas. Compunham aquele número: 12 religiosos, 9 senhores rurais, 7 negociantes, 8 profissionais ligados à Justiça — metade advogados e metade "solicitadores de causas", conhecidos hoje como despachantes — e os sete restantes um indivíduo de cada área: alcaide-mor, desembargador, estudante do colégio dos jesuítas, militar, professor, um que vivia de rendas e, por fim, o mais velho (73 anos) sem indicação de atividade profissional. (Ver Anexo 2.)

Essas testemunhas responderam a oito perguntas acusatórias aos jesuítas, montadas pela direção do processo de "reforma":

---
[47]AHU — Avulsos RJ: cx. 149, doc. 12.

a) se os jesuítas cumpriam com as normas de seus estatutos e os princípios da Igreja Católica; b) se praticavam o comércio com os produtos regionais e internacionais; c) se ensinavam ou praticavam "ritos, doutrinas falsas e opiniões" contra as normas da Igreja, dos concílios e das bulas papais e contra a monarquia; d) se tomavam terras das pessoas, usando meios ilícitos, violentos e falsificando documentos; e) se eram arrogantes, manipuladores e desrespeitadores das "Leis Divinas e humanas"; f) se praticavam o voto de castidade e se viviam "castamente nas cidades e aldeias"; g) se nas aldeias sob a administração jesuítica eles praticavam os deveres dos párocos, administrando os sacramentos e "demais pasto Espiritual", sem negligência ou omissão; e h) se tratavam os índios como escravos, os castigavam violentamente e se praticavam justiças nos casos por eles julgados nas aldeias.

As testemunhas narraram fatos vivenciados ou aqueles que eram do conhecimento público e sabidos por todos, confirmando os desvios de determinados membros da Ordem, esmiuçando cada caso, citando nomes de pessoas e de lugares.

Quase oitenta membros da Companhia de Jesus deixaram-na no decorrer do processo da "reforma". A maioria continuou na vida religiosa em outra ordem ou como padre secular, e o restante optou pela vida laica.

Quando chegou ao Rio de Janeiro a documentação real decretando a expulsão dos jesuítas do Reino de Portugal, Algarve e seus domínios (lei de 3/9/1759), o processo da "reforma" estava em fase conclusiva.

A carta do bispo dom Antônio do Desterro ao conde de Oeiras datada de 23 de fevereiro de 1761 vem acompanhada de detalhado relatório sobre quase todos os núcleos jesuíticos no Brasil. Pela clareza da linguagem, pelos detalhes dos fatos e por ser documento oficial do processo, transcrevo-o para que todos tenham acesso direto ao seu conteúdo. (Ver Anexo 2.)

Inicia o relatório com a explicitação dos reformadores do acerto das medidas que tomaram pela perda dos princípios norteadores da criação da Companhia de Jesus.

> A Companhia que Santo Inácio fundou para bem universal do mundo, para instrumento da conversão dos infiéis, redução dos hereges e reforma dos Católicos, chegou a tanta decadência e estado tão deplorável neste Brasil, que já hoje servia mais para destruir que para edificar, mais corromper os povos, que para os ajudar, mais para escândalo, que para bem das almas. A torpe lassidão em que viviam os jesuítas, a monstruosa corrupção de costumes, a que tinham chegado estes homens, faziam no Brasil a esta Família não só inútil, mas absolutamente perniciosa, abominável e merecedora de perpétua abolição para que a corrupção de tão grande e tão dilatado Corpo não acabasse de envenenar sem remédio aos indivíduos destas conquistas. Esta verdade plena muito penetrou o padre José Geraldes, que entrou na Companhia já sacerdote e de madura idade. Este padre depois de estar em Lisboa nove anos por procurador Geral, veio a esta Província feito Provincial e depois de visitar os Colégios de Norte a Sul, e ver com seus olhos e apalpar com a experiência a incorrigível devassidão e irremediável soltura dos jesuítas disse-o publicamente, que entrara na Companhia enganado, o que nunca supunha haver tanta diabrura em uma família religiosa, motivo porque renunciara o Provincialado.

Dos jesuítas que passaram pelo Rio de Janeiro, 19 foram citados como envolvidos com amantes mulatas, negras e brancas, escravas ou livres, e alguns com filhos, e seis denunciados como praticantes do homossexualismo. O relatório chega ao detalhe de especificar as brigas entre jesuítas por conta dos mulatos Lourenço,

José Ferreira e Francisco Ferraz. Cita o "mulatinho Miguel" como tendo "servido de amásio a muitos jesuítas".

Concluída a reforma e expulsos do território brasileiro os jesuítas condenados e presos, os inocentados que ingressaram em outras ordens religiosas ou se tornaram padres seculares e, principalmente, os que adotaram a vida laica ficaram registrados nos arquivos do Estado, vistos com reservas quando pretendiam algum emprego público. Sua movimentação ao longo do território brasileiro gerava sempre moroso processo, no qual constava tratar-se de egresso da extinta Companhia de Jesus. Enfim, gente sob eterna suspeita.

O rei Luís XV expulsou os jesuítas do território francês em 1763, e Carlos II da Espanha, em 1767.

A Companhia de Jesus só foi extinta muitos anos depois de sua expulsão do reino de Portugal, através do breve do papa Clemente XIV de 21 de julho de 1773.

Em 7 de agosto de 1814 a Companhia foi restaurada, com novos estatutos, adequada às exigências do Vaticano, pelo papa Pio VII.

Em Portugal, só em 1829 chegaram os primeiros jesuítas para atuar em Lisboa, processo interrompido e reiniciado em 1834.

No Brasil, os jesuítas só recomeçaram a atuar em 1842.

PARTE 2 **Sociedade**

A população que vivia no Brasil colonial — excluídos os "índios bravios" e uns poucos estrangeiros de outras nacionalidades além da portuguesa — guardava a estrutura imposta pela colonizadora monarquia lusa. Havia uma pequena elite formada pelos titulados em seu país de origem, na sua maioria portuguesa, alguns estrangeiros que serviam à Coroa e os nascidos no Brasil, os chamados nobres da terra, que obtiveram algum título por sua história no território brasileiro. Essa elite assumia os postos da "República", ou seja, da administração pública, os postos militares graduados e eclesiásticos. Eram eles ouvidores, desembargadores, diretores de empresas, comandantes das forças militares, bispos etc., que percorriam os postos administrativos por todo o território do império português. Um exemplo típico desses servidores públicos é Matias da Costa e Souza, que, em 16 de fevereiro de 1748, requereu a nomeação de secretário do governo da capitania do Rio de Janeiro, apresentando uma folha de serviços prestados em Pernambuco, no Maranhão, no Presídio de Benguela, no Pará e em São Paulo.

Os não titulados, ricos ou pobres, tudo faziam para alcançar algum título de nobreza através de estreitíssimos caminhos — geralmente o mais alcançável era o de Cavaleiro da Ordem de Cristo —, fosse pela obtenção de diploma universitário, preferencialmente em Coimbra, ou por assumir atitude e ação excepcional consideradas dignas de mercê real — podendo ser a própria pessoa ou um antepassado ou descendente direto. Nesses casos, era analisado o pedido e, em função do histórico de serviços prestados ao rei, seriam habilitados ou não a receber a honraria, concessão excepcional que agraciava até os descendentes de negros, os cristãos-novos (origem judaica), os mouros e ciganos, classificados como "gente de infecta nação". Ilustra bem esses casos o negro Henrique Dias, agraciado com o título de Cavaleiro da Ordem de Cristo por sua participação na expulsão dos holandeses de Pernambuco e que passou a denominar o regimento auxiliar dos pretos forros e livres como dos Henriques; e o pardo Manuel Inácio da Silva Alvarenga, mineiro filho de escrava, que se formou advogado na Universidade de Coimbra, tornou-se um dos grandes poetas brasileiros e pôde assumir a função de professor régio de retórica na cidade do Rio de Janeiro.

A escravidão dos índios era legal no Brasil até o fim do século XVII, quando foi abolida por acordos estabelecidos entre o papa e os monarcas da Espanha e de Portugal. A partir daí os índios "civilizados e cristãos vassalos da monarquia lusitana" tinham as mesmas possibilidades de alcançar títulos de nobreza.

Quem era rico e não tinha título de nobreza procurava demonstrar e viver como tal. Primeiramente deveria possuir três moradias: uma casa para residir na cidade, geralmente um sobrado construído com o melhor e mais duradouro material, nada de taipa ou adobe, localizado em logradouro importante da parte central; uma casa de campo numa chácara no arrabalde ou subúrbio, perto do núcleo urbano, com jardins, pomares e todo o conforto para a família, seus hóspedes e visitantes; e a casa rural, sede da fazenda. Se possível, haver capela em uma ou em todas as moradias e lutar para que ela fosse reconhecida como habilitada à realização dos atos litúrgicos da missa, do batizado e do casamento.

Todos os ricos da cidade do Rio de Janeiro possuíam no mínimo essas três residências. O percurso que cada um fazia da chácara para a cidade, por exemplo, era a oportunidade de mostrar riqueza e comportamento nobre, através da qualidade do veículo, dos animais, dos arreios e do séquito de escravos, além de pajens bem-vestidos e numerosos.

Abaixo desse restrito grupo de vassalos estavam os plebeus livres, em que se incluíam os forros ou libertos, aqueles que conseguiram sair da desumana categoria dos escravos. Em 1796 a capitania do Rio de Janeiro apresentava uma população de 182.757 pessoas, sendo 39,92% de brancos, 10,48% de pardos libertos, 3,60% de pretos livres e 46% de escravos, pretos e pardos.[48]

Portanto, eram esses 84 mil escravos que viviam em 1796 os constituintes do estrato mais inferior da sociedade, os que sonhavam alcançar pelo menos o nível de plebeu livre, sonho realizado apenas pela pequena parcela de 14% deles.

Nessa sociedade rigidamente dicotômica entre livres e escravos, titulados e plebeus, reinóis e naturais do Brasil, estrangeiros e vassalos luso-brasileiros, colonizadores e colonizados é que nossa gente construiu suas estratégias de mobilidade e ascensão a categorias mais elevadas. Construção difícil e desigual em que os reinóis desfrutavam de maiores vantagens e proteção.

Para essa mobilidade, as confrarias em seus diversos níveis e formas, tais como devoção, irmandade, ordem terceira e maçonaria, tiveram papel relevante na organização e construção da sociedade colonial. Através delas formaram-se laços culturais, religiosos, de sociabilidade, inserção e, sobretudo, de proteção aos que estavam em estado de pobreza. Além dessas qualidades oferecidas aos filiados, as confrarias ligadas ao exercício profissional, como

---

[48] AHU — Avulsos RJ: cx. 164, doc. 89.

a irmandade de São José (pedreiros, carpinteiros etc.), a de São Jorge (ferreiros, latoeiros etc.), as dos alfaiates, ourives, sapateiros e outras, além de oferecer oportunidade da devoção religiosa, asseguravam o mercado de trabalho para seus filiados. Foram essas confrarias que edificaram as belas igrejas ricamente ornamentadas da cidade do Rio de Janeiro.

Pertencer a uma irmandade representava a segurança de ter enterro cristão, com acompanhamento do pároco da freguesia e de delegação dos irmãos da entidade, e, sobretudo, ter assegurada a sepultura.

Além disso, as irmandades de pretos e pardos auxiliavam seus irmãos escravos a se alforriarem.

Nas festas públicas e procissões, cada irmandade participava com sua representação da mesa diretora, em posições definidas no cortejo, segundo a sua data de criação e importância na hierarquia da Igreja. Mas todos asseguravam algum espaço nessas cerimônias e podiam mostrar sua existência e seu papel na sociedade.

Os preconceitos existentes na sociedade afloravam nos estatutos dessas confrarias. As de brancos, geralmente, proibiam a filiação de negros ou miscigenados, cristãos-novos, ciganos etc., caso da irmandade de Santa Luzia; as de negros permitiam a filiação de brancos, que podiam chegar a cargos da direção, e de mulatos; a esses, no entanto, era cerceado o acesso a cargos na mesa diretora, como estabelecia a de Nossa Senhora do Rosário e São Benedito. Já a irmandade de Santa Cecília, dos músicos, nasceu democrática e sem preconceito racial ou religioso. Entrava quem exercia a profissão, quem fosse amante da música ou instrumentista amador.

Os intelectuais e pesquisadores organizavam-se em academias para tertúlias literárias e científicas, para assistir a palestras de um médico, de um naturalista, de um astrônomo de passagem pela cidade, fosse ele estrangeiro ou não. Participavam da discussão e apresentação dos trabalhos científicos, técnicos ou literários definidos nas reuniões específicas das academias. No Rio de Janeiro, no decorrer do século XVIII, existiram comprovadamente a Academia dos Felizes (1736), a Academia dos Seletos (1752), a Academia Científica (1779) e a Sociedade Literária (1786).

O teatro era a paixão de todos; começou com os autos jesuíticos no século XVI, como nos revela Carlos Moura em seus estudos sobre o teatro a bordo das naus nos séculos XV a XVIII.[49] Ora, se os homens simples da marujada apreciavam os espetáculos teatrais, em muito maior grau gostavam os moradores da cidade do Rio de Janeiro.

Em todas as festas públicas da cidade, além da procissão, ocorriam espetáculos pirotécnicos, touradas, corrida de argolinhas e teatro. A primeira referência que localizei sobre a existência de uma empresa teatral data de 29 de novembro de 1719, com a finalidade de apresentar peças religiosas e o "presépio", no período natalino. Era formada pelos artistas Plácido Coelho de Castro (criador dos bonecos), Manuel Silveira Ávila (cenário e pintura) e Antônio Pereira (responsável pela música). Em 1748, já existia uma casa de teatro com plateia para 332 lugares e 14 camarotes, na Rua da Alfândega. Pertencia ao empresário Boaventura Dias Lopes, que, depois do falecimento da mãe, tornou-se padre secular ("do hábito de São Pedro"). Esse mesmo empresário construiu, por volta de 1757, um segundo teatro ao lado do paço do governador conde de Bobadela (atual Paço Imperial). O antigo teatro passou a chamar-se Ópera Velha, e o novo, Ópera Nova. O velho teatro foi consumido por fulminante incêndio, por volta de 1769, quando era encenada a peça *Os encantos de Medeia*, de Antônio José da Silva (O Judeu).

---

[49]Carlos Francisco Moura, *Teatro a bordo de naus portuguesas: nos séculos XV, XVI, XVII e XVIII*; _____, *As preciosas redicolas: entremez representado a bordo da nau Santa Ana-Carmo-S. Jorge em 1771.*

O padre Boaventura Dias Lopes arrendou o teatro do Largo do Paço ao empresário teatral Luiz Marques Fernandes, que o manteve em atividade até 1772. Findo o contrato com ele, o padre o arrendou ao coronel Manuel Luiz Ferreira, que o administrou até a chegada da Corte na cidade do Rio (7/3/1808). Depois da inauguração do novo teatro na Praça do Rocio (atual Tiradentes), em 1813, de propriedade do coronel Fernando José de Almeida, Manuel Luiz doou o prédio do seu teatro para ser anexado ao palácio de dom João. Nesses teatros desenvolveram-se as artes cênica, cenográfica e musical na cidade do Rio de Janeiro.[50]

A educação escolar da criança era dever de todo católico e, principalmente, do padre da paróquia ou da freguesia, segundo estabelecia o Concílio de Trento (1545-1563), a fim de que os jovens pudessem ler o catecismo e outros livros religiosos. As ordens religiosas instaladas no Rio de Janeiro, como a dos franciscanos, dos carmelitas, dos beneditinos, o orfanato de São Joaquim para os meninos pobres e a dos jesuítas até 1759, quando foram expulsos, mantinham suas aulas de alfabetização, de contar e de religião para os meninos. As freiras do convento da Ajuda e o recolhimento da Santa Casa de Misericórdia dedicavam-se à educação das meninas.

Eram os professores e as professoras particulares os responsáveis pela maior parte da educação escolar das crianças de ambos os sexos. A partir de 1760, após a expulsão dos jesuítas do reino de Portugal, foram instituídos os professores régios, pagos pela monarquia, para ministrarem o ensino público e gratuito de primeiras letras, gramática, latim, grego, retórica, filosofia e, posteriormente, de cirurgia e belas-artes.

---

[50]Nireu Oliveira Cavalcanti, *O Rio de Janeiro setecentista: a vida e a construção da cidade da invasão francesa até a chegada da Corte*. pp. 170-179.

SOCIEDADE

O ensino de arquitetura militar, arquitetura civil, matemática, ciências naturais, topografia e outras matérias técnicas dava-se na Academia de Fortificações do Exército, que ao longo do tempo foi recebendo outros nomes, até sua divisão em Escola Militar (origem da Academia Militar das Agulhas Negras) e Escola Central, depois Politécnica de Engenharia. As diversas profissões dos artífices, músicos e artistas eram estudadas com os mestres de cada ramo profissional vinculados às diversas irmandades.

A leitura de livros, jornais e almanaques para quem não os possuía poderia ocorrer nas bibliotecas das ordens religiosas, obviamente com permissão, nas bibliotecas dos professores, dos cursos dos mestres de ofícios e naquelas de particulares que as abriam a seus familiares e conhecidos.

Para aquisição de livros ou outro material havia livrarias na cidade, como a do livreiro José de Souza Teixeira, que, em 1794, tinha à venda cerca de 350 títulos. Também poder-se-ia adquirir pelo correio, solicitando o produto diretamente aos livreiros de Lisboa, ou pela via da antiquíssima prática da encomenda a um parente ou amigo que se encontrasse no Reino, ou em outro país da Europa, que mandaria ou traria a encomenda para o solicitante. Prática até hoje muito em voga, pois quem não recebeu encomendas quando se vai sair para outro lugar distante de sua moradia?

Já os escravos dependiam do interesse de seus senhores em alfabetizá-los e facultar-lhes o aprendizado de uma profissão. Obviamente, o escravo que alcançava esse nível rendia com seu trabalho maiores lucros para seu senhor, mas passava a ter maiores chances de se libertar.

Os casamentos nesse período colonial geralmente realizavam-se entre pessoas do mesmo nível social, econômico, cultural e de cor da pele. No entanto, era frequente o casamento de branco com mulata ou negra, de mulato com branca, e, pelo contrário, é diminuto o caso de mulher branca casar-se com negro.

Já o casamento entre pessoas brancas e indígenas era incentivado e na região do Maranhão e do Pará o branco, mesmo plebeu, passava a ter acesso a postos do governo restritos aos titulados. Ao contrário, a mistura de indígena com pessoa negra era vista com reserva e motivo até de discriminação por parte do governo.

Fontes:

AHU — Avulsos RJ: cx. 164, doc. 89.

CAVALCANTI, Nireu Oliveira. O *Rio de Janeiro setecentista: a vida e a construção da cidade da invasão francesa até a chegada da Corte*. Rio de Janeiro: Jorge Zahar, 2004, pp. 170-179.

MOURA, Carlos Francisco. *Teatro a bordo de naus portuguesas: nos séculos XV, XVI, XVII e XVIII*. Rio de Janeiro: Instituto Luso-Brasileiro de História; Liceu Literário Português, 2000.

————.*As preciosas redicolas: entremez representado a bordo da nau Santa Ana-Carmo-S. Jorge em 1771*. Rio de Janeiro: Instituto Luso-Brasileiro de História; Liceu Literário Português, 2001.

CRÔNICA 1 Os enjeitados de agosto

Os livros de batismo das quatro freguesias urbanas da cidade do Rio de Janeiro colonial — Sé, Candelária, Santa Rita e São José — registram não só assentamentos de filhos de pais incógnitos, os abandonados e chamados enjeitados ou expostos, como também os encarregados de criá-los. Embora muitas crianças tenham sido adotadas por particulares, sem a intermediação do poder público, até o segundo quartel do século XVIII a função cabia, primordialmente, à Câmara de Vereadores, que, por sua vez, delegava a tarefa a casais ou a mulheres — honestas, solteiras ou viúvas — a quem prestava ajuda financeira.

O alto custo para a manutenção dos enjeitados fez com que os vereadores solicitassem ao rei transferir a função — como ocorria em Portugal — para a Santa Casa de Misericórdia, que receberia, para tanto, os recursos necessários.

Coube ao rico negociante Romão de Matos Duarte, em 14 de janeiro de 1738, doar à Santa Casa 32 mil cruzados para "criação dos meninos expostos" e iniciar a famosa "roda", local para deixar-se a criança em anonimato. Um mês depois, foi entregue à instituição, com a mesma finalidade, outro grande donativo feito por vinte piedosas pessoas.

Segundo Vieira Fazenda, a primeira criança a ser entregue na "roda" foi a menina batizada com o nome de Anna, em 12 de fevereiro de 1738.[51]

Na Biblioteca Nacional do Rio de Janeiro há um fragmento de livro com assentamentos de enjeitados[52] que começa no registro 427 (12/2/1746), faltando várias folhas intermediárias, e termina no registro 966 (25/8/1760). Provavelmente, é o mesmo livro consultado por Vieira Fazenda, no início do século XX, quando ainda íntegro.

No precioso documento aparecem, no mês de agosto de 1760, os batismos de sete enjeitados: os meninos Fernando, José, Luiz, um anônimo e três meninas de nomes Ana, Angélica e Francisca. Das sete crianças, faleceu a menina Francisca, dois anos após entrar na Santa Casa.

Cada criança enjeitada, geralmente, vinha acompanhada de um bilhete (preso ao corpo ou às vestes) contendo a lista do enxoval (quando havia). Às vezes, explicava-se a origem da criança e o motivo que levara a mãe a abandoná-la na porta de quem a entregaria à Santa Casa. Tristes e dramáticas histórias de pequenas vítimas dos preconceitos de então.

O menino batizado como José foi abandonado no dia 4 de agosto de 1760 na porta de Maria da Paixão com as seguintes roupinhas: dois mantos de baeta verde, dois pedaços de baeta branca, uma camisa, dois panos brancos, quatro cueiros embrulhados em pedaço de pano, um paninho amarrado na cabeça e uma coifa atada com uma auréola de pano bege. Foi batizado no dia 9 do mesmo mês e

---

[51] José Vieira Fazenda, "Antiqualhas e memórias do Rio de Janeiro". *Revista do Instituto Histórico e Geográfico Brasileiro*, t. 89, pp. 395-427.
[52] BNRJ — Códice II — 34, 15, 47.

entregue, para ser criado, a Raimundo da Silva, morador na Rua da Vala. Foram padrinhos Raimundo da Silva e Maria Joaquina da Conceição.

Às vezes, os adotantes ou os padrinhos eram pessoas envolvidas diretamente com a concepção da criança ou mesmo parentes dos pais.

Luiz foi deixado na porta do tesoureiro da Santa Casa, entre 19h e 20h do dia 19 de agosto de 1760. Trazia um bilhete dirigido ao sargento-mor Bento Pinto da Fonseca, pedindo-lhe que mandasse criar o menino "com todo o cuidado e amor", pois era "filho de um grande amigo" seu que se achava fora da cidade do Rio de Janeiro. A mãe da criança confessa não poder tê-la "em casa por ser cousa muito oculta", mas quando o pai da criança voltasse, recolheria o menino e pagaria ao amigo benfeitor, "não as obrigações, mas sim as despesas que vossa mercê com ele fizer". Pediu ainda a oculta mãe que o pequeno fosse batizado com o nome de Luiz José da Silva.

O menino fora embrulhado com um pano azul e trazia dois cueiros de pano da mesma cor, um cueiro amarelo, quatro camisas, um barretinho branco na cabeça amarrado com uma fita encarnada e um pano embranquecido.

No dia 28 de agosto Luiz foi batizado e entregue a Josefa de Oliveira, a paulista, moradora nos arcos da Misericórdia. Foram padrinhos Manoel Lopes e dona Rita Clara de Souza.

Na porta do casal João Correia e Antônia Duarte, entre 20h e 21h, foi deixado um menino com bilhete dirigido ao mesmo sargento Bento Pinto da Fonseca. Pedia-se o encaminhamento ao tesoureiro da Santa Casa e que esse acompanhasse sua doação à família "que não seja muito pobre", vez que havia as muito ricas que tinham escravas acostumadas a "criar semelhantes crianças". O bilhete registrava ainda que o menino descendia de família nobre e que seu pai encontrava-se ausente da cidade do Rio de Janeiro, recomendando para padrinhos Luiz Gago da Câmara e Nossa Senhora da Conceição. Ao sargento Bento da Fonseca a mãe do enjeitado ainda recomendou que a ama de leite, sendo branca, fosse "limpa de achaques e de bom procedimento".

Pelo enxoval do exposto constata-se sua origem endinheirada, pois tudo era novo e continha 6 camisas, 5 panos envolvedouros, 8 cueiros (4 encarnados, 2 azuis e 2 brancos), 4 fraldas e uma baeta grande com uma toalha para envolvê-lo.

Na Santa Casa, as recomendações dessa "mãe cuidadosa" não foram seguidas à risca, pois o menino foi batizado, em 7 de setembro do mesmo ano, com o nome de Fernando, tendo como padrinhos José de Souza Moreira e Nossa Senhora da Conceição, e entregue para criar a Tereza de Jesus, moradora na Rua do Bom Jesus (desaparecida com a abertura da Avenida Presidente Vargas).

Teresa, mulher de Jacinto de Moura, deve ter tido grande surpresa ao abrir a porta da sua casa, no dia 22 de agosto de 1760, e encontrar na calçada uma menina, embrulhada em cueiro de baeta encarnada, vestida numa camisinha e "apertada com um cadarço de linha". A pequena vinha acompanhada de um bilhete no qual a mãe pedia que fosse batizada com o nome de Angélica. Com esse nome recebeu os "santos óleos" no dia 30 do mesmo mês. Foram padrinhos Bento Rodrigues Pereira (morador na Travessa da Cruz, atual Rua do Ouvidor) e Nossa Senhora da Candelária. Coube a Bento Pereira criar a afilhada Angélica.

A exposta deixada na porta de Domingos (ilegível o sobrenome) às 20h do dia 23 de agosto de 1760 trazia consigo um enxoval composto por 8 camisolas, 4 cueiros brancos, 3 cueiros de baeta, uma peça de coifa branca, toalha de linho, cinta de linho com renda pelo meio, um breve forrado de seda alvadia e uma figa grande em fita roxa. Recebeu no batismo o nome de Francisca, no dia 8 de setembro, foram padrinhos João Leite e Ana Maria e encarregado de criá-la o casal Manuel José Monteiro e Paula Arcângela, moradores no bairro da Prainha (atual cercania do Morro da Conceição). Não desfrutou por muitos anos do carinho dos pais adotivos, pois faleceu em 15 de abril de 1762.

A criança batizada com o nome de Ana foi deixada "nua e sem roupa alguma", no dia 25 de agosto de 1760, na porta da loja do mercador Assenso, que imediatamente levou-a para a casa de Luísa de Abreu. Essa mulher incumbiu-se de levar a menina, na mesma noite em que a recebeu, à morada do tesoureiro da Santa Casa. Após batizada, Ana foi entregue à própria Luisa para que a criasse.

E foi o mesmo tesoureiro que, à noite, na mesma data, encontrou um menino que, pelo menos, estava vestido. Envolvido em uma camisa, trazia 2 cueiros atados com uma cinta roxa. O tesoureiro passou a criança "no mesmo dia à dona Maria Teresa, moradora novata da Rua do Ouvidor".

A documentação de casamento revela trilhas de homens e mulheres enjeitados, criados na Santa Casa ou por particulares, que tiveram a felicidade de chegar à vida adulta e até constituir família. Alguns alcançaram posições militares graduadas, como o tenente Ventura Pereira da Cunha, o sargento Virgínio da Costa Salinas e o cabo de esquadra Sebastião Rodrigues Pina. Um dos expostos, Vicente Silva, chegou a formar-se em medicina, no famoso curso de Montpellier (França).

Outros expostos encontraram-se no altar para celebrar o matrimônio, cada um com sua triste história de enjeitado, formando casais que certamente jamais iriam abandonar seus filhos, como, por exemplo, Silvestre Antônio de Mesquita e Ana Maria de Jesus, em 1813; Vicente José de Brito e Joaquina Tereza de Almeida, em 1812; e o sargento Virgínio da Costa Salinas e Joana Batista, em 1757.

Fontes:

BNRJ — Códice II — 34, 15, 47

FAZENDA, José Vieira. "Antiqualhas e memórias do Rio de Janeiro", *Revista do Instituto Histórico e Geográfico Brasileiro*, tomo 89, pp. 395-427, Rio de Janeiro, 1924.

CRÔNICA 2 O herdeiro bastardo

A vila de Nossa Senhora de Cunha, São Paulo, foi palco do romance proibido do branco Antônio Soares Pereira, membro de família conceituada da região, com a parda Mariana Joaquina.

A família via com reservas aquela mancebia por ter a parda fama de prostituta. No entanto, ao nascer João, registrado como filho de Mariana Joaquina e de pai incógnito, foi seu padrinho o licenciado José Monteiro Ferraz de Souza, irmão de Antônio Pereira.

Segundo o mulato João Soares Pereira, ele cresceu na casa "coberta de palha no subúrbio da vila de Cunha", no lugar conhecido como Encruzilhada, no rio Bexiga, mandada construir por seu pai para a amante sua mãe.

Essa relação irregular e pecaminosa para um cristão se arrastou por muitos anos até o falecimento de Antônio Soares Pereira, no estado de solteiro, e abertura do inventário de seus bens, em 26 de setembro de 1795.

Apresentaram-se como herdeiros cinco irmãos: José, Lourenço e Domingos Monteiro Ferraz, Narciza Maria de Oliveira e

Teodora Francisca de Oliveira. Além desses, dois cunhados, José Rodrigues Santiago e o capitão João Gonçalves Cruz. Declararam residir fora da vila de Cunha o capitão João, em Guaratiba, e Domingos Ferraz, em Angra dos Reis, na capitania do Rio de Janeiro.

Percebendo que dos bens do falecido não receberia um tostão sequer, João requereu na justiça um libelo civil de filiação a fim de habilitar-se como herdeiro no inventário. A guerra jurídica começou em 1795 e se arrastou até 1814.[53]

O advogado de defesa do mulato João Pereira estruturou seus argumentos no fato de o falecido Antônio Pereira ter construído e montado casa para Mariana Joaquina, vestindo-a, sustentando-a e ao seu filho e, principalmente, tratando-a como sua amante. Além disso, exigiu sua fidelidade para, quando a procurasse, "pudesse com ela divertir-se sem embaraço, como se fez público e notório" na vila de Cunha. Levou para depor a favor de João moradores da vila e adjacências que conheciam a história desse concubinato e para confirmar que ele era e fora sempre tratado como filho por Antônio de Souza Pereira: as mulheres Cezília Pimenta de Oliveira (20 anos), Inácia Maria (40 anos), Maria das Mercês (87 anos), Maria Monteiro (27 anos) e Rosa Monteiro de Souza (30 anos); os homens Antônio Cândido dos Santos Monteiro (alferes, 26 anos), Antônio da Cunha (carpinteiro, 76 anos), Francisco Gonçalves da Conceição (agenciava negócios, 41 anos), João Monteiro Ferraz (lavrador, 60 anos), José Rodrigues Santiago (lavrador, 70 anos), Júlio Carlos da Silveira (lavrador, 67 anos), Manuel Antunes de Almeida (alfaiate, 71 anos) e Manuel Rodrigues Costa (lavrador, 54 anos).

---

[53] ANRJ — Juízo de Órfãos: cx. 596, n° 1.299.

Já o advogado de acusação concentrou-se em desqualificar a mãe de João Pereira, pintando-a como prostituta rameira a serviço de quem a procurava, antes e depois do falecido Antônio Pereira, e que "teve coitos e acessos com quem muito bem lhe parecia por viver em uma liberdade estragada e perniciosa". Além do quê, diziam que o falecido nunca falara à família daquela mancebia e que jamais tivera controle sobre aquela "prostituta".

Com isso punham em dúvida quem seria o pai de João Pereira, já que a atividade da prostituta não permitia a identificação do pai de seu filho. Enfim, uma "meretriz desonesta, *venus ad omnes*, destituída de qualquer direito que a pudesse favorecer".

Apresentou testemunhas que confirmaram essa argumentação: Antônio Martins de Melo (lavrador, 60 anos), José Pereira da Silva (lavrador, 40 anos), Lourenço Bueno de Assunção (lavrador, 51 anos), Manuel Ferreira Martins (lavrador, 50 anos) e Manuel José Vieira (lavrador, 50 anos).

Essa estratégia deve ter sido escolhida porque a lei assegurava aos filhos naturais de pais "solutos" [desimpedidos], isto é, solteiros ou viúvos, direito à herança de quem falecesse.

O fato é que, ao falecer a parda Mariana Joaquina, seu filho João (segundo testemunho do próprio e das testemunhas de defesa) foi levado pelo pai para viver com ele. Além disso, quando Antônio Soares Pereira adoeceu e foi se tratar na casa de sua irmã Narciza, ficou João Pereira cuidando da casa e dos negócios paternos e fazendo companhia a uma "rapariga parda, amásia" do mesmo, que havia ido para sua companhia após a morte de Mariana Joaquina.

Segundo João Pereira, o seu pai, ao adoecer, quis fazer testamento, mas fora dissuadido pelos irmãos, convencendo-o de que isso seria "agouro", já que estava doente de "gálico", doença da qual "ninguém morria".

Finalmente, em 17 de setembro de 1814, o despacho reconhecia a "filiação" de João Soares Pereira e de "herdeiro do intestado Antônio Soares Pereira, seu pretendido pai, porquanto das provas por ele produzidas nada mais se pôde coligir".

Fonte:

ANRJ — Juízo de Órfãos: cx. 596, nº 1.299.

CRÔNICA 3 O diamante bruto

Aos membros do Conselho Ultramarino incumbia dar parecer sobre tudo que ocorresse nas colônias do império português, a pedido do rei ou de um dos ministros. Às vezes, os pareceres sugerem que as autoridades desejavam respostas evasivas o suficiente para que os processos fossem arquivados. Caso do processo aberto por Manuel Rodrigues Nunes denunciando o primo de sua esposa, Antônio José dos Banhos Mota, acusado de lhe ter furtado diamante. A ação teria sido testemunhada por sua escrava de nome Violante e pelo filho menor do casal, Manuel Nascentes Pinto. Duas testemunhas que não seriam aceitas pela justiça, por inábeis. História confusa e cheia de interrogações, o que levou, provavelmente, ao parecer evasivo dos conselheiros para encerramento do processo:

> O suplicante [Manuel Rodrigues Nunes] deve guiar-se às justiças a que usa devassar deste caso; e pelo que alega se pode vir na averiguação da verdade e resultar o que baste para ser pronunciado o suplicado [Antônio José dos Banhos Mota] não se podendo fazer legais as testemunhas que o não eram no tempo do asserto furto, que somente podem servir para informação.

Tudo começou em 1730, em função de um diamante bruto vindo de Minas Gerais para o moedeiro da Casa da Moeda do Rio de Janeiro, o português Manuel Rodrigues Nunes, morador da cidade do Rio desde fim do século XVII e nela se casara, em 1713, com Agostinha Xavier Nascentes. A moça era filha da nobre família Nascentes Pinto, criadora e construtora da irmandade e igreja de Santa Rita. Gente da aristocracia carioca.

Segundo Manuel Rodrigues, o diamante bruto (sem esclarecer como se deu a aquisição) era dos primeiros descobertos na região das minas e do tamanho de um "ovo", pesando 26 oitavas, isto é, 93,6g! Para certificar-se de que era diamante ou outra pedra preciosa, Manuel levou-a para análise do ourives de ouro Francisco Gonçalves Paiva, que, por sua vez, confessou não ter experiência em "diamante bruto", sendo aquele o primeiro que examinava. No seu depoimento, o ourives descreve ter posto a pedra em um cepo, nela dando, a seguir, três marteladas, partindo-a em duas de tamanhos desiguais. Naquele momento constatou tratar-se de um diamante! A imprevidência do ourives e a anuência do proprietário produziram dano e desvalorização do diamante original, contudo resultando em duas pedras de alto valor no mercado, quando elaboradas. Estranhamente, Manuel Rodrigues confessa que ficou chateado com o ocorrido, voltando com as duas pedras sem lapidá-las! Guardou-as por seis anos numa gaveta de um bofete que tinha na alcova de sua casa e agora acusava Antônio dos Banhos Mota de as ter roubado daquele local!

Além do denunciado Antônio dos Banhos Mota, do jovem Manuel Nascentes Pinto e da escrava Violante, outras pessoas são envolvidas na petição do denunciante como conhecedores do fato narrado: João de Oliveira Cardoso, morador na Rua do Carmo, acusado de ter recebido Violante das mãos de Antônio dos Banhos; Cardoso a entregara a João Pereira Cabral, que, por seu

SOCIEDADE

turno, a levaria à casa de Silvestre Rodrigues, em Nova Iguaçu, a fim de escondê-la.

Pelo sabor da narrativa da denúncia, verdadeiro retrato do cotidiano de uma família no Rio de Janeiro setecentista, a transcreverei na íntegra, com ortografia atualizada, mas mantendo a estrutura das frases e as letras maiúsculas do texto.

Senhor

Expõe A Vossa Majestade Manuel Rodrigues Nunes, morador na cidade do Rio de Janeiro com sua mulher e filhos há 36 anos, que, no ano de 1730, lhe veio das Minas um Diamante bruto do tamanho de um ovo, que pesou 26 oitavas; e por ser dos primeiros que se descobriram e naquele tempo haver pouco conhecimento de Diamantes brutos naquela terra, o não conheceu com certeza o ourives do ouro Francisco Gonçalves Paiva, a quem o mandou mostrar para o examinar e pondo-o no cepo, aonde o segurou com um martelo, à terceira pancada abriu ficando uma parte maior que a outra, o que fez ignorantemente pelo não conhecer antes de partido, como atesta na sua certidão junta; e pelo Suplicante [Manuel Rodrigues Nunes] ficar desgostoso de se lhe partir uma pedra tão preciosa e singular a guardou na gaveta de um bofete que tinha na primeira sala das suas casas, e procurando-a em Maio de 1736 a não achou e depois disso soube, que sua mulher em Maio de 1735 a tinha mostrado a seu Primo Antônio José dos Banhos Mota, que tinha comunicação na casa com filho dela (morador na dita Cidade aonde tem Loja de mercador junto ao Carmo) e se admirou de ver pedra de tanta grandeza, e vendo-a recolher na mesma gaveta, não sossegou em todo aquele mês de Maio e Junho, e indo à casa do Suplicante todos os dias e noites, esperar sem dúvida ocasião de a roubar, o que se tem por certo fizera na noite do primeiro de Julho do dito ano de 1735; em que o suplicante com toda a sua família se achava nas casas interiores divertidos com a ocasião de dar estado a uma sua filha no dia seguinte e porque vendo o dito Antônio José dos Banhos estar livre e solitária a dita primeira sala, em que estava a pedra, pediu uma camisa para vestir com o pretexto de estar suado, na Alcova da mesma sala, aonde ficou só para esse efeito e depois de a ter vestida, se encostou no bofete, aonde por esquecimento ficaram as chaves de uma das suas gavetas, e para ficar só mandou a escrava chamada Violante, que lhe tinha levado a camisa buscar um Púcaro de água e vindo com ela, achou ao dito Antônio José com a dita pedra nas mãos vendo-a à Luz do Candeeiro; e depois entrou a persuadir a dita Escrava dizendo-lhe que a queria forrar e mandar para a Bahia, ou para este Reino [Portugal] para casa de sua Mãe aonde tem sua mulher; e porque na mesma ocasião lhe viu também a dita pedra nas mãos um filho do Suplicante por nome Manuel Nascentes Pinto principiou a persuadir a sua Prima mulher do Suplicante; que lhe desse o dito filho para o mandar para Coimbra, e lhe fazer patrimônio de seis mil cruzados em uns campos que tinha na sua terra, e que enquanto a frota não partia lho deixasse ter em sua casa de donde o remeteria aviado de tudo o necessário e isto pela razão de o ter visto com a dita pedra; e recolhê-la na sua algibeira, tendo talvez intento de dar fim ao dito rapaz, assim como o queria dar à dita Escrava.

Porque sendo em 20 de junho de 1736 estando o Suplicante de semana na casa da Moeda, aonde é moedeiro, e sua mulher em uma Novena no sítio de N. Sra. da Glória [atual bairro da Glória] foi o dito Antônio José dos Banhos à casa do Suplicante em companhia de um seu escravo por nome João com alguma roupa e deixando-o na escada entrou para dentro; e buscando ocasião de falar só com a dita Escrava Violante lhe disse, que se fosse com o dito Escravo que por ela estava esperando na escada e obedecendo-lhe saiu atrás dela e foram para o sítio de N. Sra. do Rosário, aonde a quis vestir em trajes de homem o que ela não consentiu, e sendo já oito horas da noite foram para a Ladeira da Sé velha [ficava no Morro do Castelo] de donde mandou ao seu Escravo buscar a casa um barbante e um prego; e depois de voltar com ele subiram todos para o Largo da Sé de donde foram pela Ladeira do Colégio [idem], que vai para a Misericórdia [Santa Casa] sair a igreja de N. Sra. do Monte do Carmo, aonde mora João de Oliveira Cardoso; a quem entregou a dita Escrava, dizendo-lhe, que sua Prima mulher do Suplicante lhe pedira que lha tirasse de casa, e a mandasse na frota para este Reino para casa de sua Mãe, por andar mal encaminhada com o Suplicante; e que no entanto a tivesse fora da Cidade o que crendo o dito João de Oliveira a remeteu por via de João Pereira Cabral, morador ao pé da Sé velha para o Iguaçu à casa de um seu cunhado Silvestre Rodrigues, indo a dita Escrava com o nome mudado de Violante em Maria aonde declarou que este não era o seu nome senão o de Violante, e que o Suplicante era seu Senhor e a mandasse para sua casa, pela ter desinquietado dela o dito Antônio José com o pretexto de a querer forrar. O tendo o Suplicante esta notícia se queixou a Paulo Ferreira de Andrade cunhado do Suplicante; que lho estranhou muito e fez remeter a dita Escrava para casa do Suplicante no fim de trinta e tantos dias, aonde confessou tudo o referido, e com ela concordou o dito filho do Suplicante e mandando pedir a dita pedra ao Suplicado por interpostas pessoas respondeu que o Suplicante não havia de justificar que ele lhe furtara a dita pedra, fiado na inabilidade das ditas duas testemunhas de vista, escrava e filho do Suplicante.

Pelo que se resolveu o Suplicante a vir a esta Corte [Lisboa] aos Reais pés de V. Majestade fazer esta representação, não para acusar criminalmente ao Suplicado, mas para que V. Majestade seja Servido provê-lo de remédio necessário para que o dito Diamante possa aparecer dando-se crédito às ditas duas testemunhas e com o que elas depuserem e os mais sobre as ditas circunstâncias, do retiro da dita Escrava Violante e pretensão que teve o Suplicado sobre querer também retirar o filho do Suplicante; se proceda à prisão contra o mesmo Suplicado mandando-se meter no segredo e fazerem-lhe perguntas até confessar o roubo do dito Diamante e o entregar, ou declarar com quem fizera negociação com ele e a quem o entregara, e em cuja mão parou. Pede para ser perdoado o delito, porque o Suplicante só pretende que ele o exiba [o diamante] pois só para esse efeito veio a esta Corte cheio de achaques, deixando sua mulher e filhos, não só pela utilidade de poder recuperar tão grande perda, mas também pela glória que terá de que pedra de tão grande preço e estimação fique no Real Tesouro de V. Majestade, pois é a maior e melhor que tem saído das minas e não poderá ter outra semelhante, algum outro Príncipe da Europa, mandando V. Majestade dar-lhe o que a Sua real grandeza for Servido para remédio de sua mulher e filhos, quando a dita pedra apareça.

Pede A V. Majestade seja servido em atenção do referido mandar passar ordem para que possam ser legais testemunhas do furto do dito Diamante a dita Escrava Violante e o filho do Suplicante Manuel Nascentes Pinto, e com eles jurarem e as mais pessoas sobre a pública voz e fama e duas circunstâncias do retiro da dita Escrava e de seu filho seja o Suplicado preso no segredo e nele se lhe façam as perguntas necessárias até confessar o dito furto, e entregar o referido Diamante pelas confrontações declaradas na certidão junta ou declarar o que lhe fez e aonde para perdoando-lhe o delito, porque o Suplicante o não acusa, e só pretende a restituição da dita pedra par o efeito de ficar no Real tesouro de V. Majestade, pois é digna dele, remunerando-lhe do Suplicante com o que for servido para seu amparo e de sua mulher e filhos.

E Receberá Mercê.

Fonte:

AHU — Avulsos RJ: cx. 34, doc. 34; cx. 37, doc. 99.

CRÔNICA 4 Casamento do caixeiro: ódio e preconceito

Foi o maior ti-ti-ti na cidade do Rio de Janeiro quando estourou a notícia do segundo casamento de dona Bárbara Barreto, rica viúva do capitão Antônio de Moura, que fora provedor da Fazenda Real. Dona Bárbara, de tradicional e nobre família da capitania, pretendia casar-se com o caixeiro Amaro Fernandes, um pé-rapado do termo da vila de Barcelos, arcebispado de Braga, Portugal, filho dos plebeus Amaro Fernandes e Domingas Gomes. Não bastasse a disparidade social, Amaro tinha menos de 25 anos e Bárbara estava prestes a comemorar 67.

Os comentários tornaram-se mais picantes e especulativos quando se espalhou que o casamento fora apressado, dispensando-se documentos do noivo, como certidão de batismo e comprovação de solteiro. Em seu lugar, houve o pagamento de fiança e declarações de três testemunhas jovens (o soldado André Gonçalves, o marinheiro Gregório Maria e Gerônimo da Silva, que vivia de "suas agências"), gente pobre e simples como o caixeiro, que o conheceram em Lisboa.

Ampliando ainda mais o ti-ti-ti, tornou-se público que a família de dona Bárbara Barreto não aprovara o casamento porque (suspeitava) o pé-rapado visaria aos bens da viúva.

A criatura mais indignada e que considerava a união um ato tresloucado era a filha de dona Bárbara, Catarina de Moura, casada com o tenente-coronel Sebastião da Fonseca Coutinho.

Em 14 de julho de 1724 celebraram, enfim, o matrimônio!

Se passou pela cabeça do caixeiro Amaro Fernandes ter dado passo certo no voo para a classe dos homens de negócios e fazendeiros respeitados no Rio de Janeiro, constatou de imediato o inferno em que entrara. Sem sequer ter discutido com qualquer pessoa ou cometido qualquer crime, sem acusação formal, foi preso e jogado na imunda cadeia da cidade.

Na solidão da enxovia sentiu, no âmago, que a família da esposa poderia até acabar com sua vida. Ainda preso, denunciou ao príncipe regente o pesadelo pelo qual passava, pedindo proteção real. A resposta veio rapidamente, pois, em 7 de dezembro de 1725, dom João, em nome da rainha, ordenou ao governador Luís Vahia Monteiro (1725-1732) que soltasse o caixeiro e convocasse as pessoas citadas como seus possíveis denunciantes. Principalmente os parentes de dona Bárbara: Julião Rangel de Souza, escrivão da Câmara de Vereadores, e Sebastião de Sampaio Sande, todos deveriam saber que Amaro Fernandes estava sob proteção real.

O ódio dos opositores ao casamento era tanto que desconheceram a proteção real — atitude considerada gravíssima e incompatível com o respeito que deveria ter um vassalo ao monarca — e, no início de outubro de 1726, Amaro Fernandes foi emboscado. Recebeu vários tiros, tendo um deles atravessado seu corpo na altura das axilas. Ao vê-lo prostrado e coberto de sangue, seus agressores consideraram-no morto.

Mas o jovem marido de dona Bárbara tinha saúde de ferro e escapou. Escreveu, então, ao governador narrando o ocorrido e denunciando outros parentes da esposa como envolvidos no atentado.

> Diz Amaro Fernandes de Carvalho que temendo que os parentes de dona Bárbara Barreto, com quem hoje se acha casado, lhe fizessem algum dano grave, em razão de serem pessoas poderosas e não levarem a bem o casamento do suplicante (...) havendo-se contraído o seguro real e para maior firmeza deste quer agora novamente o obrigar o dito Sebastião de Sampaio Sande e Julião Rangel de Souza e os mais parentes da mulher do suplicante que são: dona Catarina de Moura, dois filhos dela chamados José da Fonseca e Sebastião da Fonseca, um Pedro de Moura, sobrinho do dito que assiste em casa dela, Ventura Sodré [Pereira], que assiste na casa de Sebastião de Sampaio Sande, Domingos Morato [Roma] e José Barreto de Faria. Protesta que todas as vezes que tiver alguma suspeita dar parte [ele Amaro Fernandes] aos Ministros, a cuja execução foi remetida, para que assim assinem com os mencionados nesta, termo de segurança real a pessoa do suplicante. Com declaração e cominação de que lhe sucedendo algum caso de ser molestado, ou dano na sua pessoa serão logo presos e castigados por vossa senhoria sem preceder alguma outra justificação, pois o suplicante nesta terra não tem, nem nunca teve outros inimigos mais que os parentes da sua mulher.[54]

Em resposta à petição, Vahia Monteiro, em 25 de outubro de 1726, determinou ao ouvidor-geral, Manuel da Costa Mimoso, que coletasse as assinaturas das pessoas citadas e aquela que desrespeitasse o salvo-conduto fosse presa, sem ser necessário "tirar devassa nem fazer outro algum processo".

---

[54] AHU — Avulsos RJ: cx.16, doc. 112; cx. 21, doc. 33.

No dia 14 de novembro, apenas 20 dias após o despacho do governador, um bando entrou, à noite, na fazenda em que se recuperava Amaro Fernandes, armado de "catanas e facas", e matou-o com violência. "Não se contentaram de o matarem uma vez, o fizeram duas, fazendo-o em retalhos e, separando-lhe alguns membros, como foi na cara."

Sob o impacto da cena horripilante, Vahia Monteiro escreveu asperamente ao "juiz de fora pela lei" (vereador designado por seus pares para essa função, em caráter provisório) criticando-o pela devassa que fizera quando do primeiro atentado ao falecido.

> A esta hora chega a minha presença morto e feito em retalhos Amaro Fernandes, marido de dona Bárbara Barreto, que se achava seguro por S. M. que Deus guarde; o qual seguro se tinha já rompido a coisa de um mês, com um tiro ferindo o dito morto, de que vossa mercê sem requerimento de parte tirou devassa, na qual como v. m. mesmo me disse se não culpou ninguém, por esta causa e pela de ser público, que vossa mercê é parente também das pessoas de quem o morto estava seguro, ordeno da parte de S. M. que Deus guarde, que no presente conhecimento da morte do dito Amaro Fernandes se não intrometa em coisa alguma, porque tenho encarregado todo este procedimento da justiça, ao dr. ouvidor-geral [Manuel da Costa Mimoso].
> Deus guarde a v. m. muitos anos.[55]

Indignado com a ousadia e a perversidade daquela gente, Vahia Monteiro enviou para a região do outro lado da baía (entre as atuais cidades de Niterói e de São Gonçalo) o sargento-mor Pedro de Azambuja acompanhado de 150 homens, com o encargo de

---
[55] AHU — Castro Almeida RJ: doc. 6.971 a 6.980.

prender os criminosos. Apesar da fuga dos suspeitos, a tropa conseguiu capturar o capitão de cavalos Domingos Morato Roma. Ao vasculhar os matos vizinhos encontrou dona Catarina de Moura, a filha de dona Bárbara, na companhia de um negro que ainda mantinha as "mãos e faca ensanguentadas, sem embargo de se ter lavado".

Foi um grande tento a prisão da filha de Dona Bárbara, pois era corrente na cidade ser Catarina a principal mandante do assassinato.

Vahia Monteiro já havia encarcerado a mulher de Amaro Fernandes, a própria dona Bárbara, desconfiado de sua participação no crime. Pois ao trazer-lhe o corpo retalhado da vítima, ela "não se queixou de pessoa alguma, antes desculpava os parentes e constando-me que intentava enterrá-lo sem se queixar".

Desconfiando de tudo e de todos, o governador atritou-se com o ouvidor-geral Manuel da Costa Mimoso, achava-o lento na apuração dos fatos e na punição dos culpados.

Aliás, a lentidão da Justiça no Rio de Janeiro, somada ao fato de o Tribunal da Relação ficar em Salvador, Bahia, para onde iam os processos e presos, irritava Vahia Monteiro. Expressou isso em carta ao rei, apresentando sugestões para acabar com a impunidade na capitania que governava.

> O principal remédio que poderá vir a ter é mandando V. M. que todos delitos criminais nesta terra se castiguem por um breve sumário e, a meu ver, não é contra o direito, porque o comum é impor pena correspondente aos delitos. Como nesta terra é extraordinário o uso e o modo de matar, também é necessário que seja extraordinário o uso do castigo, porque deixando meter tempo em meio, afrouxam as partes e, apagada a mágoa, se acomodam com algum suborno, o que conseguem também, muitas vezes, pela

justiça. Outros mortos não têm parte [advogado de defesa], como sucede a este miserável, e o zelo dos ministros esfria passada a ocasião da mágoa. Já aqui se tem por uso não os cometer grandes [punir os ricos e importantes] se não quando os governadores estão para acabar [...].

O ouvidor-geral, ao justificar-se junto ao rei das críticas feitas a ele por Vahia Monteiro no processo, apresentou amplo relatório de tudo o que fora realizado no tocante à Justiça do Rio de Janeiro e no Tribunal da Relação da Bahia. Segundo ele, em 25 de junho de 1729 a situação era a seguinte: dona Bárbara Barreto fora condenada a pagar 800 mil réis para as despesas da Relação; sua filha Catarina falecera na cadeia; Sebastião de Sampaio Sande fora condenado a pena pecuniária e ao degredo (como recorrera da sentença, o processo ainda estava em andamento); o crioulo Gerônimo, escravo de dona Catarina, foi sentenciado a açoites e degredado para a Colônia do Sacramento, e o outro escravo da mesma falecida, João Crioulo, foi condenado à morte e enforcado. Domingos Morato Roma, José Barreto de Faria e Julião Rangel de Souza foram inocentados e libertos. Continuavam foragidos José Caetano, Pedro de Moura, o crioulo Miguel, o escravo de Amaro Fernandes, Sebastião, e o filho da falecida Catarina de Moura, Sebastião da Fonseca Moura Coutinho. Este, em fim de 1732, no processo de casamento com sua prima Serafina de Moura Fogaça, declarou ter 25 anos e que "andava homiziado pela morte que se fez a Amaro Fernandes" e que estivera em Campos dos Goytacazes e em São Paulo.

Pediu dispensa do impedimento por serem eles parentes. A noiva era uma jovem de 20 anos, órfã de pai, disse que só poderia casar-se com o primo (3º grau) porque era "homem nobre" e por ele ter acesso constante a sua casa, como era "público", seria difícil outro homem querer casar-se com ela.

A história da vida da família Barreto continua, agora com um casamento dentro dos seus padrões: noivos nobres, brancos, economicamente similares e, sobretudo, aceito pelos pais e parentes.

Fontes:

AHU — Avulsos RJ: cx.16, doc. 112; cx. 21, doc. 33.
AHU — Castro Almeida RJ: doc. 6.971 a 6.980.
ACMRJ — Banhos: letra S, ano 1733, noivo Sebastião da Fonseca Moura Coutinho.

CRÔNICA 5 O assassinato de dona Helena da Silva

O capitão-mor do Terço Auxiliar, Francisco Gomes Ribeiro, foi casado primeiramente (cerca de 1680) com dona Mariana Cabral e, após enviuvar, com dona Antônia de Azevedo (1669), esta, por sua vez, viúva do capitão Antônio Rodrigues Tourinho. Eram ambas mulheres de destacadas famílias da capitania do Rio de Janeiro.

Gomes Ribeiro desempenhou muitos papéis típicos da elite colonial urbana: comerciante de grosso trato, vereador, provedor da Santa Casa de Misericórdia, membro das principais irmandades e ordens terceiras. Era possuidor de vários sobrados na área central da cidade, de chácara no subúrbio e de vastas propriedades pelo interior da capitania, como a Fazenda Manga Larga. Em suma, um dos "homens bons", titulado como Cavaleiro da Ordem de Cristo, possuidor de rico cabedal.

Só teve filhas, todas do primeiro casamento: Cecília (batizada em 20/6/1681), Inês (batizada em 17/12/1682), Helena (batizada em 5/8/1684) e Inácia (batizada em 23/1/1686). Dessas nos interessa a penúltima, cuja história tem clima de tragédia.

Dona Helena da Silva, assim como o pai, não suportaria a viuvez por muito tempo e até o superou ao casar-se três vezes. A primeira (3/11/1701) com Gaspar Soares de Castro; em seguida (7/5/1712), com o capitão Manuel Gomes de Abreu e, em terceiro matrimônio, com o caixeiro Vitoriano Vieira Guimarães (3/3/1721).

Os dois primeiros casamentos de Helena foram de muito gosto para seus pais. O terceiro, porém, não tanto, realizado às pressas sem correr os proclamas. O motivo de o casamento ocorrer antes dos proclamas não foi explicitado e vagamente percebe-se a razão: a noiva, viúva recente, não guardara o período de luto, o que não era bem-visto.

Diz o requerimento do caixeiro Vitoriano que

> tem razões que os obrigam a receber e logo e não lhe é possível esperar que se lhe corra os seus banhos nem lhes vir os da sua pátria; como também a fazer a sua justificação de solteiro e tudo espera na benesse e serviço de V. Ilma [juiz eclesiástico] que debaixo da fiança que for servido lhe dispense o fazer uma cousa e outra depois de recebidos e mandar que dadas às fianças do sobredito se lhe passe provisão para que se recebam, em casa da sobredita contraente, *por haver pouco tempo que enviuvou*. [Grifo meu.]

O pai da noiva, capitão-mor Gomes Ribeiro, foi o fiador do casamento e pagou 40 mil-réis de caução, além de se comprometer a apresentar as certidões do noivo no prazo de trinta dias. Assegurando Vitoriano ser solteiro, foram ouvidas três testemunhas que o conheceram em Portugal: Manuel Ferreira Vale, 29 anos; capitão José Ribeiro Guimarães, 42 anos; e Manuel Pinto Cardoso, 38 anos. Todos declararam que viviam de seus negócios.

Vitoriano era português nascido na vila do Conde, arcebispado de Braga, e chegara à cidade do Rio por volta de 1708. Quando

SOCIEDADE

da cerimônia do casamento, Helena completaria 37 anos e ele, 25. A diferença de idade não seria problema para a sociedade no Rio de Janeiro, e sim o desnível social e econômico do casal: o jovem noivo, um pobre caixeiro, e ela, rica viúva.

Registre-se que de nenhum dos casamentos Helena teve filhos!

Em 13 de agosto de 1726, isto é, pouco mais de cinco anos após o casamento de Vitoriano com Helena, o capitão-mor Gomes Ribeiro recebeu — não a esperada notícia de que era avô — a triste notícia de que sua querida filha fora violentamente morta pelo próprio marido. O crime ocorrera na madrugada daquele dia: Vitoriano aplicara na esposa 18 estocadas com imenso "prego de costado de navio".

Foi um duro e amargo golpe para o velho e alquebrado Gomes Ribeiro, já viúvo da segunda esposa e com 76 anos. O genro alegava que matara Helena por suspeitar que a esposa o traía. Quanta dor para Gomes Ribeiro! Além da perda, ainda sofria a desonra; a família enlameada com a calúnia do adultério a pesar sobre a filha.

No decorrer do processo ficou-se sabendo que Vitoriano, três dias antes do crime, fora à zona de estaleiros para adquirir o maior prego usado nos navios. À vista de todos da casa e acintosamente, amolou-o e desbastou suas arestas. Na noite trágica prendeu as escravas da casa numa alcova a fim de matar Helena sem testemunhas ou na presença de alguém que pudesse defendê-la.

Por trás das grades da prisão na Fortaleza de São Sebastião, no Morro do Castelo, Vitoriano, em carta escrita 15 dias após haver matado sua mulher, apelou ao governador Luís Vahia Monteiro (1725-1732) para que fosse mandado tirar-lhe o pesado grilhão de seu "pé, o qual não só o proíbe de poder volver-se", mas, pelo extremo peso, faz seu corpo padecer muito em "excessivo desamparo". No seu despacho, o governador esclareceu que o prisioneiro não estava ali por sua ordem, mas da Justiça, e que os grilhões poderiam ser retirados se "o capitão da guarda do Castelo julgar que pode dar conta" do preso sem os pesos e garantindo que Vitoriano não fugiria.

Para surpresa de Gomes Ribeiro e das irmãs de Helena, autores da denúncia do crime, o assassino foi inocentado e solto, ao findar a devassa dirigida pelo desembargador e ouvidor-geral Manuel da Costa Mimoso, sob o argumento de que o crime fora praticado em defesa da honra do marido traído. Assim previa a lei se provado o adultério!

Revoltado, Gomes Ribeiro recorreu ao rei para que o processo fosse revisto, considerando que algumas testemunhas arroladas pelo assassino foram por ele corrompidas e que não podiam ter visto Helena encontrar-se com Antônio Rebelo Pereira, o suposto amante da vítima. Tanto mais que Antônio de Souza Coutinho e José Pereira de Azevedo, as testemunhas do adultério, eram presos vindos de outros locais, estavam encarcerados muito antes do crime e só conheceram Vitoriano na cadeia. Teriam recebido dinheiro para declarar (logo após a soltura dos dois) que, para encontros amorosos na senzala com as escravas, frequentavam a chácara onde residia o casal. Em uma daquelas idas, afirmaram ter visto entrar numa das senzalas Antônio Rebelo e, logo em seguida, Helena. A história foi confirmada pelas amantes, ao assegurar que tais encontros ocorriam há muito tempo. Além dos dois presos foram ouvidas testemunhas que moravam em Pernambuco, João da Cunha Lima e Manuel Pacheco, que de lá declararam que frequentavam as senzalas da chácara de Vitoriano e Helena, repetindo a mesma história descrita pelos dois presos!

Na carta ao monarca, Gomes Ribeiro disse estar muito velho e que "com muita honra" tinha servido ao rei, na cidade do Rio, "assim no militar, como no político", enquanto o autor daquele "grande delito", além de ser inocentado e livre, herdaria os bens do casal. Como resultado daquele processo, caso não fosse anulado, seria a "justiça fraudada, atropeladas a honra e fama da filha do suplicante; a sua e a dos seus parentes e a verdade oprimida". O assassino Vitoriano desfilar livre servirá de "exemplo de terríveis consequências, favoráveis aos homens de má consciência, de que é largamente assistida" a cidade do Rio de Janeiro.

Dom João V (1707-1750), após despacho do Conselho Ultramarino (4/11/1732), enviou carta régia ao vice-rei do Brasil, conde de Sabugosa, para que nomeasse ministros "da maior inteireza e letras para que julguem e, sentenciada, fique o traslado [do processo] nessa cidade e os próprios autos se remetam a esta Corte".

O processo correu aceleradamente no Tribunal da Relação de Salvador, Bahia, pois em 11 de maio de 1733 o vice-rei o enviava concluído para a Corte!

Os desembargadores nomeados reconheceram que o ouvidor-geral do Rio de Janeiro errara em seu julgamento ao ter absolvido Vitoriano do crime que fizera "a sua mulher dona Helena da Silva" por conta de não ter sido provado, incontestavelmente, o adultério e em função disso o assassino ser beneficiado pela lei e "evadir a total pena do crime de morte". Reconheceram a ilegitimidade de vários depoimentos, principalmente os dos quatro denunciados pelos advogados de Gomes Ribeiro. Contudo, detectaram em alguns outros "indícios remotos contra" dona Helena. Caso dos "juramentos da testemunha Manuel Ribeiro que depõem dos acenos e cortesia que fez a mulher do réu (dona Helena) ao adúltero na igreja do Desterro".

Baseados nesses "indícios e presunções" os desembargadores consideraram-nos "suficientes para lhe diminuir a pena do crime por que é acusado (Vitoriano), portanto o condenam somente em cinco anos de degredo para o reino de Angola, em 3 mil cruzados para as partes, 300 mil para as despesas da Relação e [que ele réu] pague as custas".

Vitoriano foi recolhido à cadeia do Rio de Janeiro a fim de ser degredado e pagar o estabelecido no acórdão da Relação. O degredo, no entanto, não se realizou. Em janeiro de 1735, o assassino apareceu morto em sua cela.

Em dezembro de 1738 faleceu, em sua residência, o capitão-mor Francisco Gomes Ribeiro. Com ele foi enterrado um dos mistérios da história criminal da cidade do Rio de Janeiro: a causa da morte do assassino de sua filha Helena da Silva.

Fontes:

ANRJ — Secretaria de Estado do Brasil: cód. 87, v. 6 (23.08.1726).
AHU — Castro Almeida — RJ: n°s 8.373-8.378, 8.832-8.833.
AHU — Avulsos do RJ: cx. 41, doc. 25.
ACMRJ — Banhos: ano 1721, noivo Vitoriano Vieira Guimarães, noiva Helena da Silva.
ACMRJ — Banhos: ano 1712, noivo Manuel Gomes de Abreu, noiva Helena da Silva.
RHEINGANTZ, Carlos G. *Primeiras famílias do Rio de Janeiro: séculos XVI e XVII*. Rio de Janeiro: Livraria Brasiliana, 1965, v. 2.

CRÔNICA 6 A mulata de Angra dos Reis

O capitão-mor João Pimenta de Carvalho, casado com dona Maria de Lara, era senhor de engenho em Angra dos Reis. Gente rica da região. O casal tinha sete filhos, sendo o caçula Pedro Pimenta de Carvalho, o xodó de todos, e seus pais sonhavam em vê-lo abraçando a vida sacerdotal. Quem sabe, chegaria a pároco da igreja matriz da vila de Angra dos Reis!

O menino Pedro logo cedo foi para a casa da tia Antônia de Lara, na vila, que lhe cedeu um escravo para servi lo, a fim de iniciar seus estudos de "primeiras letras". Com sucesso, o jovem estudante concluiu-os e foi enviado pelos orgulhosos João Pimenta e sua esposa Maria de Lara para o seminário de Nossa Senhora da Lapa do Desterro (no atual bairro da Lapa), dirigido pelo competente reitor, reverendo Joaquim Gomes.

Além do enxoval que o aluno deveria levar para seu ingresso no seminário, o custo de manutenção era alto. Mas a satisfação de seus pais era tanta que não mediam esforços para que ele se ordenasse padre.

Como bomba destruidora de sonhos, chegou a notícia, inacreditável, de que o seminarista Pedro Pimenta tinha abandonado os estudos, e o dinheiro que recebia de pensão gastava-o com as "fadistas", para escândalo dos moradores da cidade do Rio de Janeiro.

Com a saída do seminarista, a Igreja Católica perdeu um promissor sacerdote e a boemia ganhou um amante de "fadistas". Sem mesada, Pedro Pimenta procurou manter-se na cidade do Rio graças ao emprego que conseguiu de escrevente de cartório. Ganhava pouco e, por isso, vivia "muito pobremente", o que o levou a vender uma casinha que possuía em Angra dos Reis, presente do tio, padre Luís Nogueira Travassos.

Solteirão e boêmio, provavelmente, levava uma vida desregrada, o que o ceifou deste mundo ainda jovem, com pouco mais de 40 anos.

Passada a dor da perda de Pedro Pimenta, a família mandou abrir seu testamento e, para espanto de seus irmãos — os pais já haviam falecido antes dele e, como não fizeram o inventário, Pedro Pimenta teria parte do espólio —, ele nomeara como suas herdeiras duas filhas bastardas tidas com a parda Anna Quaresma, quando ainda residia em Angra dos Reis.

No momento da abertura do inventário de Pedro Pimenta, a sua amante Anna Quaresma e uma de suas filhas já haviam falecido, cabendo à mulata Inácia Tereza requerer o reconhecimento de filiação e ser qualificada como herdeira. Do seu pai, pouco herdaria, já que "vivia pobremente", mas do patrimônio dos "avós", capitão-mor João Pimenta de Carvalho e dona Maria de Lara, teria direito a um sétimo do espólio. Não seria pouco, por se tratar de senhores de engenho!

Em 28 de maio de 1805, Inácia Tereza entrou com processo reivindicatório de herdeira do espólio de seus "avós".[56] Para isso citou os demais herdeiros, seus "tios": dona Josefa Maria, solteira; a falecida dona Maria, por seu marido Antônio Rodrigues Guimarães, como cabeça do casal; dona Elena de Souzedo, casada com o capitão João da França Santos; capitão João Pimenta de Carvalho; dona Catarina Maria e o ajudante Manuel Pimenta de Carvalho.

Inácia Tereza qualificou-se como filha natural de Pedro Pimenta de Carvalho e de Anna Quaresma, declarando que os dois viveram "por muito tempo ilícita amizade, sendo ambos solteiros, livres e desimpedidos, sem parentesco e nem impedimento para poderem casar". Isto é, eram "solutos" e, portanto, sendo reconhecida a filiação, ela seria habilitada à herança.

Os herdeiros oficiais (réus no processo) contestaram qualquer relação de Pedro Pimenta com a parda mãe de Inácia Tereza e desclassificaram a falecida, acusando-a de prostituta e que "se prostituía com qualquer pessoa que a convidava". Afirmaram ainda que Pedro Pimenta nunca mantivera casa com a prostituta Anna Quaresma e que ela não era sua amante exclusiva e por isso não se "podia presumir" quem era o pai da filha de uma meretriz. Argumentaram também que, como era costume, os filhos naturais podiam ser levados, ao completar 5 anos, para a companhia do pai ou de seus parentes. No caso de Inácia, ela não foi encaminhada às irmãs de Pedro "para ser educada e recatada na sua honestidade". Só tomaram conhecimento desse reconhecimento filial ao abrirem o seu testamento.

A contestação à argumentação dos réus de ser Anna Quaresma "parda e prostituta" registra que: "suposto seja parda, era quando

---

[56]ANRJ — Corte de Apelação: cx. 463, nº 5.484.

concebeu a autora [Inácia Tereza], ainda rapariga [jovem] de pouca idade, sem nota no seu procedimento, de sorte que o pai Pedro Pimenta foi quem a desonestou". Além do quê, durante o tempo em que os dois se amasiaram, Anna Quaresma não "teve fama com outro homem algum".

Com relação ao pai dela não a sustentar, não a vestir nem tê-la levado para a casa de sua família, replicou que Pedro Pimenta era um jovem estudante que "só comia e vestia aquilo que o pai lhe mandava da roça". Além disso, o jovem seu pai teve medo de assumir a paternidade e levar a filha bastarda por serem seus pais "rigorosíssimos" e que não aceitariam em sua casa filhos iguais a Inácia Tereza, por não terem condescendência com semelhante filiação.

Em defesa da requerente foram ouvidos, em 19 de maio de 1808, 13 moradores da vila de Angra dos Reis e de áreas interioranas: André Alves Correia, sapateiro (pardo, 70 anos); Anna Maria, fiadora de algodão (50 anos); Antônio Alves Correia, lavrador (72 anos); Domingos Pereira Viana, lavrador (50 anos); Eugênio de Brito de Andrade (56 anos); Felisberto José de Freitas, carpinteiro (pardo, 57 anos); Francisco Correia de Souza (44 anos); João Garcia do Lago, lavrador (53 anos); João Machado (pardo, 60 anos); João Pinto do Amaral, lavrador (43 anos); José Joaquim de Mendonça, lavrador (52 anos); Manuel Francisco Junqueira, lavrador (81 anos); Mariana da Silva, esmoler (parda, 45 anos) e Salvador Pinheiro, alfaiate (pardo, 41 anos).

As testemunhas foram bem escolhidas, por ter a mais nova (Salvador Pinheiro, 41 anos) e a mais idosa (o lavrador Manoel Junqueira, 81 anos) evidenciado a intenção da defesa de Inácia Tereza de ressaltar que as testemunhas eram pessoas que, pela idade, tinham conhecido a relação de Pedro Pinheiro com Anna Quaresma.

O fim do processo foi favorável à mulata Inácia Tereza, e a família Pimenta de Carvalho teve de dividir a herança com ela.

Fonte:

ANRJ — Corte de Apelação: cx. 463, n° 5.484.

CRÔNICA 7 Páscoa Antunes: a Chica da Silva carioca

A mulata carioca chamada Páscoa Antunes, no ano de 1767, classificou-se como mulher solteira e sócia do filho Custódio e do genro Inácio de Almeida Sampaio no Engenho Nossa Senhora do Bonsucesso, na Freguesia de Santiago de Inhaúma.

No acervo do Arquivo Histórico Ultramarino, em Lisboa, localizei o processo da denúncia feita por Páscoa Antunes de que o seu genro Inácio estava perseguindo o cunhado e filho mais novo dela, chamado Félix Muniz.[57] Cada página do processo que lia enchia-me de mais curiosidades sobre essa mulata, analfabeta, mãe solteira de quatro filhos e de pais incógnitos, como ela havia acumulado dinheiro suficiente para adquirir, em sociedade tripartite, um engenho! Consultei os livros que tratam da história da cidade do Rio de Janeiro, especialmente do subúrbio carioca, e não encontrei uma só palavra sobre Páscoa Antunes e seus filhos José Vicente, Custódio Aires de Aguirre (também aparece como Custódio Muniz) (1719), Félix Muniz (15.11.1725) e Florência Menezes (esposa de Inácio).

---
[57] AHU — Avulsos RJ: cx. 68, doc. 87.

Felizmente, o processo continha o traslado do assento de batismo de Páscoa Antunes, registrado no livro da igreja matriz de Nossa Senhora do Loreto de Jacarepaguá. Por ele, fica-se sabendo que sua mãe era a ex-escrava solteira Maria Antunes, preta originária de Guiné, na África, ocorrendo o batismo no dia 26 de abril de 1692. Quanto ao pai, foi registrado "incógnito" e como madrinha, a "parda livre Esperança de Paiva".

O nome desse pai "incógnito" é citado no processo de 1767, pelo pároco de Jacarepaguá, como sendo Antônio Lopes Ribeiro, e a própria Páscoa Antunes, em seu testamento, diz que era Antônio do Bonsucesso. Qual dos dois era o pai, ou era um terceiro, que deveria manter-se em segredo de sete chaves?

A história de Páscoa Antunes é um intrigante quebra-cabeça, que não consegui solucionar, faltando algumas peças que deverão aparecer após mais pesquisa arquivística.

Tinha a bela mulata 23 anos quando nasceu sua filha, batizada com o nome de Florência, em 21 de novembro de 1715. Páscoa Antunes estava residindo na casa do senhor de engenho e carioca da gema coronel João Aires de Aguirre (batizado em 17/7/1675 e falecido em 8/8/1755), morador na Freguesia de Santiago de Inhaúma. O coronel era casado (30/7/1697) com a prima, dona Francisca Muniz Telo, na capela de Nossa Senhora do Bonsucesso do Engenho de Dentro a ele pertencente (o engenho de Páscoa Antunes chamava-se Nossa Senhora do Bonsucesso!). Desse matrimônio não houve filhos. Entretanto, Diogo Aires Aguirre declarou no processo de seu casamento, em 1740, que era filho de João Aires de Aguirre, apesar de em seu registro de batismo, em 16 de janeiro de 1709, constar que "não lhe deram pai ou mãe".[58]

---

[58] ACMRJ — HM: ano 1740, nº 75.968.

Na mesma casa do coronel João Aires de Aguirre a mulata Páscoa Antunes teve os seus outros três filhos: Custódio Aires de Aguirre, ou Custódio Muniz; José Vicente (04.02.1722) e Félix Muniz. Todos registrados nos assentos de batismo como de pais desconhecidos ou "incógnitos".[59]

Podemos levantar a hipótese de que o pai dessas crianças seria o próprio coronel Aguirre, considerando que ele já tinha o filho natural Diogo e pelo documento de venda de um de seus engenhos (18/8/1755), feito pelo testamenteiro do falecido, padre Francisco Fernandes Simões, por constar do testamento que fosse vendido pelo valor de um conto e 600 mil réis, preço abaixo do mercado, às seguintes pessoas: Manuel de Menezes, Bento Aires de Aguirre (sobrinho), Custódio Muniz e José Vicente, esses dois últimos filhos de Páscoa Antunes.[60]

Quase dois anos após essa venda, Custódio (agora com os sobrenomes Aires de Aguirre) vendeu a sua parte no engenho ao irmão José Vicente (de Aguirre), em 17 de fevereiro de 1757. Nessa escritura, cita o engenho como localizado na Freguesia de Irajá e chamado do Portela e afirma que essa parte no engenho foi deixada por seu "pai João Aires de Aguirre".[61]

Fica evidente que o pai deles não permitia enquanto era vivo que eles usassem o seu sobrenome Aires de Aguirre e, por isso, ele pôs no testamento Custódio Muniz.

A filha Florência de Menezes rompeu com o ciclo da mãe e avó de serem mães solteiras. Em abril de 1739, casou-se na matriz de Inhaúma com Inácio de Almeida Sampaio, nascido em Minas Gerais e que viera para a cidade do Rio, acompanhando o pai,

---

[59]ACMRJ — Livro de batismo da Freguesia de Santiago de Inhaúma (1716-1766): AP — 0598.
[60]ANRJ — 1º Ofício de Notas: Livro 127.
[61]ANRJ — 2º Ofício de Notas: Livro 76.

ainda criança, em 1714. Era ele filho bastardo de Inácio Sampaio de Almeida e da mineira Apolônia Ferreira. Os Sampaio de Almeida eram senhores de engenho em Jacarepaguá, de tradicional família descendente do capitão Antônio de Sampaio, que veio da Bahia, em 1567, acompanhando Mem de Sá para expulsão dos franceses do Rio de Janeiro.[62]

Portanto, o genro de Páscoa Antunes, apesar de ser bastardo e ter os sobrenomes invertidos, inseria a família da sogra na elite de Jacarepaguá. O casal teve três filhos homens: Francisco, Agostinho e Manuel de Almeida Sampaio.

Páscoa Antunes em seu testamento, lavrado em 1779, declara que o filho José Vicente já era falecido e que ele deixara os filhos Ana e Francisco, enquanto Félix Muniz tinha um filho chamado Paulo Muniz. Com referência a Custódio Aires de Aguirre ela não fez menção de ele ter filhos. Não localizei documentação de casamento desses seus três filhos; provavelmente os netos de Páscoa Antunes eram bastardos.

A família da mulata Páscoa Antunes tinha prosperado e acumulado recursos suficientes para arrematar em hasta pública (12/4/1756) um engenho de produzir açúcar, na Freguesia de Santiago de Inhaúma, por 26 mil cruzados, sendo 6 mil cruzados de entrada e o restante em parcelas anuais. O imóvel foi arrematado em sociedade de igual cota entre Páscoa Antunes, o filho Custódio e o genro Inácio.

Tudo corria bem naquela sociedade até Páscoa Antunes, em 24 de março de 1764, nomear o filho caçula Félix Muniz para administrar o seu terço no engenho. O seu irmão e o cunhado revoltaram-se de tê-lo como sócio, talvez ele não fosse filho de João Aires de Aguirre ou, quem sabe, as palavras elogiosas da

---

[62] ACMRJ — HM: ano 1739, nº 22.302.

velha mãe (73 anos) denotando ser Félix Muniz o preferido dela tenham gerado ciúmes.

Declarou Páscoa Antunes que se achava doente e de muita idade para cuidar de sua parte na sociedade e por isso passava ao filho Félix

> todos os poderes que em direito são permitidos para que possa administrar a parte que tem na dita fazenda, cobrar tudo quanto lhe pertencer e dispor como muito lhe parecer, pois reconhece no dito seu filho boa capacidade e inteligência para semelhante disposição por ter dele sempre recebido muito amor com que a tem tratado, além do muito zelo e grande cuidado e obediência. Experimentando sempre grande fidelidade em tudo que lhe tem encarregado, servindo-lhe de amparo e, espera dele, persista de aqui em diante na mesma forma, servindo-lhe de companhia a sua velhice.

Inácio de Almeida Sampaio assumiu o processo de reação ao novo administrador e criou-lhe os maiores empecilhos até conseguir despacho do juiz de fora proibindo Félix Muniz de entrar nas dependências do engenho. Em uma das vezes em que ele foi visitar a mãe, foi preso e encarcerado na cadeia da Relação.

Para se livrar da prisão Félix Muniz aceitou assinar o compromisso de nunca mais pisar no engenho. O que revoltou Páscoa Antunes, levando-a a denunciar o outro filho e o genro ao Conselho Ultramarino e pedir permissão para vender a sua parte no engenho ao filho perseguido.

Essas desavenças familiares devem ter abalado mais ainda a precária saúde de Páscoa Antunes, que sentia muitas dores "pela barriga". Em 31 de janeiro de 1779 (87 anos) ela instituiu seu testamento. Veio a falecer a 13 de março do mesmo ano.

Chama atenção no testamento dessa velha senhora o medo que tinha de sua alma ir para o inferno, pela vida pecaminosa de amante dos pais "incógnitos" de seus filhos. Mais ainda ter omitido sua cor e origem — condições constantes nos demais testamentos que consultei de pessoas de semelhante origem racial e social — e mentir ao declarar que era filha legítima de "Maria Antunes e de marido Antônio de Bonsucesso". Aliás, nos documentos desse teor, os nomes dos pais sempre precedem os das mães, o contrário do que ela declarou!

No entanto, apesar de afirmar repetidas vezes que era católica e vivia segundo os preceitos daquela religião, declarou que "era solteira e nunca foi casada" e que teve "quatro filhos, três machos e uma fêmea, de *pais incógnitos*" — usou o plural para despistar ou porque, realmente, amou outros homens além de João Aires de Aguirre? — "chamados: Custódio, José Vicente, Félix Muniz e Florência de Menezes".

Nomeou como testamenteiros em ordem de prioridade: o filho Félix Muniz, o compadre Custódio da Conceição e o amigo Manuel Aires. Ao filho testamenteiro deixou a terça dos seus bens e, no caso de seu falecimento, ao filho dele, Paulo Muniz.

Páscoa Antunes confessa que temia a morte e desejava por sua alma no "caminho da salvação por não saber a hora que Deus será servido" levá-la para si. Por isso declarou:

> Primeiramente encomendo a minha Alma a Santíssima Trindade que a criou e rogo ao Eterno Pai e ao Anjo da minha Guarda e ao Santo de meu nome e ao da minha especial devoção, principalmente a Santo Antônio e a Virgem Santíssima de Bonsucesso queira receber assim como recebeu de seu unigênito filho estando para morrer na Árvore da Cruz e com esta Fé espero salvar a minha Alma. Rogo a Virgem Santíssima Senhora Nossa queira por mim interceder e rogar a hora em quando minha Alma deste corpo sair, porque como verdadeiro cristão protesto viver e morrer em a Santa Fé Católica e crer tudo o que crê a Santa Igreja Romana e

nesta Fé espero salvar minha Alma, não pelos meus merecimentos mas sim pelas Paixão e Morte do unigênito Filho de Deus.

(...) Meu corpo será amortalhado em hábito de Santo Antônio e sepultado na minha freguesia de Inhaúma, ou em outra qualquer igreja que meus testamenteiros determinarem em razão que talvez não morrerei no termo dela.

Declaro que os bens que possuo são os seguintes: 13 escravos, entre grandes e pequenos, machos e fêmeas, dos quais deixo a Escolástico, Vidal e Juliana, libertos, por ser esta a minha última vontade. Com condição porém de gozarem das liberdades que lhes dou por morte de meu filho testamenteiro Félix Muniz, com a condição de o servirem e acompanharem a ele dito em sua vida, que após ficarão gozando como se livres nascessem de ventre de suas mães.

Declaro que quando se me der sepultura se me farão um Ofício de Corpo presente e se mandarão dizer duas Capelas de Missas [cada capela são cinquenta missas] de Corpo presente por minha Alma e se repartirão pelas igrejas da cidade.[63]

Declarou ainda que havia vendido sua parte na sociedade do engenho e que gastara 600 mil réis — dinheiro suficiente para adquirir uma boa casa térrea na cidade do Rio — com missas pela sua alma e as dos parentes e pelas almas do Purgatório.

Páscoa Antunes foi generosa com a igreja de sua Freguesia de Nossa Senhora do Loreto de Jacarepaguá e com a Irmandade das Almas da mesma freguesia, doando a cada uma delas a quantia de 6 mil e 400 réis.

Continuando as declarações afirma que o genro Inácio lhe devia 250 mil-réis, por empréstimo em várias parcelas, mas sem documento formal da transação. Diz que fizera os empréstimos

---

[63]ACMRJ — Livro de óbitos da Freguesia de Nossa Senhora do Loreto de Jacarepaguá: AP — 0208.

para atender aos pedidos de seu filho Custódio e, por isso, seria ele testemunha de que ela dizia a verdade. Além disso, o seu genro estava com dois escravos pertencentes a ela Páscoa Antunes, chamados Francisco e Natária. Já o filho Custódio deveria prestar conta de dois escravos (um deles havia falecido) que ela dera para servi-lo. Todos esses bens deveriam ser cobrados para o monte do espólio.

Aos afilhados e afilhadas sugeriu que seu testamenteiro lhes desse "com que fazerem um luto, querendo eles".

A mulata Páscoa Antunes, nossa Chica da Silva carioca, não teve a mesma sorte de outras mulatas que se tornaram senhoras de muitos bens e elevaram seus filhos a patamares mais altos da sociedade. Não foi reconhecida pelo pai branco como foi Antônia Maria dos Santos, filha de Isabel dos Santos, escrava do capitão-mor José dos Santos, negociante de grosso trato, que a reconheceu como filha e a instituiu como herdeira. Antônia recebeu entre os vários bens uma fazenda situada no "bairro de Nossa Senhora da Penha, na Freguesia de Irajá".

Muito menos o provável amante mestre de campo João Aires de Aguirre assumiu Páscoa Antunes e seus filhos como o fizera o contratador dos diamantes do Tijuco, atual cidade de Diamantina, João Fernandes de Oliveira com a famosa Chica da Silva mineira.

PARTE 3 Escravidão e luta

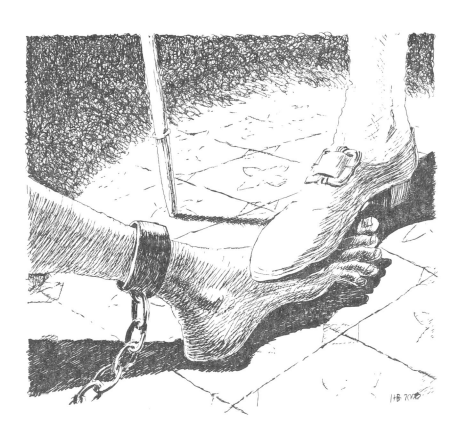

O regime escravista na sociedade colonial brasileira prolongou-se até ser decretado o seu fim, em 13 de maio de 1888. A escravidão oficializava o permanente conflito e a discriminação entre as pessoas. Cotidianamente revelava-se a farsa do bom e caridoso cristão, da justiça do regime monárquico e do direito sagrado e natural à liberdade.

Nos séculos XVI e XVII, prioritariamente, os escravizados eram os índios "bravios", arredios ao mundo civilizado cristão-europeu. Até que o papa e os monarcas europeus possuidores de colônias na América decretassem que os índios deveriam ser livres e substituídos por escravos africanos. Era solução mais palatável para as consciências e almas dos colonos que viviam na América: negros eram diferentes, vindos da distante e estranha África. Além disso, os traficantes negreiros obtinham aqueles escravos por compra, no mercado oficial e legal africano, já na aviltante condição em seu próprio território.

Para os compradores americanos, não responsáveis pela venda daquelas pessoas mercadoria, era simples opção: ir ao mercado e comprar um animal ou um ser humano. Quem optava por adquirir um escravo o fazia na esperança de estar realizando um bom investimento para seu futuro patrimonial.

Segundo Vivaldo Coaracy, em 1583 o governador da Capitania do Rio de Janeiro, Salvador Correia de Sá (1577-1598), fez incidir taxas sobre cada escravo que o negociante João Gutierrez

Valério pusesse à venda, na cidade do Rio.[64] O nascente comércio negreiro expandiu-se, pois encontramos referências, em 1617, do comprometimento do novo contratador, Antônio Fernandes de Elvas, de trazer escravos oriundos dos portos de Angola, Cabo Verde e Guiné e colocar como seu feitor e olheiro na cidade do Rio de Janeiro Luís de Figueiredo.[65]

Com a divisão radical da sociedade colonial entre pessoas livres e escravas, amalgamaram-se as relações sociais, políticas, econômicas, culturais e éticas do viver na capitania do Rio de Janeiro. Um viver de permanentes conflitos.

Os africanos e seus descendentes eram classificados em função do tempo inicial de escravidão, do nascimento no Brasil e da mistura com brancos ou índios. Assim, o recém-chegado era genericamente chamado de *escravo-novo*; o ainda não batizado e sem nome português, de *boçal* e, por fim, segundo a origem do mercado africano: *moleque angola, moça moçambique, mulher de guiné, rapaz cabinda* etc. Os já batizados e capazes de comunicar-se com os seus senhores em português e com alguma habilidade chamavam-se *ladinos*. Os negros nascidos no Brasil, na condição de escravos, denominavam-se *crioulos*. Os filhos de negros com brancos, de primeira vez, eram denominados *pardos*: os pardos misturados com pretos geravam os *cabras* (termo usado para homem ou mulher), e os pardos misturados com brancos chamavam-se *mulatos*. Resumindo: os pretos eram *de nação* ou *crioulos*, e os mestiços com brancos, *cabra, pardo* e *mulato*. Os miscigenados de negros com índios eram designados *cafuzos*, mas podemos encontrar documentos onde são citados como *cabra* ou *pardo*. Ao nome do escravo ou ex-escravo, isto é, os forros ou libertos, eram sempre

---

[64] Vivaldo Coaracy, *Memórias da cidade do Rio de Janeiro*, p. 352.
[65] AHU — Avulsos RJ: cx. 1, doc. 39.

acrescidas essas categorias citadas. Os nascidos de mãe forra eram os livres: Manuel, pardo livre, Anastácia, crioula livre etc.

Os donos de escravos eram responsáveis por alimentação, vestuário, abrigo, cuidar dele se adoecesse, facultar a prática da religião católica, mantê-lo sob sua guarda durante a velhice e, por fim, enterrá-lo como um cristão.

Deixar a condição de escravo era o sonho de quem se encontrava nesse mais baixo estrato social. Principalmente para as mulheres cativas, pois quem nascia de ventre de escrava escravo continuava. A alforria ou liberdade, para essa gente, podia ser alcançada pelos trâmites legais através de três vieses jurídicos: a *gratuita* e com efeito imediato; a *condicional* e a *onerosa*, isto é, a em que o senhor recebe pagamento (não importa se em dinheiro, trabalho, troca por outro escravo etc.) para conceder a alforria a seu escravo.

A alforria deveria ser registrada num cartório oficial, constando da escritura a qualificação do senhor, como adquirira aquele a ser liberto, quem era o(a) escravo(a) e sua qualificação: nome, origem-cor, idade e profissão. O documento deveria especificar o tipo de alforria realizada, a declaração de quem estava libertando e de que o fazia por livre vontade, sem óbice ou contradição de qualquer outra pessoa ou entidade.

Analisando 1.129 alforrias (63,2% eram mulheres), ocorridas entre 1755 e 1805, constatei que apenas 32,1% foram gratuitas. O restante dividia-se entre 16,3% condicionais e a maioria de 51,6% de onerosas. Das alforrias onerosas cabe às mulheres a preeminência: 383 libertas contra 200 homens alforriados.[66]

O fato de 63,2% das cartas de liberdade serem para mulheres evidencia a correta estratégia de rompimento da condição escrava:

---

[66]Nireu Oliveira Cavalcanti, *O Rio de Janeiro setecentista*: a vida e a construção da cidade da invasão francesa até a chegada da Corte.

aquelas mulheres conquistaram o "ventre livre" e, a partir daí, seus filhos seriam livres, mesmo que o pai fosse escravo.

Parcela diminuta dos escravos no Rio de Janeiro colonial buscou a liberdade pela fuga do cativeiro e, quando possível, para constituir comunidade independente das regras legais e governamentais escravistas. São os denominados escravos fugidos, *calhambolas*, *mocambos* ou *quilombolas*.

O maior quilombo constituído no Brasil colonial, o de Palmares, na Serra da Barriga, Alagoas, teve vida longa. Segundo o pesquisador alagoano Moacir Medeiros de Sant'Ana, documentos de 6 de novembro de 1603 registram o quilombo dos Palmares, citando a jornada comandada por Bartolomeu Bezerra contra os negros de Guiné aquilombados.[67]

Várias tropas de combate foram derrotadas em Palmares, inclusive a do experiente bandeirante Domingos Jorge Velho, em 1687. O reduto só veio a ser destruído em dezembro de 1697, após quase cem anos de existência!

Evidentemente, o quilombo dos Palmares marcou, no Brasil, a história da escravidão e a saga daqueles que buscaram a liberdade através do confronto com o *status quo*. Por outro lado, serviu também para tornar o sistema de repressão mais eficiente, provocando cuidados excepcionais na composição da escravatura de cada senhor. A cizânia era habilmente incentivada na senzala, ao recomendar-se que adquirissem escravos de origens africanas diferentes, de preferência oriundos de nações da África inimigas.

Em 25 de julho de 1710, o governador do Rio de Janeiro, Francisco de Castro Morais (1710-1711), nomeou Antônio de Souza para combater os negros fugidos e quilombolas:

---

[67]Moacir Medeiros de Sant'ana, *Mitos da escravidão*.

Faço saber aos que esta minha carta Patente virem, que havendo respeito a ser mui conveniente aos vassalos de S. M. e moradores desta capitania, evitar o dano prejudicial que experimentam ausentando-lhes os escravos fugindo para os matos, unindo-se uns com outros em tal forma, que andam roubando pelas estradas e ainda matando a muitos passageiros que seguem suas jornadas; e para evitar todo este dano, e ainda os dos negros levantados que se acharem nos sertões desta capitania: hei por bem de eleger Antônio de Souza e nomear (como pela presente elejo e nomeio) em o posto de capitão das entradas destes matos e sertões, enquanto S. M. o houver assim por bem, ou eu não mandar o contrário, visto concorrer em sua pessoa, todos os requisitos necessários para bem exercitar o dito posto, e com ele não haverá soldo algum.[68]

Nas Minas Gerais, para onde foi grande número de escravos trabalhar na mineração, surgiram muitos quilombos, de menor porte do que o de Palmares, muito maiores, porém, do que os do Rio de Janeiro, assustando governantes e senhores da época. O fantasma de Palmares amedrontava o sistema.

São muitas as narrativas de quilombos em Minas Gerais. A mais detalhada e que se refere ao maior quilombo é a do mestre de campo Inácio Correia Pamplona, que, em 1769, comandou uma grande tropa para destruir vários quilombos fortificados com estrutura social, política e militar organizada sob o comando de reis negros.[69]

No Rio de Janeiro, referências a quilombolas já aparecem em 1625.[70] Em correição na Câmara de Vereadores, de 17 de agosto de 1648, são discutidas ações a serem aplicadas no enfrentamento

---
[68]ANRJ — Códice 78, v. 17.
[69]Biblioteca Nacional (Brasil). "Encontrando quilombos". *Anais da Biblioteca Nacional*, v. 108, pp. 47-113.
[70]Vivaldo Coaracy, *Memórias da cidade do Rio de Janeiro*. p. 352.

dos negros fugidos que assaltavam os transeuntes das estradas do recôncavo da cidade.

O governador do Rio de Janeiro, Sebastião de Castro Caldas (1695-1697), enviou uma tropa sob o comando do capitão Roque Fernandes para desbaratar um quilombo, em cujo confronto foi morto um dos quilombolas. O dono do escravo morto entrou na Justiça, acusou o capitão Roque de ato criminoso deliberado, e, por ter ganhado a causa, o capitão foi preso e encontrava-se na cadeia quando assumiu o governo da capitania Artur de Sá e Meneses (1697-1702). O novo governador escreveu ao rei denunciando o caso e disse que a punição daquele militar era, a seu ver, incentivo a que os negros repetissem no Rio de Janeiro "o que fizeram nos Palmares de Pernambuco".[71] A carta-resposta do rei (24/9/1699) passou a ser considerada a Lei dos Quilombos:

> E pareceu-me dizer-vos que nestes casos sempre se deve tirar devassa e constando que as mortes que se fizeram ou foram acidentais, ou nascidas de resistência, se não deve proceder por ela, porém constando que estas mortes se fizeram voluntariamente sem preceder da parte dos negros aquela defesa e resistência por onde obrigue aos cabos a que os matem; que constando que a não houve, se deve proceder contra os cabos que cometerem semelhante desordem, por se não dar ocasião a que usem mal da diligência que deles se fia.

O capitão Roque Fernandes foi solto e a partir da nova lei as autoridades sempre alertavam para sua obediência, como ocorreu na ordem do vice-rei conde de Azambuja, em 11 de fevereiro de 1769. Em carta ao mestre de campo Miguel Antunes Ferreira determinou-lhe prender todos os quilombolas que se achassem nos

---

[71] ANRJ — Códice 64, v. 1.

distritos sob sua jurisdição e que ordenasse aos "oficiais e mais pessoas a quem encarregar esta importante diligência, que no caso de lhes resistirem os ditos calhambolas, os poderão matar, na forma da Ordenação e Lei dos Quilombos".[72] Três meses depois, em outra carta, o conde de Azambuja pede que enviem para a cidade do Rio as cabeças dos quilombolas que resistirem e forem mortos para que fossem expostas em locais públicos, servindo de exemplo. Acrescentava: "E se algum senhor tiver a ousadia de inquietar aos matadores por este respeito, me fará [cada capitão dos diversos distritos da Capitania do Rio de Janeiro] ciente para dar a providência que convier."

Ao contrário de Azambuja, o vice-rei marquês de Lavradio foi moderado nas ordens enviadas aos oficiais que iriam combater negros fugidos e quilombolas, não incentivando que matassem os negros, mas que os trouxessem presos e fossem entregues à Justiça para as punições cabíveis.

A citação de quilombo com maior número de negros aquilombados encontrei na documentação do governador Luís Vahia Monteiro (1725-1732), de agosto e setembro de 1730. Eram mencionados os quilombos de Bacaxá, que tinham de cinquenta a sessenta negros armados de arco e flecha, citados como quilombos Velho e Novo.[73]

No raiar do século XIX formou-se grande quilombo em Cabo Frio, desbaratado, em 1805, pela tropa comandada por Feliciano José Vitorino de Souza.

---

[72] ANRJ — Códice 70, v. 3.
[73] ANRJ — Códice 83, v. 3.

CRÔNICA 1 Davi contra Golias em Campos dos Goytacazes

Em seu garimpo arquivístico, o pesquisador pode encontrar joias inusitadas, como o processo do pardo Antônio Francisco Grangeiro registrando sua luta para libertar-se das garras mortais do seu senhor, o capitão Joaquim Vicente dos Reis.[74]

Grangeiro era casado e trabalhava para seu senhor no ofício de alfaiate, um "perito", como ele se qualificou. Graças à profissão e à ajuda da esposa, trabalhava "nas horas vagas do dia e da noite" com tanta "eficácia" que conseguiu o "dinheiro suficiente para o seu resgate".

Dinheiro na mão, procurou seu senhor e propôs comprar sua liberdade, pelo valor que o próprio capitão determinasse! Começou aí o calvário de Grangeiro.

Joaquim Vicente dos Reis era capitão do Terço Auxiliar de Campos de Goytacazes, possuidor, segundo declarou em 1799, de quatro engenhos de produzir açúcar e aguardente e de curral

---
[74] AHU — Avulsos RJ: cx. 221, doc. 6.

de gado, ocupando vasto território que, somado às diversas propriedades, alcançava um quadrado com cerca de 43 mil metros de lado. No seu engenho, chamado de Nossa Senhora da Conceição e Santo Inácio, havia capela reconhecida pelo bispo como digna de nela serem celebradas missas, privilégio concedido a poucas capelas no território do Rio de Janeiro.

O número de escravos declarado pelo capitão chegava a novecentos e, na vila de São Salvador, possuía 17 imóveis, ocupando um deles e mantendo os demais alugados.

Quando da convocação real (1797) para que os vassalos ajudassem o reino com empréstimos — Portugal encontrava-se sob ameaça de guerra na Europa — coube à capitania do Rio de Janeiro a parcela de dois milhões de cruzados (800 milhões de réis). Em Campos, foi o capitão Joaquim o que mais contribuiu: 4 milhões de réis. Acima de um milhão de réis e até 3 milhões e 200, só quatro campistas dele se aproximaram: João Gomes da Mota, Custódio Valentim Codeço, José Luiz Martins em conjunto com o filho e José Francisco da Cruz.

Além de rico, Joaquim Vicente dos Reis mantinha relações políticas e comerciais com autoridades da administração da capitania e com a elite econômica da Cidade do Rio de Janeiro. Era vassalo de grandeza e bem-visto na Corte!

Porém, segundo o pardo Grangeiro ele era mau, soberbo e aplicava leis próprias em suas fazendas e sobre seus empregados e escravos. Até construiu um pelourinho em frente à capela de seu engenho para mostrar seu poder senhorial e nele castigar os escravos que o desobedeciam, com tanta violência "que exalaram alguns a própria vida". Denunciada ao vice-rei, dom Luís de Vasconcelos (1779-1790), a existência desse pelourinho particular, Joaquim foi repreendido e intimado a derrubá-lo urgentemente. Pelourinho, só o público da vila, aprovado por lei.

Mas o poderoso senhor não deixou por menos: continuou a castigar seus escravos no mesmo lugar do pelourinho derrubado a mostrar quem, em suas terras, era dono do poder, como denunciou Grangeiro ao narrar o caso do frei João da Ponte. Ao sair da capela do engenho "debaixo do Pálio, com o Santíssimo Sacramento, que levava por sagrado viático a um enfermo", o religioso deparou com o capitão Joaquim castigando com "açoite o seu escravo Maurício Rodrigues", no lugar do antigo pelourinho. Apesar dos protestos de frei João pelo desrespeito à presença do "Onipotente" Santíssimo Sacramento, ele prosseguiu no castigo para mostrar a sua "vingança" e seu poder.

O então alferes Joaquim também se desentendeu com o pároco da matriz da Freguesia de São Gonçalo de Campos dos Goytacazes, à qual se vinculava a capela do seu engenho. Escreveu o padre Francisco Rodrigues de Aguiar:

> Senhor alferes Joaquim Vicente dos Reis — Não me é possível tolerar mais que vossa mercê sem licença minha por escrito faça batizar, encomendar, sepultar e desobrigar [certidão para quem comungou na Quaresma] os escravos da sua fazenda; e ainda desobrigar-se vossa mercê e sua família nessa capela; por isso lhe participo para que vossa mercê tenha entendido que de hoje por diante devem vir a esta Matriz. Tenho muita honra em ser de vossa mercê muito atencioso venerador e obrigado servo.

Com relação à quantidade de escravos, Grangeiro afirma que alcançava o número de "dois mil e trinta e tanto", quantidade que difere da que seu senhor declarou: novecentos escravos! Enganou-se Grangeiro ou terá o capitão Joaquim sonegado a informação? O curioso é que esse mesmo número de escravos foi repetido por Joaquim Silvério dos Reis, quando morou em Campos, ao anunciar as arbitrariedades cometidas pelo mesmo capitão Joaquim.

Pois foi a esse Golias que o pardo Antônio Francisco Grangeiro (um inesperado Davi) ousou dizer que não mais seria escravo e que dispunha do dinheiro para pagar sua alforria, sem que o capitão Joaquim tivesse o mínimo prejuízo.

Como a lei garantisse a liberdade, desde que o escravo tivesse como pagá-la, não cabendo ao senhor negá-la, o capitão Joaquim preparou o contragolpe: fez documento sigiloso doando Grangeiro, na condição de escravo, à Santa Casa de Misericórdia da cidade de Luanda, em Angola.

Sentindo que seu senhor demorava a alforriá-lo, Grangeiro tentou a via jurídica, mas foi surpreendido com a prisão e o rápido embarque para a África. Quando o navio que, partindo da cidade do Rio, o levava para Angola fez escala em Salvador, Grangeiro conseguiu fugir e embarcar em outro navio com destino à Corte de Lisboa.

Na sede do poder, Grangeiro conseguiu convencer a rainha dona Maria I (na verdade, o príncipe regente dom João) com sua história de vítima de uma arbitrariedade. Obteve o aviso régio de 13 de abril de 1798, que determinava ao conde de Resende (1790-1801) avaliar o escravo para que ele depositasse o valor em juízo e assim fosse passada sua carta de alforria.

Em 28 do mesmo mês, o ministro dom Rodrigo de Souza Coutinho exara seu passaporte: "Manda a Rainha Nossa Senhora que se não ponha impedimento algum a passar para a Bahia, e dali com sua família para o Rio de Janeiro — Antônio Francisco Grangeiro."

O processo no Rio andou rapidamente. Grangeiro foi avaliado em 153 mil e 600 réis, quantia por ele paga. Em 7 de novembro de 1798, obteve a tão sonhada carta de liberdade.

O que passou pela cabeça de Grangeiro para que voltasse a morar em Campos é uma grande incógnita, sabendo de quanto seria capaz o capitão Joaquim para vingar-se ao vê-lo desfilar livre na vila de São Salvador!

O "perito" alfaiate teria muito trabalho na cidade do Rio de Janeiro e estaria longe do ódio de seu antigo senhor, mas, ao contrário, preferiu cutucar o Golias com vara curta.

No processo, Grangeiro diz que ouviram o capitão Joaquim bradar:

> Será possível que sendo eu um homem de tanto respeito, senhor e comandante de dois mil e tantos escravos, um deles [Grangeiro], protegido por Sua Majestade escape a minha vingança, e que goze da sua liberdade em minha afronta? Não, eu não cessarei de procurar a minha satisfação até o reduzir ao antigo cativeiro.

A pedido do capitão Joaquim, o juiz ordinário de Campos, tenente Joaquim Guilherme da Mota, mandou prender Grangeiro e contra ele abriu processo para averiguação das denúncias de seu ex-senhor.

Acusaram-no de briguento, de desacatar seu ex-senhor, de não atender com presteza e cordialidade às ordens que lhe davam, de ter comportamento desordeiro e de ter mentido para a rainha ao omitir que o seu senhor o havia doado como escravo à Santa Casa da Misericórdia de Luanda. Além disso, era fujão, o que mostrava ser pessoa perigosa.

Tudo isso foi reafirmado e jurado "aos Santos Evangelhos" como verdade por testemunhas de defesa do capitão Joaquim. Todas foram contestadas por Grangeiro por serem devedores de muitos favores ao acusador e, por conseguinte, declaravam qualquer coisa para agradá-lo, pois cinco eram seus compadres: Joaquim Andrade, José dos Santos, Manuel Francisco dos Santos, Nicolau Tolentino e Manuel Gil Gostoso. E mais: Domingos da Costa Almeida, que cultivava nas terras do engenho do capitão sem pagar arrendamento; seu afilhado de casamento Antônio dos Santos Pereira e o genro dele, Pedro Francisco, que teve os estudos financiados pelo capitão Joaquim, bem como os de outro depoente, Gabriel Custódio.

Grangeiro foi enviado para a cadeia da cidade do Rio e o processo acusatório para o Tribunal da Relação. No novo fórum ele solicitou declarações sobre as razões de sua prisão, se havia alvará para tal ato, se os diversos tabeliães do Rio de Janeiro tinham registros de atos que o desabonassem. Fez igual pedido ao Tribunal Eclesiástico. Todas as respostas lhe foram favoráveis, mostrando ser um processo cheio de falhas!

Solicitou e foi aprovada a inquirição de sete testemunhas de sua defesa, moradores de Campos e que conheciam os dois envolvidos no processo: Joaquim José dos Santos Castro, branco, técnico de fabricar aguardente e que fora empregado do capitão Joaquim; Antônio Lopes de Leão, preto liberto, lavrador; Armindo Lopes, crioulo liberto, alfaiate; Cláudio de Santa Rita, pardo liberto, lavrador; Floriano José de Barcelos, pardo liberto, tropeiro de Campos para o Rio; Inocêncio Gonçalves, pardo liberto, alfaiate, e Manuel Rodrigues da Silva, pardo, alfaiate.

Todos foram unânimes em declarar que Grangeiro "nunca teve desordem alguma" com o capitão Joaquim, nem quando foi escravo nem depois de livre, e que era homem "de boa conduta, pacífico, isento de desordens e contendas".

Diante de tantas irregularidades processuais, Grangeiro pediu o alvará de sua soltura. O ouvidor e corregedor da Comarca, desembargador José Albano Fragoso, em 7 de agosto de 1800, deu o processo por encerrado sem despacho de soltura!

O processo chegou a Lisboa e a rainha, após ouvir os membros do Conselho Ultramarino, revogou os atos anteriores e confirmou a doação do capitão Joaquim para a Santa Casa de Misericórdia africana.

Escravo em Luanda, longe de sua esposa que ficou no Rio de Janeiro, Grangeiro reinicia seu calvário, escrevendo para o príncipe regente dom João:

> Clama o suplicante em Angola gemendo debaixo de jugo da escravidão, e oprimido por recomendação do suplicado [capitão Joaquim]. Clamam nas Américas a mulher e família do suplicante [Grangeiro] justiça contra o tirano que os separou! E quem se persuadirá que a clamores tão lamentáveis seja insensível o Príncipe mais humano, reparando nos princípios por que ele mesmo fez desgraçado, aquele a quem Sua Clemente Mãe havia feito feliz!
> Não senhor, um Príncipe de tanta circunspeção como Vossa Alteza não sofre que o enganem impunemente, nem permite que os seus Diplomas [servidores diplomados] sirvam de verdugo à inocência.

Em abril de 1805 o processo estava no Conselho Ultramarino e seus membros despacharam na petição de Grangeiro sem nenhuma palavra a seu favor. Um deles foi explicitamente desfavorável: "Este registro não é formado em bons princípios e se ressentem nele indícios de perigosas e mal aplicadas doutrinas."

O processo deve ter sido engavetado, pois o último despacho dos conselheiros é de 21 de fevereiro de 1806, solicitando o parecer do conselheiro chanceler da Relação do Rio de Janeiro. Só em 8 de agosto de 1807 é que o processo foi expedido para ele.

A Santa Casa de Luanda não teria interesse em perder um "perito" alfaiate, complicando a possibilidade de ser revista a sua condição de escravo.

O fim da luta do Davi-pardo contra o capitão Golias-branco é uma incógnita na história dos campistas.

Fonte:

AHU — Avulsos RJ: cx. 221, doc. 6.

CRÔNICA 2 A bela Maria da Paixão: preta benguela

Por volta de 1747, o lavrador Sebastião de Morais Silva comprou no mercado da cidade do Rio de Janeiro duas pretas escravas recém-chegadas, oriundas de Benguela, reino de Angola. Levou-as para sua propriedade agrícola situada na Freguesia de Nossa Senhora do Pilar de Iguaçu, no então recôncavo da cidade.

Como bons cristãos, Sebastião e sua esposa Catarina da Paixão trataram de batizar as novas escravas: uma chamou-se Maria Benguela e a outra, Maria da Paixão, em homenagem ao sobrenome da senhora (também o mesmo nome da filha do casal). Ambas mulheres boas de enxada, que ajudariam na roça de mandioca e na fabricação da farinha.

Outra qualidade, contudo — a beleza das benguelenses —, despertou a cobiça masculina. Não só dos companheiros de escravidão como também de Sebastião, o senhor, pois, em 1748, nascia o pardo Julião, filho de Maria Benguela e de pai incógnito. Por ser homem bem-casado e temente à censura do pároco da freguesia, o senhor não poderia expor seu nome e assumir a paternidade da criança. Pouca diferença fazia, já que todos da região sabiam do concubinato; o importante era dar ao menino tratamento diferente do aplicado aos demais escravos. Afinal, um pai não deveria abandonar um filho, ainda que bastardo. Principalmente no caso de Julião: sua mãe Maria Benguela faleceu poucos anos depois.

Quando o mulatinho bastardo nasceu, Sebastião estava casado com Catarina, ela tinha 28 anos (13 anos de casada) quando adoeceu. Tinham dois filhos legítimos: João Paulo de Oliveira e Maria da Paixão.

O surto de tuberculose (chamavam de "tísica") que grassou no Rio de Janeiro atacou Catarina, levando-a a "apartar-se" do marido de "cama e mesa". Em consequência da moléstia, veio a falecer em 22 de setembro de 1761.

Para surpresa dos filhos legítimos, o viúvo Sebastião, oito anos após a morte de Catarina, resolveu casar-se com a ex-escrava Maria da Paixão, por ele alforriada em 1766.

Imediatamente João Paulo e sua irmã Maria, casada com Francisco Vieira, foram ao pároco da freguesia e, em 8 de março de 1769, protocolaram suas graves denúncias impeditivas da consumação ou, pelo menos, dificultosas para o casamento do pai Sebastião com a amásia:

> em tempo que era casado [Sebastião] com sua mulher Catarina da Paixão (...) já se desonestava com a dita preta, na ofensa de Deus e que com ela tinha feito concerto que em morrendo a sua mulher haveria de casar com ela e que também, para esse fim, entrou a desgostar a dita sua mulher para que morresse a fim de celebrar o matrimônio.

Diante de tantas infrações aos mandamentos da Igreja Católica, o juiz eclesiástico deu parecer (26/5/1770) reconhecendo a pertinência dos "impedimentos".

Para mais reforçar os argumentos contrários ao casamento, os filhos do noivo, o legítimo João Paulo e o bastardo Julião de Morais Silva, declararam que tiveram "cópula" ou "trato ilícito" com a noiva Maria da Paixão. João Paulo afirmou que, no tempo de solteiro, foram "várias e repetidas cópulas consumadas". Julião foi mais detalhista e narrou o que deve ter sido sua primeira experiência sexual com uma mulher:

> tinha 7 ou 8 anos, ou o que na verdade fosse, dormindo com a impedida [Maria da Paixão] em uma mesma cama, como ainda pequeno, quisera em uma noite ter com ela cópula e que principiando com esse ato, estando ela dormindo, ou fazendo que dormia, porém não estava certo se consumara ou não a dita cópula, seminando *intra vaz*, mas sim que estivera no ato da cópula bastante tempo.

Levantaram ainda a suspeita de ser Maria da Paixão feiticeira e que poderia ter feito feitiço para levar Catarina à morte.

Acusados de tantas pesadas denúncias os noivos dificilmente teriam êxito se não fosse a competência de seu advogado, ou quem os instruía no processo. Foi montada uma defesa primorosa e apelativa aos sentimentos cristãos e ao amor, premissas que devem nortear a formação de um casal que pretende viver segundo os mandamentos da Igreja Católica.

A defesa classificou como falsas as acusações feitas pelos filhos e pelo genro, como cabeça do casal, e eivadas de preconceitos por ser ele branco e ela "uma preta forra" por ele liberta em setembro de 1766. Também por não quererem "diminuir, com o dito casamento, suas legítimas paternas, com a meação ou o que poderá tocar" à preta Maria da Paixão. Além disso, o genro não perdoava o sogro por ter sido firme em defesa de sua filha, ao pressioná-lo a realizar o casamento, tendo de impeli-lo judicialmente e até a levá-lo a ser preso, por um mês, no Aljube (cadeia eclesiástica). Sebastião alertou ao juiz que a objeção dos filhos ao casamento era tão forte que ele temia que fizessem "alguma violência à miserável preta", sua noiva.

Com relação ao seu trato ilícito com Maria da Paixão, ele confirmou que durante a doença da esposa, que lhe privava da vida sexual de marido e mulher, teve encontros com sua amásia, mas fora do ambiente de sua casa, e sim na roça ou na senzala. Só veio a se amancebar após o falecimento de Catarina e levou-a para morar na sua casa após sua alforria. Gostava muito dela e por isso não podia se "apartar", vivendo em estado de "miséria" espiritual, malfalado na freguesia, e que o pároco não permitiu que eles comungassem na Quaresma. Portanto, o casamento dos dois seria o caminho da salvação de suas almas e de voltarem a ser aceitos pelos vizinhos e amigos.

Curiosamente, o mais convincente argumento em defesa do matrimônio, ou, pelo menos, o que deixou o juiz eclesiástico numa sinuca de bico, foi de natureza espiritual: o da promessa a Nossa Senhora da Conceição.

Dois ou três anos após o falecimento de Catarina, em decorrência da "tísica", Sebastião fora atacado de moléstia gravíssima, "com uns cursos de sangue [que o deixaram] quase à morte", levando-o a apelar à Santíssima Nossa Senhora da Conceição: "Se o livrasse da dita moléstia havia de casar" com a amásia, deixando a vida pecaminosa de amancebado. Sua fé na Santa Mãe de Deus foi atendida, pois "repentinamente teve melhora e em poucos dias ficou são".

Portanto, mais importante do que seu compromisso com a noiva era sua dívida, a promessa feita que, como cristão, teria de pagar a Nossa Senhora!

Como poderia o juiz eclesiástico proibir um cristão de cumprir sua promessa e, principalmente, à Mãe de Deus? Inadmissível!

A noiva, Maria da Paixão, em 10 de junho de 1771, classificou-se para o casamento:

> preta forra, moradora na freguesia do Pilar de Aguassu, natural do gentio de Benguela, de onde passou em direitura a cidade de Angola, da qual passou em direitura a esta cidade [Rio de Janeiro] aonde a comprou nova Sebastião de Morais Silva; em cujo poder esteve sempre na freguesia do Pilar e o mesmo seu Senhor alforriou, e que era solteira, livre e desimpedida, sem que fizesse promessa de casamento a pessoa alguma mais do que a Sebastião de Morais Silva, seu Senhor que foi, é viúvo.

Quanto à idade, o escrivão anotou que ela "representa mais de 30 anos".

Fonte:

ACMRJ — Banhos, 1771: noivo, Sebastião de Morais Silva; noiva, Maria da Paixão.

CRÔNICA 3 A escritura de alforria

O dia 14 de março de 1796 foi muito especial para o carioca Maximiano Francisco Gomes, pedreiro de mão-cheia, crioulo escravo do capitão Domingos Francisco Gomes. Dia de tristeza, pois morrera seu senhor e amigo e, contraditoriamente, de alegria para ele. O falecido havia registrado em seu testamento que ficavam livres seus escravos: o crioulo Maximiano, a rebola Isabel e sua filha Inácia. Liberdade que o testamenteiro deveria providenciar imediatamente após a abertura do inventário. Tudo certinho, com escritura passada em cartório.

Para surpresa de Maximiano, o falecido havia deixado também uma casa para eles morarem enquanto fossem vivos. Casa por eles muito conhecida, pois ficava colada à do seu antigo senhor. Com a cláusula de que, após o falecimento do último alforriado, a casa passaria para a Irmandade de São Gonçalo Garcia. Essa irmandade teria a obrigação de, uma vez por ano, mandar rezar uma missa pela alma do doador.

Os beneficiados devem ter exclamado: "Só um homem bom como o capitão Domingos poderia ter uma lembrança tão pia para seus escravos!"

Coube a Antônio Francisco Gomes, irmão do falecido, cuidar do inventário. Seguiu quase tudo que Domingos estipulara com relação aos três escravos: passou a escritura em cartório da casa com a declaração de que poderia ser habitada por eles, reconheceu a liberdade dada pelo irmão, mas protelou passar a carta de alforria no cartório. Isso deixou Maximiano muito apreensivo!

Sete anos se passaram de cobranças ao testamenteiro pelas escrituras de alforrias dos três libertos. Tempo que Maximiano servia na companhia auxiliar de pretos forros chamada de Henrique Dias. Apesar desse reconhecimento público de sua alforria, pois chegou ao posto de segundo-sargento auxiliar, ele não se sentia seguro sem o papel na mão.

Queria a escritura passada no cartório!

A desconfiança tinha razão de ser. Comentavam-se na cidade do Rio de Janeiro casos de alforriados sem papel que os antigos senhores, ou seus herdeiros, mandaram-nos para serem vendidos como escravos em Porto Alegre e Montevidéu. Fazerem isso com ele era mais difícil — um sargento dos Henriques! —, mas com Isabel e sua filha Inácia, pobres ignorantes, não seria impossível.

Maximiano, depois de ouvir desculpas "frívolas, apelativas e sinistras" da parte do inventariante Antônio Gomes, resolveu escrever para a Corte denunciando o que ocorria com os três alforriados, pedindo a intervenção do monarca, já que na cidade do Rio as autoridades não tomavam providências. Denunciou na carta que eram vítimas da "violência e absoluto despotismo que grassava nos poderosos, aterrando os pequeninos pobres e o suplicante não ter possibilidades e, menos, as duas companheiras do cativeiro e liberdade, para ordinariamente procurar os referidos títulos de liberdade".

O seu apelo ecoou bem junto ao príncipe regente dom João, mandando que fossem passadas escrituras de alforria para os três em cartório do Rio de Janeiro.

Esse papel era fundamental para o pedreiro Maximiano, pois, em 1802, ele recebera proposta para fazer obra importante em Angola. Senhor de sua liberdade, enviou ao vice-rei o pedido de passaporte:

> Diz Maximiano Francisco Gomes que ele suplicante serve a Sua Alteza Real em praça de segundo-sargento no Terço dos Henriques, e como o suplicante vive de seu ofício de pedreiro para seu sustento e de sua mãe, pois a tem em sua companhia e como o suplicante tem oferecimento de uma obra de grande conveniência para Angola e como o suplicante não pode ir sem que V. Exa. lhe conceda dez meses de licença para poder ir e vir. Pede a Vossa excelência se digne conceder a licença pedida.

O vice-rei dom Fernando José de Portugal (1801-1806), após ouvir o parecer do comandante do Exército, tenente-general José Narciso de Magalhães e Meneses, e o comandante dos Henriques, capitão José dos Santos Teixeira, ambos favoráveis ao pedido de Maximiano, aprovou o passaporte.

Assim, a construção civil de Angola pôde usufruir da habilidade do pedreiro carioca.

Fonte:

AHU — Avulsos RJ: cx. 302, doc. 130 (traslado do processo de 04.12.1804).

CRÔNICA 4 Os caçadores de quilombolas

O povo do Rio de Janeiro conheceu dois oficiais participantes de enfrentamentos a quilombolas em Alagoas e Minas Gerais e que também passaram por sua capitania: o sargento-mor João da Mota, vindo para combater índios bravios no interior de Campos dos Goytacazes, e Antônio Martins Leça, que trouxe para a cadeia do Rio prisioneiros feitos em Minas.

Suas histórias devem ter encantado ouvintes fluminenses e cariocas.

João da Mota era baiano e filho de Pedro da Mota. Foi servir como soldado na capitania de Pernambuco a partir de 2 de outubro de 1684, galgou postos militares por seus serviços e bravura, chegando a sargento-mor do Recife. Participou de várias entradas pelas matas de Alagoas para enfrentar os quilombolas, principalmente os situados na Serra da Barriga, quartel-general de Palmares. Contou que nas refregas matou e aprisionou muitos negros revoltosos e quase pegara Zumbi, conseguindo feri-lo quando o pusera em fuga. Em compensação, orgulhava-se por ter prendido a mulher do chefe, a rainha dos Palmares.

Participando da companhia de Fernão Carrilho, na incursão com seus comandados a Palmares, conseguiu desalojar os quilombolas do Outeiro da Barriga e aprisionar muitos deles. Os que fugiram para o campo, seguindo Zumbi, foram perseguidos e quase todos mortos na paragem do Gongalo. João da Mota contou ainda que voltara a combater Zumbi e seus seguidores, fazendo parte da expedição comandada pelo mestre de campo Zenóbio Achioly de Vasconcelos, levando consigo trinta homens. Fez tudo isso arcando, de seu bolso, com as despesas para a alimentação dos seus comandados, fardamento e apetrechos de guerra.

Moradores da capitania do Rio de Janeiro estavam sendo atacados e molestados por índios bravios que moravam, provavelmente, na região dos goitacases gassu. Para ajudar no combate aos indígenas foi chamado o experiente João da Mota, que narrou na sua fé de ofício ter participado de embate no "lugar do saco do gado bravo".

Por todos esses atos de bravura ele enviou ao rei seu pedido de mercê do Hábito de Cristo, com tença anual — valor que o rei dava àqueles que lhe prestaram relevantes serviços. Os conselheiros foram favoráveis ao pedido de João da Mota e o rei concedeu-lhe o título com 50 mil-réis de tença.

O outro caçador de quilombola era português de Matosinho, termo da cidade do Porto. Antônio Martins Leça era filho de Antônio Martins e veio servir no Brasil, nas Minas Gerais, começando sua história mineira em 14 de janeiro de 1714. Tornou-se rico, dono de lavras, ganhou prestígio e foi nomeado, pelo rei, sargento-mor de ordenança de Vila Rica (atual Ouro Preto).

Antônio Leça era muito conhecido e respeitado no Rio de Janeiro e, segundo sua fé de ofício, fora a essa cidade para levar presos. Em 1716, designado pelo governador de São Paulo e Minas Gerais, trouxe um soldado desertor da tropa do Rio que se escondera em Minas Gerais. Segundo Antônio Leça, a captura lhe dera muito trabalho e despesa, pois levara consigo dez dos seus escravos e percorrera o território das minas por um mês, até localizar o desertor.

Dois anos depois (1719), Antônio Leça estava de volta ao Rio de Janeiro, levando Antônio de Oliveira Leitão, outro prisioneiro que lhe exigira muito esforço e despesas para prender. Gastou 47 dias, do início da busca até entregá-lo na cadeia do Rio. Na operação, fora acompanhado de alguns homens brancos e de seis de seus escravos, todos armados e tudo correndo por sua conta, tendo de largar, por longo tempo, as suas lavras.

Afirmara, porém, que tudo fizera com gosto e presteza, pois, como fiel e devoto vassalo, não media esforços para servir ao seu rei.

Para reforçar o pedido de mercê do Hábito de Cristo, Antônio Leça contou tudo que fizera no combate aos negros fugidos e quilombolas. E não foi pouco!

Em 1717, na proximidade da entrada de Vila Rica, um ajuntamento de negros fugidos implantou o terror na população, roubando, matando e insultando os transeuntes. Antônio Leça, acompanhado de 40 de seus escravos armados e de alguns brancos, fez fogo cerrado em cima dos quilombolas, desbaratando-os e prendendo 15 deles. Deixou livre "o caminho e entrada da vila".

Com o mesmo grupo sob seu comando, deslocou-se para combater outro quilombo próximo. Mais uma vez, a operação foi vitoriosa, resultando em muitos quilombolas presos.

As autoridades de Minas Gerais descobriram que os negros planejavam grande levante contra os brancos a eclodir em 1720, na "quinta-feira de Endoenças". Para abafar a revolta foram espalhadas tropas por vários pontos da capitania, cabendo a Antônio Leça instalar-se no Morro do Ouro Preto, tradicional refúgio de negros, para prender quem lá encontrasse e desbastar o mato para evitar que ali se ocultassem os revoltosos. Pela ação recebeu elogios do novo governador de Minas Gerais, dom Lourenço de Almeida (1721-1732), em nome do rei, "certificando-lhe estar muito na Real lembrança de sua Majestade esse serviço".

O caçador de quilombolas continuou, agora na vila de Pitangui. Em 1721, Antônio Leça foi convocado para ir desbaratar o quilombo que inquietava os moradores daquela vila e, auxiliado por dez de seus escravos armados, durante 66 dias combateu os insurretos "com muito valor e zelo, de que resultou ficar sossegada a vila".

No ano seguinte, Antônio Leça foi nomeado juiz ordinário de Vila Rica e até chegou a assumir a função de ouvidor, no lugar do titular que havia falecido, "procedendo nesta ocupação com muita limpeza de mãos e bom acolhimento das partes, desempenhando com muita brevidade e equidade" os problemas surgidos no termo da vila. Nessa oportunidade, fez incursões sobre todos os núcleos de "negros fugitivos", desbaratando-os.

Chegando à Corte o seu pedido de mercê de Hábito de Cristo, o rei enviou-o ao Conselho Ultramarino para opinar. Coube ao conselheiro dom João Pedro de Lemos, em 17 de maio de 1725, o parecer mais elogioso e favorável à concessão da comenda:

> o serviço que o suplicante fez a S. M. nas Minas se faz o mais importante que se pode considerar naquele país, por um vassalo, pois se deve a ele pôr em boa segurança as Minas, assim nas alterações que houve nelas, em que se reconheceu a fidelidade segundo o partido da obediência às soberanas ordens de S. M. que sendo tão atendido este serviço que em nome de S. M., lhe agradeceu o governador dom Lourenço de Almeida, e o que mais há no empenho com que procurou a extinção dos mocambos dos

negros, que a continuarem se podia temer sucedesse com elas, *o mesmo que se experimentou em Pernambuco* [Palmares], sentindo os povos daquela capitania muitas extorsões que se fez preciso fazer-lhe uma guerra que durou por espaço de muitos anos com grande estrago de seus moradores e despesa da fazenda de S. Majestade. [Grifo meu.]

Continuou o parecer de dom João Pedro com muitos elogios a Antônio Leça e conclui sugerindo ao rei que lhe concedesse o Hábito de Cristo com tença de 100 mil-réis anuais.

Fonte:

AHU — Códices: *Livro de registro de consultas de mercês do Conselho Ultramarino*. Cód. 87, vol. 9.

CRÔNICA 5 O quilombo de Cabo Frio

O fio da meada começou a ser desvendado quando foi preso, em fim de setembro de 1805, no armazém de Manuel Ferreira de Santana, o preto Domingos comprando pólvora e chumbo. Além da ocorrência de um crime misterioso em Cabo Frio, ainda não elucidado, quilombolas vinham atacando os engenhos, as fazendas e pessoas nas estradas.

Domingos abriu o bico: era um quilombola, e o material que comprava destinava-se a municiar sua gente, em quilombo organizado, com rei e rainha. O negro indicou a localização do núcleo e denunciou os escravos fugidos que compunham o grupo.

Com relação ao crime, a narrativa de Domingos não podia ser mais precisa e detalhada. Disse que Manuel Ferreira foi quem pediu ao rei do quilombo, o preto Joaquim, para fazer o serviço de eliminar o filho do soldado Miguel da Silva — desaforado conquistador que o desonrava em concubinato com a desgraçada de sua mulher. Em troca, manteria o comércio com eles e arranjaria outros serviços para o grupo.

Trato feito, trato cumprido. Para levar a cabo a missão, Joaquim encarregou um grupo de quilombolas, entre os quais o experiente atirador Geremias (chamado de Jeromico). Numa noite, atocaiaram-se no quintal da casa do soldado Miguel da Silva e espantaram as suas galinhas para que, com o alarido, o jovem viesse verificar o que ocorria, tornando-se presa fácil. A estratégia deu certo. A porta da casa se abriu e um homem dirigiu-se ao galinheiro para verificar o motivo do tumulto, quando foi fuzilado.

Ao amanhecer, o povo de Cabo Frio foi despertado com a triste notícia: mataram o velho Miguel da Silva, pai do conquistador.

O preto Domingos e o coiteiro do quilombo e mandante do crime, Manuel Ferreira de Santana, foram os dois primeiros prisioneiros que o comandante do regimento Feliciano José Victorino de Souza, em 8 de outubro de 1805, enviou à Corte para que o vice-rei dom Fernando José de Portugal (1801-1806) tomasse as providências devidas.

Feliciano estava exultante, pois no dia 26 do mês anterior havia escrito ao vice-rei narrando todos os fatos conhecidos e as providências que tomara relativas aos crimes. Em apenas nove dias já enviava dois prisioneiros!

Dizia ele na carta:

> Tenho a honra de pôr na respeitável presença de V. Exa. que este Distrito se acha presentemente inquieto com uns salteadores, os quais não só se acham roubando os víveres e gado dos lavradores e fazendeiros, como passam a roubar as próprias casas, matando e ferindo, como fizeram a Miguel da Silva, soldado do meu Regimento, que o roubaram e mataram evidentemente de um tiro.
>
> A Joaquim Correia, que vivia de negócio de fazenda, não só lhe roubaram a fazenda, como o deixaram mortalmente ferido, deixando-o por morto, e o mesmo quiseram fazer à mulher do dito, que escapou milagrosamente.
>
> Passaram igualmente a atacar o engenho de dona Tereza de Jesus Gonçalves, arrombando a casa, e por uma brecha que

fizeram, deram dois tiros a fim de matar a dita viúva e o administrador, seu cunhado, os quais escaparam por apagar a luz e resistirem com armas dentro. Os insultantes são dez, ou doze, todos armados de espingardas e as mais armas ofensivas; dizem ser uns negros e que, entre eles, andam brancos e mulatos. Dizem mais que uns são escravos de João Francisco, cunhado do coronel Brás Carneiro Leão, e que queriam matar seu senhor.

Têm feito fugir vários escravos e escravas, inquietando este Distrito. Eu fico dando as possíveis providências fazendo entradas nos matos com tropa e capitães do mato, assim como pondo patrulhas pelas estradas, a fim de serem seguros estes facinorosos.

Rogo a V. Exa. queira dignar-se mandar à Câmara que dê o sustento para a tropa, pois presentemente providenciei mandando haver dos lavradores e fazendeiros.

A vitória de Feliciano e seus comandados contra os quilombolas foi impressionante, pois, em 12 de outubro de 1805, enviou para a cidade do Rio o alferes de granadeiro do seu regimento, João de Souza Braga, levando os prisioneiros principais do quilombo desbaratado. Alguns deles foram presos quando tentavam assaltar o engenho do capitão Antônio Gonçalves e os outros, no ataque ao quilombo. Nessa batalha, seis negros conseguiram fugir.

Joaquim, a quem os quilombolas chamavam rei, a presa mais cobiçada pelo comandante, fora morto pelos próprios súditos, havia poucos dias! Frustração para Feliciano. O crime ocorrera "na ocasião em que repartiam o roubo que fizeram a Joaquim Manoel", do qual recolheram tudo que possuía, deixando-o mortalmente ferido com os vários tiros que lhe deram.

Os prisioneiros confessaram que foram Geremias e Domingos os matadores do velho Miguel da Silva e que tinham assassinado outros companheiros do quilombo, além do rei.

O comandante Feliciano, dizendo ser porta-voz de senhores de fazenda e de moradores de Cabo Frio, pediu ao vice-rei que mandasse para eles as cabeças dos quilombolas justiçados. Exporiam essas cabeças para servir de exemplo aos escravos que ousassem fugir e se juntarem em quilombo.

A carta foi encerrada com esta "relação dos negros aquilombados que são remetidos presos à Sala".

>Maria (a rainha) = escrava do tenente Manuel Dias; Geremias e Pedro = escravos do falecido João Pinto Coelho; Domingos (enviado antes), João e Feliciana = escravos de dona Tereza Gonçalves; Aleixo = escravo de dona Catarina Cide; Joana = escrava de Manuel Rodrigues; João = escravo do capitão Domingos Leão Furtado; João = escravo do alferes José Rodrigues; José = escravo do capitão Manoel Coelho; Manuel = escravo do ajudante Inácio Nogueira.

>Cabo Frio, 12 de outubro de 1805
>Feliciano José Victorino de Souza

Fonte:

ANRJ — Vice-Reinado: cx. 484, pac. 2.

CRÔNICA 6 Os índios da Aldeia de São Francisco Xavier de Itaguaí, na Fazenda de Santa Cruz

Os índios fluminenses "bravios", escravizados até o fim do século XVII, mesmo no século XIX, caso derrotados em "guerra justa", ainda poderiam cair na vil condição de escravos. Por exemplo, em 13 de maio de 1808, o príncipe regente dom João, recém-chegado ao Rio de Janeiro, decretara guerra aos índios botocudos de Minas Gerais e muitos deles, feitos prisioneiros, foram para o Rio de Janeiro, ameaçados com a escravidão.

Os "dóceis" ou "amigos" que aceitassem a religião católica e viver segundo os padrões dos colonizadores em "aldeias" ficavam sob a proteção real e, em tese, poderiam assumir qualquer cargo da administração pública reservado aos brancos. Normalmente a Coroa destinava um terreno de cerca de 2 léguas em quadra (13.200m de lado) para patrimônio da aldeia, extensão de terra que seria destinada a uma única pessoa que tivesse escravos e recursos para montar um engenho de fabricar açúcar.

No caso da Aldeia de Itaguaí,[75] quando de sua fundação, o Estado não doou sesmaria aos índios por localizar-se na famosa Fazenda de Santa Cruz, propriedade da Companhia de Jesus, cabendo à mesma fazer a citada doação. Com a expulsão dos jesuítas do Reino de Portugal e de suas colônias, a partir de 1759, os imóveis a eles pertencentes passaram para o domínio real. Mais tarde, quando a Coroa, no fim do século XVIII, resolveu privatizar as terras do engenho estatal chamado Itaguaí, eficiente produtor de açúcar, constatou que os jesuítas não haviam feito doação do terreno para próprio indígena. Assim, para alegria dos privatistas, os índios ali sediados poderiam ser expulsos das terras sem nenhuma indenização.

Em setembro de 1785 os índios itaguaienses, através do capitão-mor da aldeia, José Pires Tavares, denunciaram à rainha dona Maria I que estavam sofrendo ameaças de invasores de suas terras (achavam que eram deles!) por parte de senhores poderosos: José Teixeira, Manuel de Araújo e Manuel Joaquim. Além disso, denunciaram a Resolução da Junta da Fazenda de 15 de maio de 1784, que defendia a expulsão dos índios de Itaguaí.

José Pires Tavares, nomeado para o cargo no tempo do vice-rei marquês do Lavradio (1769-1779), fez interessante histórico da sua gente e dos conluios entre autoridades e particulares interessados em expulsar os índios. Texto muito rico em detalhes, esclarecendo como se dava a tortuosa relação entre a administração pública e os índios, tratados como se escravos fossem, sem direito a terra.

Com a palavra o índio capitão-mor da Aldeia de São Francisco Xavier de Itaguaí:

---

[75]AHU — Avulsos RJ: cx. 136, doc. 64; cx. 138, doc. 24.

Andou o padre José de Anchieta [y Llarena, 19/3/1534-9/6/1597], da referida Companhia [de Jesus], em Missões pelo Sul, trouxe consigo uns casais de Índios dos sertões da Lagoa dos Patos, tanto para se aproveitarem da sua doutrina, como para o conduzirem até o Rio de Janeiro, onde chegados à Fazenda de Santa Cruz, deu o dito Padre conta ao Reitor do Colégio, que mandou agasalhar com piedade os Índios, assim por observância das Reais Ordens, como pela obediência e serviços, que o referido Padre alegou terem-lhe feito.

Ao Sul da dita fazenda, e em distância de 4 léguas [26.400m], pouco mais ou menos, está a ilha de Marambaia, nela puseram os Índios os próprios Padres; por impedimento o dono dela; transmutaram-nos para as terras da mesma fazenda, em sítio junto à marinha de Sepetiba; onde não havendo bastante água [doce] viviam tristes os Índios; temendo os Padres, que por isso lhes fugissem para o sertão, o tornaram a mudar para terras da relatada fazenda e sítio chamado Itinga, ou Água Clara; ali lhes puseram Padre Superior para administração dos Sacramentos, fizeram Igreja e casas de vivenda ao mesmo Padre. Trabalhavam três [3] dias para os Padres e três [3] para seu sustento; foram os Índios por ali conhecendo os sertões por saídas à caça; para o Norte conheceram melhores terras, uns aos outros se convidaram para elas a fazer lavouras e agasalhos, com suas famílias de sorte, que já a alguns lhes não embaraçavam a falta de Missa.

O que é sabido pelo Padre Superior deu parte ao Reitor, que ordenou os fosse caminhar para a dita Aldeia Itinga; não sendo conseguida essa pretensão, foi remédio convir com a vontade dos Índios na dita situação; eleita por eles; que denominaram Itaguaí, hoje Aldeia de São Francisco Xavier de Itaguaí, onde sítio de seu gosto fizeram vivendas para si, uma formosa Igreja e Casa, ou Convento para habitação dos Padres.

Em essas referidas três situações da dita fazenda, em que os Índios tem habitado, até o ano de 1784 são decursos 187 anos, pouco mais, ou menos; na última de Itaguaí tem terreno apontado para sua cultivação sem que mais pessoa alguma se utilize dele; assim ficaram na falta dos ditos Padres, por especial mercê Régia, gozando de liberdade inapreciável, graças, e mercê, notórias por Decretos Reais, tendo cada um por sua, próprias as terras que cultivavam.

Nesta forma pacífica foram conservados os índios na dita Aldeia, e suas terras, por muitos anos, com o administrador e Inspetor Ministro, postos pelo Governador do Estado à relatada fazenda haverá 15, ou 16 anos, que um Administrador principiou a dar de aforamento dos ditos Índios algumas terras que eles reputavam suas próprias, e da mesma fazenda de Santa Cruz.

Um vizinho dos mencionados Índios da relatada Aldeia, chamado José Teixeira, reinícola, é tão rico que só ele cultiva mais terreno, que o circuito da mesma Aldeia, logo que o Marquês do Lavradio deu ao suplicante Patente de Capitão-Mor, para evitar, que este, e outros de igual riqueza, para que da sobredita Fazenda de Santa Cruz demarcasse mais da terra bravia ou maninha, tanto para largura e cultura dos Índios, como para se aforar e servir o rendimento para as precisões dos Índios, como são a educação dos meninos, sustentação e casamento de órfãos, ou viúvas, deferiu, que informasse o Mestre de Campo Ignácio de Andrade Soto Maior Rendon, depois da qual informação, não teve resolução a dito requerimento, por moléstia do suplicante [índio José Pires Tavares] e retiro do referido Governador para este Reino.

Logo que ao Estado do Rio chegou o atual Governador [vice-rei Luís de Vasconcelos e Souza, 1779-1790] mandou inventariar a dita fazenda e seus pertences, que constam de 6 léguas [39.600m] de testada, ou largura, e 10 [66.000m] de sertão [profundidade] em comprimento; a que foi o Juiz de Fora, e com ele a notícia, de que se vendia a mencionada fazenda e seus sertões; apenas o dito José Teixeira o soube, por ser rico, e com alguma inumanidade, intentou comprar uma légua de terra cultivada e habitada pelos Índios, influindo que estes se pusessem fora.

(...) Os mencionados Índios na dita Aldeia de Itaguaí, não só são úteis, mas necessários a V. Majestade, para dirigirem as Guardas da Tropa paga, para meterem, como tem metido, Guardas nas fortalezas em tempo de Guerra, para conservarem as públicas entradas daquele país para os mais Estados de V. Majestade, para socorrerem com seus frutos a Tropa, passageiros a cidade, para o serviço das lanchas, que andam em recondução de munições Reais.

O ouvidor-geral, que tinha a função de conservador das aldeias, não se posicionou favoravelmente aos índios, ao contrário, intimidou-os com a notícia de que a rainha dona Maria I recomendara que se retirassem de Itaguaí e escolhessem outro local para edificarem nova aldeia, garantindo que, para a mudança, teriam o apoio do Estado. Os índios retrucaram que não sairiam do local que eles "reduziram à cultura", pois o oferecido era "o sertão de donde haviam vindo seus ascendentes".

Uma delegação formada por índios e índias saiu de Itaguaí para o Rio a fim de implorar ao vice-rei a permanência na aldeia em que já se encontravam. Postaram-se "aos pés do Governador, suplicando-lhe providência com amparo de piedade, de que resultou mandá-los, o mesmo Governador, prender com as mulheres na fortaleza da Ilha das Cobras, onde persistiram por alguns 12, ou 13 dias na Galé".

A revolta e o medo tomaram conta da aldeia, levando cerca de "350 almas" aldeadas planejarem fugir para a mata, para o longínquo "sertão" bravio. O capitão-mor José Pires Tavares conseguiu convencê-los a confiar em Deus, que haveria de "remediar sua dita aflição". Foi comunicar o fato ao ouvidor, que respondeu: os índios poderiam ir para onde quisessem, desde que se localizassem "para 10 léguas fora das terras da Fazenda de Santa Cruz".

Decepcionados, alguns índios fugiram, mas regressaram pouco tempo depois à aldeia, "obrigados da sua necessidade". Foram então violentamente presos por soldados e escravos sob o comando do inspetor da Fazenda de Santa Cruz, o odiado pelos índios Manuel Joaquim da Silva e Castro, que os levou para a Aldeia de Mangaratiba.

O capitão-mor José Pires Tavares, percebendo o perigo da situação, conseguiu fugir e, com ajuda de amigos, viajar para Lisboa a fim de narrar pessoalmente o problema vivido pelos índios sob seu comando.

No Rio de Janeiro as autoridades haviam montado um dossiê desfavorável aos índios. Em reunião da Junta da Real Fazenda (15/5/1784), presidida pelo vice-rei e com presença dos deputados e do procurador da Fazenda Real, desembargador Feliciano Car Ribeiro, foi elaborado esse dossiê com base em três documentos analisados. O mais antigo (2/10/1779), escrito pelo então juiz de fora Gonçalo Teixeira de Carvalho (também presidente da Câmara de Vereadores do Rio); o segundo, de autoria do conselheiro José Luiz França, chanceler da Relação e deputado da Junta (20/8/1783); e o último, escrito pelo inspetor da Fazenda de Santa Cruz, sargento-mor Manuel Joaquim da Silva e Castro, em 13 de janeiro de 1784. Todos são desfavoráveis à permanência da aldeia indígena em Itaguaí e desqualificam os índios, classificando-os como bêbados, ladrões e preguiçosos e acusando as índias de se prostituírem com os tangedores das boiadas que por ali passavam e com os soldados dos registros localizados perto da aldeia.

O juiz de fora Gonçalo Teixeira informa que a saída dos jesuítas da administração da aldeia causou sérios problemas:

tornaram os Índios à sua primitiva e bárbara liberdade, deram-se ao ócio, e a outros vícios, que parece-lhes são ingênitos, cessou a cultura, cresceram as matas, arruinaram-se e caíram as casas, e as ruas que existem são as que se formam de um pequeno número de casas construídas de paredes de pau, tapadas de barro, e cobertas de palha, não há gado algum e apenas uma diminuta porção de roças. Na Aldeia se conservam algumas índias, que com os maridos farão o número de quarenta casas. Os índios andam dispersos por onde querem e a sua pouca agilidade os obriga a buscar os serviços das fazendas alheias, mas tudo quanto ganham consomem em bebidas de aguardente de cana, vulgarmente chamada cachaça, sem se lembrarem das mulheres, nem dos pobres filhos.

Conclui o relatório sugerindo que os índios sejam transferidos para a Aldeia de Mangaratiba, perto de Angra dos Reis, por ter abundância de peixes e terras férteis para lavoura. Ou para a vila de José del-Rei, "que em outro tempo era Aldeia de São Barnabé, onde há terras para sua acomodação". Ressalta ainda que as terras ocupadas pelos índios em Itaguaí são as mais férteis da região e que deixá-las em poder deles "é totalmente inútil".

O parecer do chanceler da Relação, José Luiz França, volta-se principalmente para a questão da titularidade da propriedade ocupada pela aldeia e sobre o pedido do capitão-mor dos índios à rainha para receberem sesmaria de uma légua em quadra para ampliação das terras indígenas. Segundo o parecerista, a Companhia de Jesus não doou terras para a aldeia, ao contrário, arrendava-as ao próprio jesuíta nomeado como administrador da aldeia. Renovava esse arrendamento a cada novo administrador, o que juridicamente conservava a propriedade como bem da Ordem. Cita e anexa ao seu parecer o arrendamento feito, em 28 de abril de 1724, pelo reitor do Colégio do Rio de Janeiro ao padre Inácio Pinheiro, "Superior da Aldeia de Itinga, um sítio nas terras de Itaguaí", com os devidos limites para nelas "situar a dita Aldeia".

Desqualificando o capitão-mor da aldeia, o chanceler anexou um documento de venda de sítio que fizera, mostrando tratar-se de simples comerciante de terras e que seus interesses estariam acima dos demais índios.

> Escrito de venda que fez de um sítio o Capitão-mor da Aldeya de Itaguaí.
> Digo eu José Pires Tavares, Capitão-mor da Aldeya de Tagoahy que eu cedo toda a posse e domínio que tenho em um sítio que abri na paragem chamada Jabuticaba com todas as plantas que no mesmo se acha o qual vendo ao fazer deste sem constrangimento de pessoa alguma a Alexandre Álvares de Moraes por preço, e quantia de cinquenta e cinco mil réis; e por assim ser verdade lhe passei este escrito de venda. Hoje Itaguaí, Capitão-mor // Como testemunha, que este vi fazer // Antônio Saraiva Guerra.

O terceiro parecer, elaborado pelo administrador da fazenda de Santa Cruz, sargento-mor Manuel Joaquim da Silva e Castro, citado como inimigo dos índios, classifica-os como ladrões, assassinos e outros adjetivos que os impediam de ser aldeados. Foram as acusações mais pesadas, principalmente contra o capitão-mor José Pires Tavares.

> Em observância da Ordem de V. M. examinei o procedimento e viver dos Índios que se acham na Aldeia de Itaguaí, terras da Real Fazenda de Santa Cruz de V. M. e achei ser público que aqueles Índios costumam furtarem para comerem todos os gados, que arribam dos boiadeiros, que largam nestes pastos para deles pagarem pastagem na forma de estilo; (...) São uns vadios, não

trabalham, andam só nesta diligência, e outros espalhados pelas Fazendas alheias e fazendo sítio pelas terras de V. M. para ao depois venderem aos homens que vem de fora; e deste procedimento o capitão-mor deles [José Pires Tavares] é o principal, pois só este tem feito e vendido dez sítios.

(...) São de tal qualidade que quando foram os Padres Jesuítas, deixaram naquela Aldeia um curral de gado e carneiros e o campo bem limpo, e consumiram logo tudo. O campo deixaram ficar em mato, como se vê a roda da mesma Igreja, e até se não atreveram a conservar o Santíssimo Sacramento naquela Igreja, que esteve muito tempo sem ele, e para o ter foi preciso obrigarem-se os foreiros da freguesia daquela Freguesia a concorrerem para isso. São muito prejudiciais naquele lugar tanto ao bem público, como ao Serviço de Vossa Majestade que mandará o que for Servida.

O vice-rei Luís de Vasconcelos, depois de receber carta real de 24 de setembro de 1785, comunicando-lhe que a rainha fora informada dos problemas da Aldeia de Itaguaí, tratou de justificar, em carta ao ministro Martinho de Melo e Castro, com mais acusações ao capitão-mor e ao seu protetor, o mestre de campo Inácio de Andrade Souto Maior Rendon. Acusa-o de ter promovido a fuga do índio e que, "desde o ano de 1783, anda fomentando a desobediência do dito José Pires às ordens da Junta, que são de Sua Majestade, enquanto às não desaprova, e oferecendo-lhe patronos na Corte".

Continua sua carta elogiando o inspetor da Fazenda de Santa Cruz, Manuel Joaquim, como "um honrado paulista e o único administrador da Real Fazenda, zeloso e inteligente, que em pouco tempo a tem melhorado muito". Conclui desculpando-se pelo despacho que deu como presidente da Junta da Fazenda e que sentia "muito não ter acertado porque certamente desejam e procuram [os membros da Junta], quanto entendem, conformar-se com as Reais Intenções de Sua Majestade, que resolverá o que for Servida. Rio, 13 de setembro de 1786".

A questão da Fazenda de Santa Cruz e a existência da aldeia em suas terras entraram em banho-maria até a substituição do vice-rei Luís de Vasconcelos. Assumiu o vice-reinado o conde de Resende (1790-1801), que era contrário à venda de terras da Fazenda de Santa Cruz, queria que o Estado a explorasse melhor. Por isso, implementou a construção de dois engenhos para produção de açúcar, denominados Itaguaí e Piaí, além de fábricas para produção de farinha de mandioca. Reativou os currais de gado, chegando a 17 no total, e diversificou a cultura agrícola, além de milho, feijão e mandioca, com a plantação de anil, café e arroz. Para isso, contou com o empenho e conhecimento do engenheiro e coronel Manuel Martins do Couto Reis.

A pujança da Fazenda de Santa Cruz despertou mais ainda a cobiça dos grandes comerciantes do Rio de Janeiro. Reiniciaram a proposta de comprarem os engenhos e as terras necessárias para seu funcionamento, oferecendo deságio das dívidas que a Fazenda Real tinha com eles. Aos interesses dos comerciantes fluminenses acoplaram-se autoridades da Corte. Vaticinaram até que o Estado não tinha capacidade de gerir propriedade rural e que esse não era seu papel.

A Fazenda Real do Rio de Janeiro mandou fazer avaliação e estabeleceu as cláusulas para leilão dos engenhos. Estava tudo preparado para ser efetivada a privatização quando é solicitado parecer do conde de Resende.

O vice-rei foi categórico em posição contrária à privatização: a fazenda estava dando lucro direto com a venda de seus produtos, além de abastecer, com carne e demais alimentos, o contingente militar, do Exército e da Marinha, evitando-se a compra no mercado a preços especulativos. Destacou ainda que a madeira de lei existente na Fazenda de Santa Cruz era fundamental para construção de navios e obras reais.

Alertou que, do ponto de vista de segurança e combate ao contrabando, seria fundamental que aquelas terras continuassem de posse da Coroa.

> Porque, sendo esta Fazenda uma continuação de portos por todo o seu lado Meridional, banhado pelo mar de Sepetiba e no círculo da sua vizinhança muitas ilhas, enseadas, e ancoradouros, além das duas barras francas dos rios Itaguaí e Guandu, que diametralmente cortam e regam as suas campinas. E tendo juntamente pelo seu centro a passagem da Estrada Geral das Minas e São Paulo, sempre frequentada de viandantes, ninguém pode duvidar, que com estes favoráveis subsídios, possam muito a seu sabor, qualquer possuidor, exercitar, e proteger quantos contrabandos lhe vier à imaginação, quando a honra e um louvável patriotismo o não contenha, e aparte de uma tentativa tão oposta e prejudicíssima ao Serviço de S. M., bem persuadido da segurança e igualmente certo de que para impedi-lo não valeriam as mais exatas diligências, e cautelas de um zeloso e ativo Magistrado porque se para evitarem e proibirem os acessos dos contrabandistas do Rio de Janeiro, onde as entradas se dificultam, não tem bastado esgotarem-se ajustadas providências, repartidas pelas atuais vigilâncias de tantas Fortalezas e das Guarda-Costas, parece que de Santa Cruz pelas vias do Mar e de Terra tudo plenamente se poderá executar sem receio de embaraços que os possa malograr.
>
> O pau-brasil de que a Fazenda abunda (tão desejado no comércio estrangeiro, e que as mesmas embarcações da pescaria inglesa) diligenciam. O ouro e os diamantes que descem extraviado dos sertões, teriam em Santa Cruz o mais seguro refúgio, quando o possuidor suposto desta Fazenda, tivesse os caracteres e gênio pró-

prio de um bem instruído e acérrimo contrabandista. Do mesmo modo, os contrabandos importados, ou vindos diretamente da Europa, ou de outros portos, acharão, com a segurança do apoio, igual facilidade na extração.

(...) As arrematações dos bens da Coroa no Brasil, em nenhum tempo foram vantajosas, e se nós quisermos recordar das grandes fazendas sequestradas no Rio de Janeiro aos denominados Jesuítas, confessaremos que ou se deram de graça, ou se venderam precipitadamente pela quarta parte de seu justo valor: assim a dos Campos [dos Goytacazes] denominada do Colégio, a de Guruparim, a de Murubeca, Campos Novos, Macaé, Papucaia [distrito de Cachoeiras de Macacu], Engenho Novo, e outras, que não refiro. E que utilidades percebeu S. M. neste inadvertido e lesivo desmancho de tão ricos prédios. Nenhuma. Em papéis velhos, adquiridos com execrandos monopólios, recebeu o seu pagamento por encontro de dívidas, das quais se podia desonerar facilmente, aplicando os reditos das mesmas Fazendas, até cabal satisfação, com cuja deliberação suave, ficaria gozando delas, sem que muitos vassalos se prejudicassem no perdimento das metades do valor das letras, cedidas aos ardilosos compradores, talvez pela necessidade em que se viam, e nenhuma esperança de jamais poderem cobrá-las da Fazenda Real.[76]

O conde de Resende ainda faz críticas às avaliações feitas pelos peritos. Para ele, eram coniventes com os interesses dos compradores, sempre abaixo do justo valor do bem. Cita o caso da arrematação da Fazenda do Colégio, em Campos dos Goytacazes, por Joaquim Vicente dos Reis, que valia 700 contos de réis e foi comprada por apenas 191 contos de réis. "Este homem hoje é reputado neste Continente pelo mais bem estabelecido, ou pelo mais rico vassalo dele."

---

[76]ANRJ — Fazenda de Santa Cruz: caixa 507.

Enquanto o conde de Resende foi vice-rei, a Fazenda de Santa Cruz não teve nenhuma parte vendida e os índios continuaram na Aldeia de Itaguaí.

Em 1804 a negociata foi consumada e os índios postos sob administração da conservatória (aldeamento sob responsabilidade de um juiz).

Fonte:

AHU — Avulsos RJ: cx. 136, doc. 64; cx. 138, doc. 24.

Anexo 1
Parte 1 – Crônica 12 Reforma ou perseguição aos carmelitas?

Tabelas elaboradas a partir de vários documentos do Processo e concluídas em 07.05.2008.

Professor Nireu Oliveira Cavalcanti

RELAÇÃO DOS CARMELITAS DO CONVENTO DA CIDADE DO RIO DE JANEIRO (1783)*

Nome/número no documento	Natural	Anos hábito	Títulos/data	Observação: alguns dados biográficos citados nos documentos
Anastácio Furtado/10 (vota em Inocêncio B.)	Brasil — Rio	30	Mestre/Dr./ 22/7/1778	Secretário atual. Professor de filosofia, falta muito às aulas para ir plantar cana no engenho em Guaxindiba, de sua mãe. Entrega a turma a um aluno para lecionar nas suas ausências. Foi condenado como assassino de um escravo de sua mãe.
Antônio Amor Divino/128	Brasil — Colônia do Sacramento	5		Apesar de poucos anos de hábito, já se sabe que é marial, relaxado e ignorante de suas obrigações.
Antônio Araújo/36 (vota em Bernardo V.)	Brasil — Campos dos Goytacazes	38	Presentado de púlpito/ 30/7/1758	Há ±13 anos foi para Campos viver com sua família de moças mulatas. Vive em escândalo e é ignorante.
Antônio Chagas Terra/3 (vota em Bernardo V.)	Brasil — Espírito Santo	58	Presentado de púlpito/ 27/7/1741	Ex-provincial real. Escolhido por Bernardo para lhe suceder. É um idiota completo.

*AHU — Avulsos RJ: cx. 132, docs. 64, 59, 41, 28, 5, 10, 9, 11, 12 e 42; cx. 131, docs. 72, 49 e 98; cx. 298, doc. 20.

Antônio Fonseca/75 (vota em Bernardo V.)	Brasil — Rio	37		Irmão de frei Julião Rangel. Desde que professou ter sido fazendeiro do convento (Fazenda de Iriry [hoje bairro de Magé]) ou viveu em companhia dos pais. Marial, ignorante e desmazelado.
Antônio Gonçalves Cruz/8 (vota em Inocêncio B.)	Brasil — Guaratinguetá	30	Mestre/Dr./ Definidor perpétuo/ 7/2/1778	Foi secretário de frei Inocêncio, segue-o cegamente. Dotado de talento, bem-instruído e modestos costumes.
Antônio Pereira/46 (vota em Bernardo V.)	Brasil — Rio	22	Presentado de púlpito/ 12/4/1779	Louco, orgulhoso, intrigante e o escândalo do claustro. Foi preso. Há muitos anos é amancebado com a mulata Violante, moradora da Rua da Vala.
Antônio Sena/ 33 (vota em Bernardo V.)	Brasil — Rio	44	Presentado de púlpito/ 20/6/1759	Marial, relaxado, ignorante das obrigações e de maus costumes. Tem sítio próprio em Campo Grande. Trata há muitos anos com Izabel Maria de Jesus, moradora na Rua dos Ferradores, e com filhos.
Antônio Terra/67 (vota em Bernardo V.)	Brasil — Espírito Santo	43		Achacado de gota que o traz aleijado. Vai dizer missa na capela dos Terceiros.

(cont.)

Bernardo Magalhães/61 (sem definição do partido)	Brasil — Rio	53	Organista do convento	Vive sempre embriagado e associado à quadrilha de uns mulatos peraltas. Fez no convento indecentes entremezes e bailes para diversão de seus amigos. É o mais escandaloso da comunidade.
Bernardino Sena/135 (vota em Bernardo V.)	Brasil — Espírito Santo	4		Apesar de ter talento, é madraço e sumamente preguiçoso para estudar. Gosta de jogar.
Bernardo Vasconcelos/ 2 (líder de um grupo)	Brasil — Espírito Santo	50	Mestre/Dr./ Definidor perpétuo/ 1/10/1743	Ex-provincial real. Homem inquieto, orgulhoso, relaxado e excessivamente ambicioso de governar.
Cosme Velho São José/34 (vota em Bernardo V.)	Brasil — Rio	43	Presentado de púlpito/ Definidor perpétuo/ 25/4/1758	Ex-provincial titular. Muita idade e habituais moléstias. Marial, ignorante das obrigações, relaxado e um completo idiota. Tem sítio em Iriry.
Damião Natividade Quintanilha/ 23 (vota em Inocêncio B.)	Brasil — Rio	51	Mestre de púlpito/ Definidor geral/ 26/4/1752	Segunda patente em 26/4/1756. Relaxado e vive fora do claustro. Apesar de ter corpo robusto e vigoroso, foge de atividades religiosas no convento. Irmão de Francisco Quintanilha.
Domingos Correa/78 (vota em Inocêncio B.)	Brasil — Rio	36		Frade escandaloso e ignorante, não sabe nem como deve ser a doutrina cristã. Amante da mulata Joana há muitos anos e com filhos. O frade comprou uma casa para ela na Rua dos Ourives.

Domingos Leão/47 (vota em Inocêncio B.)	Brasil — Rio	31	Presentado de púlpito/ 31/8/1779	Frade de honestos costumes e frequentador dos atos de comunidade. Ignorante, marial e desmazelado. Qualidades que mostrou quando fazendeiro em Iriry. Nessa função juntou bom pecúlio.
Domingos Lopes Oliveira/16 (vota em Bernardo V.)	Brasil — Minas Gerais	21	Mestre/Dr./ 28/3/1783 Lente de teologia	Frade relaxado, marial e raso de instrução. Nomeado lente de teologia por proteicionismo, sem conhecimento para a função.
Domingos Mata/39 (vota em Bernardo V.)	Brasil — Rio	21	Presentado de púlpito/ 16/2/1778	Frade de bons costumes e possuidor de terras em Suruí [hoje distrito de Magé]. É arrogante, péssimo gênio e de muito má língua.
Estêvão Trindade/80 (vota em Inocêncio B.)	Brasil — Rio	33		Frade ignorante e de péssimos costumes. Tem relação com uma cabra chamada Inácia, escrava da irmã de frei Estêvão, moradora em chácara no arrabalde de Botafogo.
Félix Santa Tereza Nascentes/38 (vota em Bernardo V.)	Brasil — Rio	30	Presentado de púlpito/ Definidor perpétuo/ 12/11/1773	Comissário do Santo Ofício, nomeado recentemente. Marial, ignorante e orgulhoso. De indômito ânimo para sujeitar-se à vida religiosa. De módicos costumes e dono de sobrado na Rua do Rosário e de dois escravos.

(cont.)

Fernando Monte Carmelo Silva/27 (conhecido como Fernando Ruivo) (vota em Inocêncio B.)	Brasil — Minas Gerais	40	Mestre de púlpito/ 30/8/1779	Definidor atual. Foi dono de fazenda em Guaratiba. Teve como amante a parda Luiza, moradora na Rua da Cadeia.
Fernando Oliveira Pinto/11 (vota em Bernardo V.)	Brasil — Minas Gerais	32	Mestre/Dr./ 24/7/1779	Irmão do frei Manuel Oliveira Pinto.
Francisco Madre Deus/139 (conhecido como frei Francisco Brites) (vota em Inocêncio B.)	Brasil — Rio	3		Foi frade franciscano antes de transferir-se para o Convento do Carmo. Ordenou-se em Angra dos Reis por ser mais aceito do que na cidade do Rio, onde era conhecido pelos seus maus costumes e que continua.
Francisco Quintanilha/ 97 (conhecido como frei Chiquinho) (vota em Bernardo V.)	Brasil — Rio	28		Irmão do frei Damião Natividade Quintanilha. É um idiota completo, orgulhoso, indomável e sem religião. Tem amante que faz comida para si e um filho que o visita no convento. Tem um filho chamado Francisco com a mulata Maria, moradora na Rua da Cadeia.

Francisco Santa Isabel/68 (vota em Inocêncio B.)	Brasil — Rio	43		Muito velho e aleijado. Vive da Fazenda de Iriry.
Francisco Souza/41 (vota em Inocêncio B.)	Brasil — Rio	42	Presentado de púlpito/ Definidor perpétuo/ 24/4/1778	Velho e enfermo. O *non plus ultra* da ignorância, inepto e que morou fora do convento muitos anos. Vivia na casa da mãe na Rua do Rosário.
Francisco Timóteo Santa Rosa/12 (vota em Inocêncio B.)	Rio de Janeiro	30	Mestre/Dr./ 29/8/1779	Definidor atual. Há mais de 20 anos é amasiado com uma mulher branca casada (Ana Maria do Pilar) que trouxe de SP. Tem casa na Rua da Vala, onde vive a amante com seus filhos.
Gaspar Hipólito Santa Genoveva/54 (vota em Bernardo V.)	Brasil — Santos	39	Presentado de púlpito/ 25/2/1779	Foi prior em São Paulo e muito relaxado. Frade ignorante de suas obrigações.
Gomes Santa Ana/50 (vota em Bernardo V.)	???	30	Presentado de púlpito/ 3/9/1779	Frade ignorante, mentiroso e mau por todos os lados. Alforriou uma escrava da Fazenda da Pedra (crioula Narcisa) pertencente aos carmelitas e amasiou-se com ela.
Inácio Cunha/66 (vota em Inocêncio B.)	Brasil — Rio	46		Muito velho e doente. Vive há muitos anos fora do convento.

(cont.)

Inácio Gonçalves/95 (vota em Inocêncio B.)	Brasil — Rio	29		Depravado de costumes e vive há muitos anos com uma negra ou mulata, que foi escrava da Fazenda de Macacu (do convento), onde ele foi fazendeiro por alguns anos. Tinha um filho consigo na cela e que morreu numa viagem a Benguela. Tinha casa na Rua do Ouvidor com sua amante.
Inácio Joaquim Almeida/138 (vota em Bernardo V.)	Brasil — Espírito Santo	4		É um dos mais indignos aceitos por frei Mateus Nascentes e educado por frei José Pereira. É péssimo e há pouco tempo foi como capelão de embarcação para Angola.
Inácio Santa Rosa/106 (vota em Inocêncio B.)	Brasil — Rio	20		Atual sacristão-mor do convento. Frade muito fiel na administração dos cargos que assumiu e muito honesto de costumes. Vivia recolhido no convento, mas era falto de instrução e muito enfermo.
Inocêncio Desterro Barros/5 (líder de um grupo)	Portugal — Viana	30	Mestre/Dr./7/2/1778	Ex-provincial real. Promove a priores frades despreparados, para obter adeptos e receber presentes.
João Costa	???	??	Mestre/Dr./3/10/1758	Provincial atual

João Galvão/32 (vota em Bernardo V.)	Brasil — Rio	39	Presentado de púlpito/ 26/4/1756	Definidor atual. É um idiota completo e relaxado, além de procedimento pouco regulado. Tem sítio em Campos dos Goytacazes.
João Mariano/102 (vota em Inocêncio B.)	Brasil — Santos	22		Superior atual. Nessa função é o que mais promove a relaxação dos frades em função de seus maus exemplos. Amante da negra Tereza e lhe deu casa na Rua do Piolho. O casal tem um filho pequeno.
João Pedro Santa Perpétua/76 (vota em Inocêncio B.)	Brasil — Minas Gerais	36		Frade indigno por todos os lados, foge para MG. Está doente de lepra. Trata ilicitamente com a crioula Maria, conhecida como a "Cassareira", em casa situada na Rua do Cano.
João Santa Leonor/57 (vota em Bernardo V.)	Brasil — Rio	37	Presentado de púlpito/ 25/2/1779	Frade relaxado e de pouca instrução de suas obrigações. Estava doente, pondo sangue pela boca.
João Santa Tereza/1 (vota em Inocêncio B.)	Brasil — Rio	41	Mestre/Dr.	Provincial atual. Consciência relaxada e tem facilitado a desordem dos costumes no convento. Inadequado para exercer essa função.

(cont.)

João Santos Coronel/9 (vota em Inocêncio B.)	Brasil — Santos	40	Mestre/Dr./ Definidor perpétuo/ 23/2/1778	Irmão do frei José Pereira Santa Clara Coronel. Sobrinho do frei Manoel Monte Carmelo Silva. Muito instruído nas máximas cristãs. Culto, mas doido, porque só aplica os seus conhecimentos quando é do seu interesse.
João Silva/104 (vota em Inocêncio B.)	Brasil — Rio	22		Frade muito relaxado, de maus costumes, ignorante, talvez até do catecismo. Há muito tempo vive fora do convento, com licença ou como fazendeiro em Iriry. Tem servido como cozinheiro e despenseiro do convento. Foi administrador do engenho dos carmelitas.
João Souza/101 (vota em Bernardo V.)	Brasil — Itu	23		Frade de gênio terrível, de péssima língua e sem seriedade nos atos da comunidade. Quando lhe toca cantar a missa, ameaça os frades, tratando de tudo com zombaria. Foi prior em Mogi e sacristão no Convento do Rio e nessas funções mostrou-se fiel aos interesses da Ordem.
Jorge Vasconcelos/56 (vota em Bernardo V.)	Brasil — Espírito Santo	45	Presentado de púlpito/ Definidor perpétuo/ 30/7/1758 e 21/7/1783	Frade de péssimos costumes, personalidade indomável, relaxado e vive no convento sem fé.

José António Santa Ana/7 (vota em Bernardo V.)	Portugal — Ilhas	40	Mestre/Dr./ 3/10/1758	Boa instrução, honesto e correto em suas ações. Politicamente é dúbio sobre o partido a seguir.
José Barreto/26 (vota em Inocêncio B.)	Brasil — Rio	37	Mestre de púlpito/ Definidor perpétuo/ 10/8/1778	De costumes duvidosos, ignorante, e suspeita-se ser amante de uma prima. Conseguiu licença para ser padre secular, por nove meses, voltando a ser carmelita. Possui fazenda no subúrbio do Rio.
José Borges/37 (vota em Bernardo V.)	Brasil — Rio	30	Presentado de púlpito/ Definidor perpétuo/ 12/11/1773	Veio com a Patente da Província de Portugal. Vive sempre fora do convento, em casa de parentes. O marquês do Lavradio mandou-o prender e obrigá-lo a recluso no convento. Depois voltou a sair. Tem dois filhos.
José Castro/58 (vota em Bernardo V.)	Brasil — Santos	49	Presentado de púlpito/ 21/5/1754	Bom religioso, mas de pouco talento e já muito velho.
José Fiúza/59 (sem definição do voto)	Brasil — Campos dos Goytacazes	50	Presentado de púlpito/ 12/4/1779	Prior atual. Leva uma vida relaxada e escandalosa, além de viver fora do convento. Foi suspeito de ser ladrão.

(cont.)

José Jesus Maria Araújo/48 (vota em Inocêncio B.)	Brasil — Rio	28	Presentado de púlpito/ 1/9/1779	Tio do frade José Pereira Santa Rita. Era frade franciscano e passou para a Ordem do Carmo.
José Manoel Sampaio/114 (vota em Bernardo V.)	Brasil — São Paulo	24		Frade marial, ignorante, frequentemente ébrio e de maus costumes. Amante da paulista Maria Madalena, que dizem trouxe de São Paulo. Mora na rua que vai do Parto para a Ajuda. Ficou sob suspeita de ladrão quando na função de comissário administrou o cofre dos Terceiros de SP.
José Monte Carmelo/43 (vota em Inocêncio B.)	Brasil — Rio	30	Presentado de púlpito/ 25/2/1779	Bom religioso e de virtuosos costumes. Acometido de moléstias que o tornam inepto.
José Pereira Santa Ana/4 (vota em Inocêncio B.)	Brasil — Rio	52	Mestre/Dr./ 23/2/1778	Ex-provincial real. Homem insensato, relaxado e de mediana instrução. Foi incompetente nos cargos que ocupou.
José Pereira Santa Clara Coronel/53 (vota em Inocêncio B.)	Brasil — Santos	30	Presentado de púlpito/ 23/2/1778	Irmão do frei João Santos Coronel.
José Pereira Santa Rita/93 (vota em Inocêncio B.)	Brasil — Rio	29		Sobrinho de frei José Jesus Maria Araújo. Frade marial e necessitado de catecismo, relaxado e de maus costumes. Foi professor de noviços.

José Pereira Santa Tereza/40 (vota em Inocêncio B.)	Bras l — Santos	22	Presentado de púlpito/ 21/10/1754	Frade ignorante, relaxado e de maus costumes.
José Purificação/ 79 (sem definição do voto)	Portugal	34		Exerce o triênio de fazendeiro dos carmelitas da fazenda de Macacu. Frade relaxado e ignorante, além de viver muito tempo fora do Convento.
José Rodrigues Santa Ana/13 FALECIDO	???	??	Mestre/Dr./ 5/11/1778	FALECEU RECENTEMENTE. Era um frade de maus costumes e que tinha uma filha mulata chamada Anna Doce. Em 1782, estava esse frade doente hospedado no consistório da igreja da Glória, no dia de Todos os Santos, e, em conjunto com o frei Bernardo, organista do Carmo, promoveu um BATUQUE.
José Xavier Jesus Maria/52 (vota em Inocêncio B.)	Brasil — Rio	36	Presentado de púlpito/ 12/4/1779	Foi péssimo presidente do convento, ignorante e de vida escandalosa.

(cont.)

Julião Rangel/28 (vota em Inocêncio B.)	Brasil — Rio	37	Mestre de púlpito/ 18/4/1780	Irmão de frei António Fonseca. Depravadíssimo de costumes. Amigado com uma negra ou mulata que foi escrava de sua mãe. Vivia grande parte com a mãe na Rua da Misericórdia. Era amante da crioula ou cabra mulher do mulato Raimundo, escravos da mãe do frei chamada dona Josefa Maria Pereira, dona do engenho em São Lourenço, na freguesia de São João Batista de Icaraí. Há um processo crime contra frei Julião, acusado de ter mandado dois seus escravos afogar o escravo Raimundo.
Leandro Manuel Ribeiro/55 (vota em Inocêncio B.)	Brasil — São Paulo	32	Presentado de púlpito/ 12/4/1779	Frade de costumes perversos e vive amigado com uma mulata que trouxe de São Paulo e com a qual tem um filho.
Luiz Monte Carmelo/141 (vota em Inocêncio B.)	Brasil — Rio	2		Fugiu da província Franciscana, do Mosteiro de São Bento e foi para Roma para receber o perdão da fuga e entrar no Convento do Carmo. Apareceu há pouco vindo de Lisboa. É um tolo e ignorante que foi posto como procurador do Convento do Rio. Adoeceu e está prostrado.

Luiz Dias Santa Tereza Duque/45 (vota em Inocêncio B.)	Brasil — Minas Gerais	28	Presentado de púlpito/ 14/4/1779	Frade relaxado e que viveu muito tempo fora do convento. Em Tapacurá viveu com escândalo.
Manuel Assunção/ 105 (vota em Inocêncio B.)	Brasil — Rio	20		Enfermeiro. Tem modestos costumes, fidelidade na administração dos bens do convento e zelo no ofício de enfermeiro, é muito destituído de instrução e apoucado. Só é hábil quando é mandado por ser obediente.
Manuel Barcelos/126 (vota em Inocêncio B.)	Brasil — Rio	5		Tem algum conhecimento de moral. Tem mau caráter.
Manuel Correa/94 (vota em Bernardo V.)	Brasil — Rio	29		É dos frades carmelitas um dos mais ignorantes, despido de todos os conhecimentos precisos, relaxado e escandaloso.
Manuel José Santa Ana Castro/35 (mais conhecido por Manuel Gordo) (vota em Inocêncio B.)	Brasil — Minas Gerais	53	Presentado de púlpito/ 20/6/1759	Volumoso de corpo e de escândalos, indigno, ignorante, de língua péssima e desonesta e de costumes perversos. Assumiu algumas vezes a Presidência do Convento. Tinha casa no Catumbi onde praticava seus atos imorais. Nessa casa teve estupor, ficando meio pateta. Teve caso, muitos anos, com a viúva do sapateiro João da Guarda, moradora na Rua São José.

(cont.)

Manuel José Santa Rosa/30 (vota em Bernardo V.)	Brasil — Minas Gerais	43	Mestre de púlpito/ 30/8/1779	Esteve em MG por muitos anos. Foi prior em Mogi e depois no Rio de Janeiro. Foi dos piores prelados do Rio de Janeiro. Chamado o bonachão e deixou correr a relaxação no seu mandato.
Manuel Mendes Oliveira/17 (vota em Bernardo V.)	Brasil — São Paulo	40	Mestre/Dr./ 6/11/1778	Frade de costumes honestos, de pouca instrução e de gênio muito apoucado. Estava em São Paulo.
Manuel Monte Carmelo Silva/20 (vota em Inocêncio B.)	Brasil — Santos	48	Presentado de cadeia/ 7/11/1778	Tio do frei João Santos Coronel. Honesto de costumes e assíduo nos atos da comunidade.
Manuel Oliveira Pinto/51 (vota em Bernardo V.)	Brasil — Minas Gerais	32	Presentado de púlpito/ 19/4/1770	Irmão do frei Fernando Oliveira Pinto. Frade indigno por todos os lados, vive muito tempo fora do convento, com pretexto de moléstia para frequentar a comunicação de uma mulata por nome Bernarda Pinta, que a teve em uma casa por detrás do Carmo e agora a conserva em uma chácara no Catumbi, escandalosamente. É ignorante e um péssimo procurador do convento.

Manuel Pinheiro Santa Tereza Ribas/21 (vota em Bernardo V.)	Brasil — Santos	21	Mestre/Dr./ 10/5/1782	Bons costumes e trabalhador. Talento mediano, mas foi nomeado lente de teologia sem nível para tal, no entanto estudou e está melhorando.
Manuel Romeiro / 42 (vota em Bernardo V.)	Portugal — Ilhas	37	Presentado de púlpito/ 25/2/1779	Atualmente é fazendeiro na fazenda carmelita da Pedra. Bom administrador. Muito ignorante e gosta de viver fora do convento. Doente do mal de lázaro (lepra).
Manuel Silva/78 (vota em Inocêncio B.)	Brasil — Rio	36		Muito marial e ignorante de suas obrigações. Foi prior na Ilha Grande e muito relaxado. Mas sempre teve louváveis costumes e por estar achacado não tem participado dos atos da Comunidade.
Manuel Vilela São João/19 (vota em Inocêncio B.)	Brasil — Santos	51	Mestre/Dr./ 12/7/1752	Muito experiente mas condescendente com os erros dos outros frades, quando exerceu a função de presidente do convento.
Mateus Conceição Nascentes/6 (vota em Inocêncio B.)	Brasil — Rio	58	Mestre de púlpito/ 26/4/1752	Ex-provincial real. Segunda patente em 22/4/1778. Conhecido por doido, relaxado e de costumes perversos.

(cont.)

Miguel Antunes/ 24 (vota em Inocêncio B.)	Brasil — Rio	51	Mestre de púlpito/ Definidor perpétuo/ 26/4/1756	Segunda patente em 10/8/1778. Tão escandaloso que mora há 40 anos com uma filha mulata em seu engenho de Campinho.
Miguel Jesus Maria Proença/83 (vota em Inocêncio B.)	Brasil — Rio	30		Prior em São Paulo (25/4/1777 a 14/4/1780) e que exerceu com relaxação. Mora quase sempre fora do claustro. Zeloso dos bens da Ordem.
Paulo José Conceição/99 (vota em Inocêncio B.)	Brasil — Rio	24		Mestre de cerimônias da igreja do Carmo. Nessa função mostra o quanto está doido, pois mexe com a cabeça para um e outro lado e sorrindo nas ações mais sérias. Nas missas da Capela dos Terceiros ele vai e se posta no fundo da escada para esperar as mulheres do Coro com gestos escandalosos. É indigno por todos os lados. É amante recente da mulata Teodora, filha de Escolástica e que mora na Rua que vai do Parto para Santo Antônio.
Pedro Nascimento/ 49 (vota em Inocêncio B.)	Portugal	22	Presentado de púlpito/ 2/9/1779	Pertencia aos franciscanos da Bahia e passou para a Ordem dos carmelitas. Foi fazendeiro da propriedade dos carmelitas em Piedade e na região tinha sítio próprio onde mantinha sua amante: uma ex-escrava mulata que alforriou.

Pedro Santa Clara/73 (vota em Inocêncio B.)	Brasil — Rio	46		Frade relaxado e ignorante, vive embriagado. Apesar do vício, não é proibido de celebrar missas, realizando-as todos os dias.
Reginaldo Otávio Ribeira/14 (vota em Inocêncio B.)	Brasil — São Paulo	26	Mestre/Dr./ 4/11/1778	No Rio de Janeiro sempre teve conceito de doido. Estava em Portugal.
Salvador Machado Santa Rosa/15 (vota em Inocêncio B.)	Brasil — São Paulo	21	Mestre/Definidor perpétuo/ 10/8/1778	Procurador atual da província. Estava em Lisboa como presidente do hospício dos carmelitas naquela cidade. Perverso de costumes.
Salvador Pessanha/44 (vota em Bernardo V.)	Brasil — Campos dos Goytacazes	39	Presentado de púlpito/ 12/4/1779	Vivia na vila com escândalo, exercendo a função de fazendeiro.
Sebastião Lopes Barroso/100 (vota em Inocêncio B.)	Portugal	23		Era homem de negócio na cidade do Rio que faliu. Depois desse fato ingressou como noviço no Convento do Carmo e antes de completar o tempo mínimo de um ano de noviciado conseguiu se ordenar pela ação de frei Quintanilha, que o ordenou na capela da Fazenda da Pedra. O caso estava sendo analisado no tocante à legalidade.

(cont.)

Sebastião Maria Matos/22 FALECIDO	???	??	Mestre de púlpito/ 12/8/1751	FALECIDO recentemente. Ex-provincial titular. Aparece na relação do Convento do Rio como ausentando-se do mesmo a partir de 1764.
Silvério Andrade/29 (vota em Bernardo V.)	Brasil — Espírito Santo	42	Mestre de favor em teologia/ 17/5/1783	Frade sem instrução, sem compostura, arrematado, de língua dissoluta e libertina. Andou fugido pelas Índias da Espanha e na Europa conseguiu a patente de mestre de teologia.
Simão Pereira Sá Salinas/98 (vota em Inocêncio B.)	Brasil — Rio	27		Frade excessivamente relaxado, ébrio, de péssima língua e muito escandaloso de costumes. Recentemente amasiou-se com a crioula Maria da Conceição, moradora na Rua do Jogo da Bola, freguesia da Sé.
Simão Sodré/142 (vota em Inocêncio B.)	Brasil — Rio	5		Era franciscano, lá teve aulas de moral. Tem depravados costumes. Amante da mulata Tereza, moradora na Rua da Cadeia.

Teodósio Santa Ana/31 (sem definição do voto)	Brasil — Rio	51	Presentado de púlpito/ Custódio/ 22/10/1754	Atual Custódio. Frade de modestos costumes, segue quando possível (em decorrência de seus muitos anos) os atos da comunidade.
Tomás Roberto/125 (vota em Inocêncio B.)	Brasil — Rio	5		Frade muito relaxado que passou pela Ordem de São Bento, fugiu e entrou na Ordem do Carmo. Foi nomeado fazendeiro na fazenda dos carmelitas em Guapi.
Tomé Madre Deus/21 (sem definição do voto)	Brasil — Minas Gerais	20	Presentado de cadeia/ 12/10/1778	Frade de grande talento, boa instrução e muito eloquente no púlpito. Está muito doente.
Vicente Albino/110 (vota em Inocêncio B.)	Brasil — Rio	21		Foi nomeado fazendeiro na propriedade carmelita de Guapi. Apesar de inábil nessa função, foi nomeado para cuidar do engenho de Guaratiba.

RELAÇÃO DOS CARMELITAS DE OUTROS CONVENTOS FORA DA CIDADE DO RIO DE JANEIRO (1783)*

Nome/ número no documento	Natural	Anos hábito	Títulos/data	Observação: alguns dados biográficos citados nos documentos
Antônio França/70 (vota em Bernardo V.)	Brasil — Santos	43		Foi prior em Santos e governou com relaxação.
Antônio Monte Carmelo/ 74 (sem definição do voto)	Brasil — Santos	49		Frade de honestos costumes, já decrépito.
Antônio Pires/108 (vota em Bernardo V.)	Brasil — São Paulo	21		Irmão de frei Manuel Mendes Oliveira. Frade de bons costumes e muito fiel à administração dos bens da comunidade, porém é relaxado, ignorante e continuamente valetudinário.
Antônio **Rocha**/110 (vota em Bernardo V.)	Brasil — Santos	27		Mora em Santos. Frade de bons costumes, porém ignorante, relaxado e loquaz.
Antônio Santana/ 117 (vota em Inocêncio B.)	Brasil — Rio	29		Frade relaxado, muito ignorante, até do catecismo. Encontra-se muito enfermo.

*AHU — Avulsos RJ: cx. 132, docs. 64, 59, 41, 28, 5, 10, 9, 11, 12 e 42; cx.131, docs. 72, 49 e 98; cx. 298, doc. 20. Tabelas elaboradas a partir de vários documentos do processo e concluídas em 7/5/2008.
OBS: São 142 frades + sete coristas + 12 leigos = 161 membros.

António Vilela/115 (vota em Inocêncio B.)	Brasil — Rio	22	Atual superior de Angra dos Reis. Frade relaxado, sumamente ignorante e escandaloso. Presentemente foi como capelão de embarcação com destino a Benguela.
Custódio São Luiz/122 ???	Portugal	22	Está morando no hospício dos carmelitas em Lisboa. Foi condenado, juntamente ao frei Vicente Ferreira, e preso na Fortaleza da Ilha das Cobras, em 1765 ou 1766, pelo conde da Cunha por estar envolvido na extração ilegal de ouro nas cabeceiras do rio Macacu. Enviado para o cárcere do Convento do Carmo de Lisboa. Foi solto.
Domingos Leão/47 (vota em Inocêncio B.)	Brasil — Rio	31	Frade de honestos costumes e frequentador dos atos da comunidade. Porém, ignorante, marial e desmazelado, como mostrou na função de fazendeiro na fazenda carmelita de Iriry.
Elias Alvarenga/ 90 (vota em Bernardo V.)	Brasil — Minas Gerais	31	Conventual em Mogi, atualmente. Frade muito velho, esteve por longo tempo em Minas Gerais, dizem que fugido.
Félix Pereira/82 (sem definição do voto)	Brasil — Rio	32	Vive no lazareto da comunidade.
Francisco Almeida/ 81 (sem definição do voto)	Brasil — Rio	30	Vive separado do convento em um lazareto. Nesse isolamento diz missas apesar de ser proibido pela enorme morféia sobre o corpo.

(cont.)

Francisco Barros/109 (vota em Inocêncio B.)	Brasil — Rio	23	Prior do Convento de Santos. É um completo idiota e antes de ser alçado a prior era cozinheiro do Convento do Rio. Não sabe a doutrina cristã e muito menos as obrigações religiosas de sacerdote e de prelado.
Francisco Ribeiro/118 (vota em Bernardo V.)	Brasil — Espírito Santo	22	Atual superior no Espírito Santo. Muito marial, ignorante de suas obrigações. Conta-se que há sete anos mais ou menos ele em companhia de um irmão deram facadas em um clérigo que diziam tinha relação com uma irmã dos dois.
Francisco Santa Tereza/96 ???	Brasil — Rio	29	Há 22 anos partiu para Moçambique, como capelão da embarcação, com a intenção de não mais voltar. Consta que lá ficou muito rico e o chamam de Marata.
Gabriel Monte Carmelo/119 (vota em Inocêncio B.)	Brasil — Rio	??	Presidente atual do Hospício de Itu. Frade muito mal conceituado em toda a província por seus costumes relaxados e inépcia.
Inácio Amaral/107 (vota em Bernardo V.)	Brasil — São Paulo	25	Frade relaxado e ignorante de suas obrigações. Foi algum tempo capelão de uma aldeia de índios no Distrito de SP. No momento encontra-se na freguesia do alto da Serra de Viamão como pároco. Negociante de cavalos.
Inácio Nunes/91 (vota em Bernardo V.)	Brasil — Angra dos Reis	36	Relaxado, ignorante e frequentemente vive bêbado.

Jerônimo Vaz/60 (vota em Inocêncio B.)	Brasil — Rio	62	É um dos antigos carmelitas moradores em Campos dos Goytacazes, escandaloso e muito velho.
João Barbosa/120 ???	Brasil — Espírito Santo	29	Frade estouvado e relaxado. Foi presidente do Hospício de Itu e mostrou não ser tão ignorante como os demais.
João Monteiro/87 (vota em Bernardo V.)	Brasil — São Paulo	30	Marial e ignorante e tem sido um libertino. Se atreveu a correr cavalhadas na vila de Parati e andar a cavalo pelas ruas de São Paulo vestido em trajes eclesiásticos. Foi da paróquia de São José, perto de Jacareí.
João Pedro Santa Perpétua/76 (vota em Inocêncio B.)	Brasil — Minas Gerais	36	Frade muito indigno e fujão para Minas Gerais. Está atacado do mal de lázaro.
João Trindade/93 (vota em Inocêncio B.)	Brasil — Rio	30	Péssimo procedimento, escandaloso, infiel na administração dos bens da Ordem, ignorante ao ponto de ter-se dúvidas se sabe a doutrina cristã. Foi administrador da fazenda de Quissamã, em Campos dos Goytacazes.
Joaquim Júlio/140 (vota em Inocêncio B.)	Brasil — Rio	3	Professor de filosofia em São Paulo. De péssimos costumes.

(cont.)

José Anjos/65 ???	Portugal	60	Está há 30 anos em Lisboa e está velho.
José Barroso/ 103 (vota em Bernardo V.)	Brasil — Campos dos Goytacazes	22	Vive com escândalo há muitos anos em Campos dos Goytacazes, com o título de comissário dos Terceiros. Tem crassa ignorância.
José Braz Santa Ana/ 112 (vota em Inocêncio B.)	Brasil — Santos	21	Prior atual do Convento de Mogi. Frade indigno e que, em companhia do frei Lourenço Santa Tereza, para estarem com a mulata Emerenciana e sua mãe. Foi prior em Angra dos Reis, com grande dissolução, e transferido para a fazenda dos carmelitas chamada Sabaúna.
José Dias/64 (vota em Inocêncio B.)	Portugal — Ilhas	50	Relaxado, ignorante de suas obrigações e já velho.
José França/85 (vota em Bernardo V.)	Brasil — Santos	34	Irmão de frei Antônio França. Capelão de uma aldeia de índios, em São Paulo. Foi presidente do Hospício de Itu, depois foi para Angra dos Reis e destituído do cargo por sua ignorância. Além de inepto está doente.
José Pinheiro/ 86 (vota em Bernardo V.)	Brasil — Rio	30	É desconhecido na província carmelita porque vive há muitos anos na fazenda do Tamanduá, distrito de SP.

José Querubins/ 113 (vota em Inocêncio B.)	???	20		Prior atual de Angra dos Reis. Frade reconhecidamente louco e perverso de costumes.
José Santa Ana/ 89 (vota em Bernardo V.)	Brasil — Rio	39		Conventual em Mogi. Tem modestos costumes, mas é relaxado nas suas obrigações.
José Santa Catarina/ 25 (vota em Bernardo V.)	Brasil — Rio	42	Mestre de Púlpito	Ignorante e marialéssimo, ainda que modesto de costumes. Tem um sítio na Piedade, em fazenda dos carmelitas.
Lourenço Santa Ana/ 71 (vota em Bernardo V.)	Brasil — Rio	46		Vive em Santos, muito velho e doente. Foi sempre de pouco juízo e ignorante, estando pateta.
Lourenço Santa Tereza/72 (vota em Inocêncio B.)	Brasil — Santos	46		Vive em Mogi. Ignorante e relaxado. Foi certa vez à fazenda da Ordem, em companhia do prior José Braz de Santa Ana, para manterem relação com duas mulatas, mãe e filha.
Luiz Monteiro Santos/63 (vota em Bernardo V.)	Brasil — Santos	60		Modesto de costumes e de boa observação religiosa. Frade ignorante de suas obrigações. Foi prior em Santos.
Manuel Caetano Soares/84 (vota em Bernardo V.)	Brasil — São Paulo	37		Vive em São Paulo. Frade muito ignorante e marial, porém amigo do convento, onde vive com recolhimento.

(cont.)

Manuel Ribas/ 18 (vota em Bernardo V.)	Brasil — Santos	21	Mestre/ Dr.	Foi nomeado lente de teologia sem conhecimento suficiente para exercer a função. Muito trabalhador, tem estudado muito e melhorou.
Miguel Anjos Mexedo/88 (vota em Inocêncio B.)	Brasil — Santos	34		Mora no Convento de Santos. Frade de modestos costumes, mas de pouca instrução.
Pedro Santa Clara/73 (vota em Inocêncio B.)	Brasil — Rio	46		Relaxado e ignorante, viciado em bebida e todos os dias fica embriagado. Nunca foi punido por essa má conduta.
Plácido Mariano/ 69 (vota em Inocêncio B.)	Brasil — Rio	40		Relaxado e inepto, além de estar estuporado.
Torquato Teixeira/ 111 (vota em Inocêncio B.)	Brasil — Santos	22		Conventual em Santos. Frade ignorante, relaxado e que esteve muito tempo fora do convento, como capelão da Armação das Baleias de Tapacoroia, de onde saiu por suas intrigas.
Vicente Ferreira/ 121 ???	Brasil — Rio	23		Está morando no hospício dos carmelitas em Lisboa. Foi condenado, juntamente ao frei Custódio São Luiz, e preso na Fortaleza da Ilha das Cobras, em 1765 ou 1766, pelo conde da Cunha por envolvido na extração ilegal de ouro nas cabeceiras do rio Macacu. Enviado para o cárcere do Convento do Carmo de Lisboa. Foi solto.

RELAÇÃO DOS CARMELITAS CONDENADOS NA DEVASSA DE 1743*

Nome	Natural	Título/Cargo	Condenação	Observação
António Santa Bárbara	Rio de Janeiro		Com 5 meses comer pão e água em terra, uma vez por semana, com escapulário de línguas.	
Bento Leal	Rio de Janeiro		Participou do tumulto e reteve na prisão frei Francisco das Chagas, além de fechar as portas do Convento às Justiças, para que o provincial não fosse solto. Condenado em 20 dias de cárcere e no mais tempo em que andasse fugido. Inabilitado de Ordens por 8 anos com cercilho [tonsura] cortado. Condenado por 6 meses a comer pão e água em terra, 3 dias por semana, com escapulário de línguas. Por 6 meses se prostrasse na porta do refeitório para lhe passar a comunidade por cima. Por fim, deve levar uma disciplina.	*Fugiu*
Bernardo Magalhães	Rio de Janeiro		Participou do tumulto, tendo injuriado com palavras a frei Francisco das Chagas. Condenado em 20 dias de cárcere e no mais tempo em que andasse fugido e privado de voz e lugar para sempre. Exterminado para São Paulo por 6 anos e por 8 meses poria, em pública Mesa, "escapulário de línguas e mordaça, 3 dias na semana".	*Fugiu*

* AHU — Avulsos RJ: cx. 85, doc. 68. Tabela elaborada com base no documento e concluída em 12/5/2008.

(cont.)

Bernardo Vasconcelos	Espírito Santo		Extermínio para a vila de Santos	*Fugiu*
Caetano Santa Ana	Rio de Janeiro		Fugiu do Convento de Santos para juntar-se com os sublevados no Convento do Rio. Condenado em inabilitado para Ordens por 2 anos e pelo mesmo tempo degredado para Mogi. Foi solto da prisão que estava por ordem do provincial e condenado por 1 mês a comer pão e água em terra, 3 dias por semana.	
Cosme Velho de São José	Rio de Janeiro		Participou do tumulto e injuriou frei Francisco das Chagas "repugnando o perdão, que este lhe dava no ato da soltura". Condenado em inabilitação de Ordens por 10 anos com cercilho cortado, degredado para São Paulo pelo mesmo tempo. Por 4 meses comer pão e água em terra, uma vez por semana, com escapulário de línguas, e no fim disciplina.	
Damião Natividade Quintanilha	Rio de Janeiro	Mestre/Dr./ Definidor Geral	Extermínio para São Paulo	Teve pena leve de 3 meses de reclusão
Felipe Madre de Deus (FALECIDO)	Espírito Santo	Eleito após o golpe: presidente da província	Condenado em um ano de cárcere, privação de voz e lugar para sempre — degredado por 6 anos para a Ilha Grande (Angra dos Reis)	Um dos 13 líderes.

Francisco Cordeiro (FALECIDO)	Rio de Janeiro	Principal executor da prisão de frei Francisco das Chagas, mas como carcereiro tratou-o com respeito e pretendia soltá-lo, por isso foi preso pelos revoltosos. Condenado a um mês de prisão e a comer por 3 vezes pão e água em terra.
Francisco Jesus Maria	Rio de Janeiro	Fugiu de Angra dos Reis, para o Convento do Rio, assim que soube da prisão de frei Francisco das Chagas. Condenado em inabilitação de Ordens por 5 anos com cerciho cortado, degredado para São Paulo pelo mesmo tempo. Solto da prisão em que estava, foi condenado por 4 meses a comer pão e água em terra, 3 vezes por semana.
Francisco Matos	São Paulo	Extermínio para a vila de Mogi
Francisco Santa Ana	Rio de Janeiro	Foi convencido de fugir do Convento da Ilha Grande para o Convento do Rio logo que teve lugar a notícia da prisão de frei Francisco das Chagas e de resistir às Justiças. Condenado em privação de voz e lugar e degredo por 3 anos para São Paulo e por 3 meses comesse pão e água em terra, 3 dias por semana, com escapulário de línguas.
Francisco Santa Escolástica (FALECIDO)		Participou do tumulto e ameaçou quem não aderisse. Condenado em 3 anos de degredo para Santos, onde se achava preso à ordem do provincial e que logo se soltasse da prisão.

(cont.)

Francisco Santa Isabel	Rio de Janeiro		Atendeu ao toque de Campa dos sublevados e como mostrou que quando acudira já os mais traziam ao provincial preso, foi condenado em que por 15 dias nas segundas, quartas e sextas beijasse os pés à comunidade e fosse solto da prisão em que o tinha o provincial.
Francisco Santa Maria Quintanilha	Rio de Janeiro	Mestre/Dr./ Ex-provincial	Extermínio para a capitania do Espírito Santo
Francisco Santos	Minas Gerais		Condenado em 2 anos de degredo para Santos e lá 3 meses de reclusão. Por 3 meses comer, por 3 dias na semana, pão e água em terra.
Francisco Soares	Rio de Janeiro		Condenado em degredo para Santos, por dois anos.
Gonçalo Vilela	Rio de Janeiro		Além de participar com empenho do tumulto e, em alta voz, não aceitou o "perdão que o provincial dava, presente o ouvidor". Condenado em inabilitação de Ordens por 3 anos com cercilho cortado. Foi solto da prisão em que estava e condenado, por 6 dias, a comer pão e água em terra.
Inácio Cunha	Rio de Janeiro		Condenado em privação de voz e lugar e degredo por 2 anos para a Ilha Grande (Angra dos Reis) e por 6 meses cotidianamente capitularia no coro e por 2 meses pusesse em pública Mesa escapulário de línguas.

Inácio Santo Ângelo (FALECIDO)	Rio de Janeiro		Andou confabulando a prisão de frei Francisco das Chagas e o injuriou com palavras, sem, contudo, participar do ato da prisão. Condenado em degredo por 6 anos para a Ilha Grande (Angra dos Reis), onde já se encontrava, e privação de voz e lugar pelo tempo do extermínio. Por quatro meses e 3 dias na semana, poria "escapulário de línguas, em pública Mesa".	Um dos 13 líderes.
Jerônimo Santa Tereza (FALECIDO)	Rio de Janeiro		Fugiu de Angra dos Reis para o Convento do Rio logo que soube do tumulto, tendo injuriado com palavras a frei Francisco das Chagas. Condenado em inabilitação de Ordens por 5 anos e degredado para Angra dos Reis pelo mesmo tempo. Por 4 meses comer pão e água em terra, 3 vezes por semana. Solto da prisão havia 6 meses.	
João Santa Tereza Costa	Rio de Janeiro	Mestre/Dr.	Extermínio para a vila de Ilha Grande (Angra dos Reis)	
João São Francisco	Portuga		Participou do tumulto e deu depoimento que "contrariou as demais culpas". Achava-se preso no Convento de Mogi e foi condenado em degredo para o mesmo convento por 4 anos. Foi solto da prisão e condenado por 1 mês a comer pão e água em terra, 3 dias por semana.	
José António Santa Ana	Portuga — Ilhas	Mestre/Dr.	Extermínio para a vila de Itu.	

(cont.)

José Araújo	Rio de Janeiro		Participou ativamente do tumulto. "Porque se achava preso há 5 meses e degredado na Ilha Grande (Angra dos Reis), onde tinha feito várias penitências a ordem do provincial", foi condenado em inabilitação de Ordens por 1 ano, solto da prisão e por 1 mês e 3 dias em cada semana pusesse escapulário de línguas em pública Mesa.	
José Carvalho (FALECIDO)	Rio de Janeiro		Participou do tumulto, induziu outros frades e injuriou frei Francisco das Chagas e ao magistrado secular no ato da soltura. Condenado a 8 meses de cárcere e também em 8 meses a comer pão e água em terra, 3 dias por semana, com escapulário de línguas. Degredado por 6 anos em convento fora da cidade do Rio, onde se achasse.	
José Dias	Portugal — Ilhas	Prior atual no Espírito Santo, após a devassa	Condenado à revelia conforme as Constituições em 20 dias de cárcere e em todo o mais tempo que andasse foragido. Degredado depois que aparecesse em 8 anos para Santos. Por 6 meses se prostrasse na porta do refeitório para lhe passar a comunidade por cima, e por outros 6 meses a comer "com escapulário de línguas, 3 dias na semana", e à noite no tempo da refeição estaria com mordaça na boca, privação de voz e lugar pelo tempo de seu degredo. Finalmente nada cumpriu e se acha Prior atual no Espírito Santo, por ter sido perdoado por Indulto Apostólico.	Um dos 13 líderes. *Fugiu.* Foi *perdoado*.

José Jesus Maria	Ilha Grande (Angra dos Reis)		Foi preso e algemado. Condenado por 2 anos em degredo para Ilha Grande (Angra dos Reis) e inabilitado para Ordens por 6.
José Mendes (FALECIDO)	Rio de Janeiro		Andava fugido quando houve a rebelião e logo depois apareceu no Convento do Rio para fazer corpo com os sublevados, e votou para ser morto frei Francisco das Chagas. Condenado em degredo por 6 anos para São Paulo, onde se achava preso por ordem do provincial. Devia comer com "escapulário de línguas e mordaça, 3 dias na semana".
José Pereira de Santa Rosa (FALECIDO)	Rio de Janeiro	Deposto de prior do Convento do Rio	Foi da escolta que prendeu frei Francisco das Chagas. Condenado em um ano de cárcere, privação de voz e lugar para sempre — degredado por 8 anos para Santos. Para lá havia sido enviado após ser deposto de prior e considerado intruso na congregação imediata ao levante, por votos dos sublevados.	Um dos 13 líderes.
José Rodrigues (FALECIDO)	Rio de Janeiro		Proferiu injúrias e difamação contra frei Francisco das Chagas em sua presença. Ofereceu-se para participar da execução de frei Francisco das Chagas. Condenado em 1,5 ano de cárcere, privação de voz e lugar para sempre — degredado por 8 anos para Itu e em 3 meses a comer "com escapulário de línguas, 3 dias na semana, pão e água em terra".	Um dos 13 líderes.

(cont.)

José Santa Ana (FALECIDO)	Rio de Janeiro	Prior	Sabendo que o magistrado secular queria soltar frei Francisco das Chagas, planejou antes matá-lo. Condenado em 2 anos de cárcere, privação de voz e lugar para sempre — degredado por 8 anos para São Paulo.	Um dos 13 líderes.
José Santa Catarina	Rio de Janeiro		Participou com muito empenho do tumulto. Condenado em inabilitação de Ordens por 3 anos com cercilho cortado. Foi solto da prisão em que estava e condenado por 1 mês a comer pão e água em terra, 3 dias por semana.	
Lourenço Valadares (FALECIDO)	Minas Gerais		Condenado na inabilitação de Ordens por 8 anos com cercilho cortado, degredado para São Paulo também por 8 anos. Por 4 meses comer pão e água em terra, uma vez por semana, com escapulário de línguas, e no fim disciplina.	
Luiz Santo Antônio (FALECIDO)	Rio de Janeiro		Participou da confabulação para matarem o frei Francisco das Chagas depois de sua prisão. Quando a Justiça enviou tropa para soltar frei Francisco das Chagas, ele mandou fechar as portas do convento e armou os escravos para resistirem. Condenado à revelia em 20 dias de cárcere e no mais tempo em que andasse fugido, privado de voz ativa e passiva para sempre. Degredado para o Convento de Mogi por 8 anos e proibido de voltar para o Convento do Rio. Por 6 meses poria "escapulário de línguas, 3 dias na semana", depois se prostraria na porta do refeitório.	Um dos 13 líderes. *Fugiu.*

Manuel Fonseca (FALECIDO)	São Paulo	Ex-provincial	Condenado por sentença do provincial, enquanto não vinha do presidente geral providência, em reclusão a arbítrio do dito, a quem pedindo misericórdia, não teve depois mais processo, nem castigo.	Principal motor e cabeça dos 13 líderes. *Foi perdoado.*
Manuel José de Santa Ana	Minas Gerais		Incitou os frades a seguirem-no na sublevação. Condenado a 8 meses de cárcere e degredado para o Convento do Espírito Santo por 8 anos. Privado de voz e lugar para sempre e em 3 meses comeria por 3 dias na semana, pão e água em terra.	Um dos 13 líderes.
Manuel José de Santa Rosa	Minas Gerais		Participou do tumulto e injuriou frei Francisco das Chagas. Condenado em inabilitação de Ordens por 8 anos com cercilho cortado e degredado para São Paulo. Por 8 anos e por 2 meses uma disciplina cada semana.	
Manuel Tavares	Rio de Janeiro		Participou do tumulto e foi contrário à soltura do frei Francisco das Chagas. Condenado por 2 anos em degredo para Ilha Grande (Angra dos Reis) e inabilitado para Ordens por 6 anos e comesse por 5 meses pão e água em terra, 3 dias por semana, com escapulário de línguas.	

(cont.)

Manuel Vilela	Santos	Excitava os demais a matarem frei Francisco das Chagas e a resistir com armas à Justiça. Mandou fechar as portas do Convento para ninguém entrar a fim de soltar o frade preso. Condenado em 20 dias de cárcere e no mais tempo em que andasse fugido, privado de voz ativa e passiva para sempre. Exterminado para São Paulo por 10 anos e proibido de voltar para o Rio. Por 6 meses poria, em pública Mesa, "escapulário de línguas, 3 dias na semana", depois se prostraria na porta do refeitório.	Um dos 13 líderes. *Fugiu*.
Maurício Santa Úrsula (FALECIDO)	Rio de Janeiro	Estava no ato da prisão de frei Francisco das Chagas e o injuriou com palavras e resistiu contra o ouvidor e soldados quando vieram soltá-lo. Condenado em 20 dias de cárcere e no mais tempo em que andasse fugido. Inabilitado para Ordens por 10 anos. Com o cercilho cortado e por 6 meses, em 3 dias por semana, se prostraria na porta do refeitório e no tempo da Mesa poria escapulário de línguas. Por 6 meses comeria por 3 dias na semana, pão e água em terra e no fim levaria uma disciplina.	Um dos 13 líderes. *Fugiu*.
Máximo Lobo (FALECIDO)	Rio de Janeiro	Condenado em 4 anos de degredo para São Paulo, recluso 6 meses. Comerá 6 meses pão e água em terra, 3 vezes por semana.	

Pedro Vilela (FALECIDO)	Santos	Incitou os demais frades contra frei Francisco das Chagas, encaminhou requerimentos inflamados contra o eleito e prendeu quem se negava apoiá-lo em suas ações. Condenado em 2 anos de cárcere, privação de voz e lugar para sempre — degredado por 10 anos para Mogi. Proibido de voltar para o Convento do Rio e por 6 meses comer "com escapulário de línguas 3 dias na semana, em publica mesa, pão e água em terra".	Um dos 13 líderes.
Plácido Santa Rosa (FALECIDO)	Rio de Janeiro	Participou do tumulto e injuriou frei Francisco das Chagas na frente dos seculares. Condenado em 4 anos de degredo e também pelo mesmo tempo privado de voz e lugar. Plácido havia sido preso pelos sublevados por ter impedido que os mesmos pusessem a mão em mil cruzados da religião.	
Silvestre Nascentes (FALECIDO)	Rio de Janeiro	Requereu nos tribunais seculares a não soltura do frei Francisco das Chagas. Condenado em um ano de cárcere, privação de voz e lugar para sempre — degredado por 8 anos para Itu e por 3 meses comesse "com escapulário de línguas, 3 dias na semana, pão e água em terra".	Um dos 13 líderes.
Teodósio Santa Rosa	Rio de Janeiro	Por participar do tumulto foi condenado em 6 meses de reclusão em uma cela e degredado por 3 anos para a Ilha Grande (Angra dos Reis).	

Anexo 2
Parte 1 – Crônica 13 Reforma e expulsão dos jesuítas no Rio de Janeiro

RELAÇÃO SOBRE O DEPLORÁVEL ESTADO A QUE CHEGOU A COMPANHIA [DE JESUS] NESTA PROVÍNCIA DO BRASIL

A Companhia que Santo Inácio fundou para bem universal do mundo, instrumento da conversão dos infiéis, redução dos hereges e reforma dos católicos chegou a tanta decadência e estado tão deplorável neste Brasil que já hoje servia mais para destruir do que para edificar, mais corromper os povos do que para os ajudar, mais para escândalo do que para bem das almas. A torpe lassidão em que viviam os jesuítas, a monstruosa corrupção de costumes a que tinham chegado esses homens faziam no Brasil a essa família não só inútil, mas absolutamente perniciosa, abominável e merecedora de perpétua abolição para que a corrupção de tão grande e tão dilatado corpo não acabasse de envenenar sem remédio aos indivíduos destas conquistas. Essa verdade plena muito penetrou o padre José Geraldes, que entrou na Companhia já sacerdote e de madura idade. Esse padre, depois de estar em Lisboa nove anos por procurador-geral, veio a esta província feito provincial e depois de visitar os colégios de norte a sul, e ver com seus olhos e apalpar com a experiência a incorrigível devassidão e irremediável soltura dos jesuítas, disse-o publicamente que entrara na Companhia enganado, e que nunca supunha haver tanta diabrura em uma família religiosa, motivo por que renunciara ao provincialado. Mas como a consulta lhe não quisesse aceitar a renúncia, escreveu ao geral Inácio Visconte alegando que se não atrevia com a província. Aceitou o geral a renúncia e mandou patente ao padre João Honorato, tendo o dito Geraldes apenas um ano de provincial. Nada disso podem negar os jesuítas, porque com a renúncia se fez público neste Brasil o motivo dela. No mesmo conceito viviam alguns velhos timoratos, como o padre Antônio de Moraes, que contava mais de 80 anos, o qual, sendo agora reitor do Colégio da Bahia, andava gemendo pelos corredores e dizendo a todos — está perdida a província, a Companhia está muito amarela. Veja o padre Lourenço Ricci, que é o geral que agora existe; veja e reveja os papéis de seu antecessor Luís Centurioni e achará em umas cartas sérias e zelosas desta província estas palavras que assaz explicam o lastimoso estado desta Sociedade — *Oh Sr. Paternitas vestra Provinciam istam peragxare quantum hiret saper Mam! Super Ey providentiam, ve pax est, adhibere digne tur, ne Societas in Brasilea ad ultimum pallepa.*

Veja mais o traslado de uma carta do vigário-geral João Antônio Thimozi escrita a esta província haverá quatro anos, na qual descreve e lamenta o estado deplorado desta província. Não a podem negar, porque se mandou ler publicamente essa carta em todos os colégios e se achavam certamente traslados nos papéis que pelos colégios se confiscaram, se não tiveram a costumada providência de os queimar.

Mas para falar com mais individuação e mais facilmente apontar fatos inegáveis irei correndo os colégios, com suas fazendas e aldeias respectivas, e apontarei só o que chegou à minha notícia, que posso jurar ser a mínima parte do que neste Brasil obraram os jesuítas.

ANEXO 2

Vice-Reitorado de Paranaguá

Esse colégio era uma pequena residência de dois ou três sujeitos e haverá seis anos que se fez o colégio e passou a ser vice-reitorado. O primeiro vice-reitor que para lá mandaram foi o padre Manuel Martins, homem tão depravado em costumes que no tempo do seu superiorado mandou dar muita pancada em vários sujeitos por despiques de seus ciúmes; e abaixo individuarei o que aqui não individuo. A esse colégio pertencente a Fazenda do Pitangui, para onde mandaram o padre Antônio Correa, moço relaxadíssimo, sem companheiro nem sacerdote com quem pudesse confessar naquele lugar, que distava dez ou 12 dias de viagem pelo sertão dentro e donde viveu com escândalo dos que por ali passaram.

A esse colégio pertencia o padre Caetano Dias, insigne negociante que saía à missão para extrair gados e calarias com escândalo dos povos. Disso é testemunha toda Santa Catarina, Rio Grande, Curitiba etc. A esse mesmo acusou o ouvidor de Paranaguá, escrevendo ao padre João Honorato, que era o provincial nesse tempo, para que soubesse que esse padre era extraviador de muito ouro por quintar, requerendo ao mesmo tempo que dele daria conta a El-Rei, quando o procurasse, porque lhe segurava, que dava parte a Sua Majestade do detrimento que o dito padre causava à Real Fazenda do mesmo Senhor. E que sucedeu? Castigou-se esse padre? Nada menos, antes o mandaram vir para o Colégio do Rio de Janeiro e o fizeram logo superior da melhor aldeia. Esse caso, cuido que não foi a presença de Sua Majestade, porque o padre Francisco de Almeida, que nessa ocasião veio ao Rio por visitador, se jactou em um repouso público no Colégio de Olinda que iludira ao tal ministro e com suas gírias atabafara tudo. O ministro me parece foi o que proximamente acabou o seu lugar em Paranaguá, porque isso sucedeu haverá três para quatro anos.

Residência da Colônia [do Sacramento]

Essa residência, por estar vizinha aos espanhóis, foi sempre residência de negócio. Nela foi superior o celebérrimo padre João Crisóstomo, de quem dão ainda hoje os castelhanos e colonienses miúda notícia e referem pontualmente as suas negociações. Da Colônia veio com grosso cabedal e posto no Colégio da Bahia e conservou até a morte as suas negociações, sendo correspondente de mercadores da Colônia, que lhe remetia navios carregados à sua disposição e ele, à vista de toda a Bahia, dava as providências necessárias para se descarregar, dar saída aos gêneros e carregar fazendas os navios.

Teve também esse padre na Colônia uma filha mulata, a qual, estando ele já na Bahia, mandou buscar para casar com um mulato rico chamado João da Silva, dizendo que era filha de um fidalgo castelhano. Enganado o mulato, intentou conseguir foro casando, mas sucedeu-lhe mal, porque vindo a informar pelo chanceler passado R. da Cunha, este declarou que João da Silva era um mulato casado com outra mulata, da qual diziam ser filha de um padre da Companhia. Tudo isso é vulgar na cidade da Bahia, onde é bem conhecida a mulata Paula e todos lhe dão por pai ao dito padre.

Nessa residência esteve o padre André da Cunha, cuja vida relaxada se fez notória a todos com o filho que teve de uma negra. Nessa mesma casa viveu muitos anos o padre Galvão e era o superior no tempo que de lá foram avocados os jesuítas. Teve grosso negócio em courama e outros gêneros com os castelhanos, sendo por isso mais conhecido o seu nome por Buenos Aires, onde estava maior, e em todo o Paraguai, que os mesmos governadores da praça. É tanto verdade o que digo que pelos muitos negócios o chamavam vulgarmente — o mundo e o fundo — e até os mesmos jesuítas assim o chamavam.

ANEXO 2

Colégio de São Paulo

O padre José de Moura, sendo reitor desse colégio, negociou para as Minas de Goiás e ainda hoje se lembram os paulistas de uma carregação que mandou e toda se lhe perdeu e todos atribuíram a castigo de Deus. Esse mesmo dentro do colégio cortava carne e vendia, como em taberna os efeitos das fazendas; e esse estilo era vulgar em toda a província. Conheci nesse colégio mestres dissolutíssimos com rapazes seus discípulos, como o padre Manuel dos Santos com o estudante Antônio José, hoje clérigo; o padre Inácio Ribeiro com o músico Inacinho; Pedro de Vasconcelos com João Xavier; Pedro Barreiros com Joaquim Veloso, os quais todos estão vivos e a cidade bem lembrada dos escândalos, que em nenhum tempo poderão negar, pois por ciúmes tiveram fortes bulhas e horríveis intrigas, principalmente o padre Manuel dos Santos com o franciscano frei Manuel de São Boaventura; e o padre Pedro Barreiros com o corista Vico de Madureira, que chegou ao excesso de lhe sujar a cadeira com excremento humano em despique dos seus ciúmes, fato que se vulgarizou porque o padre Belchior Mendes, que então era reitor, mandou fechar a aula por algum tempo em sinal de sentimento. Ora, neguem-me esses fatos.

Nesse mesmo colégio vivia o padre Francisco Tavares, muitos anos havia concubinado com um estudante chamado Manuel de Gusmão, por cujo respeito teve notáveis discussões com externos e internos. Da mesma sorte o padre Francisco Bernardes com o estudante Izidoro; e o padre João Veloso com os filhos de Alexandre Monteiro e o leigo José Freire com vários ao mesmo tempo.

Ali também assistia o padre Manuel Martins, que viveu escandalosamente com a mulata chamada Maria Putice. Não é necessária outra testemunha mais que a mesma cidade de São Paulo. Na fazenda chamada a Capela era superior o padre Bento Nogueira, o qual tanto escandalizou a vizinhança que o moeram com um pau e escreveram ao reitor do Colégio Vitoriano da Cunha que mandasse retirar logo se não queria que lho mandassem feito em postas.

É e será sempre memorável nesta cidade o horroroso levante dos paulistas sendo governador o conde de Salzedas e ouvidor João Rodrigues Campelo, a quem custou incrível trabalho e desassossego para poder sossegar o tumulto dos paulistas que obrigaram ao Senado da Câmara a fugir para São Francisco, onde estiveram todos refugiados quase um ano. Seja perguntado ao ministro, que parece estar na Relação do Porto, e dirá certamente que o motor de tudo fora o padre Francisco de Toledo residente naquele colégio, o mesmo ministro se foi queixar dele ao reitor e o castigo que teve foi ser mandado para uma aldeia da invocação de São José.

Colégio de Santos

Três anos haverá que nesse colégio foi reitor o padre Manuel Martins, de quem já falei. Mandou ir para essa vila a mesma Maria Putice, com quem tratava em São Paulo, e pondo-lhe casas e fazendo-lhe grossa assistência, continuou na mesma desenvoltura. Era notório na vila e no colégio que, violando o sagrado da religiosa clausura, introduzia a ocasião do seu pecado no seu cubículo repetidas vezes. Chegou a esse colégio por visitador o padre Cristóvão Cordeiro, a quem seus súditos delataram tudo o que sabiam. E o que se seguiu? Foram mandados os acusadores o padre Inácio Antunes para o Colégio do Rio, o padre José do Vale para São Paulo e o leigo Miguel João para despenseiro da Fragata. Nada disso podem negar porque tudo é tão moderno que ainda não há quatro anos que isso sucedeu e o testemunham o padre Caetano Coelho e Miguel João, então residentes naquele colégio, e hoje nesta cidade, os quais acrescentam mais, e era público na província que, não contente esse Monstro da Lascívia com o que fazia no colégio e na vila, ia frequentemente à fazenda do colégio chamada Piacaguera para se dar mais livremente a Vênus, servindo-lhe sempre de companheiro o padre Vito Mariano, amigo, que lhe capeava as suas dissoluções. De tudo isso o acusarão seus súditos, mas ele também os delatou de que de noite saíam atrás das mancebas.

Nesse mesmo colégio sendo reitor o padre Vito Antônio. Saía de noite o irmão Manuel Pires, o qual, para não ser conhecido, tirava da imagem do Senhor dos Passos a cabeleira e com ela saía disfarçado. O mesmo reitor, ciente disso, o remeteu ao Colégio do Rio, onde o padre José Mascarenhas o defendeu; mas confessava que contra toda a verdade o defendera. O padre Pimentel sendo reitor andava frequentemente bêbado e tanto que, chegando do Rio em uma ocasião o provimento para o colégio, o mandou botar ao mar. Por essas faltas e outras, o padre José de Mendonça, vindo visitador, o depôs; mas nunca mais fizeram caso do dito padre Mendonça, que assim pagava essa província aos que costumavam fazer a sua obrigação.

Santa Catarina

Foi mandado para fundar ali casa o padre Francisco de Faria, fundou e passou ao Rio Grande, onde assistiu muito tempo em casa do governador Osório. Do que por lá fez deu parte o provedor, que ainda lá existe, ao conde governador Gomes Freire, sendo uma das suas boas obras um filho que publicamente se lhe imputava. O mesmo conde, que tinha concorrido para sua ida, requereu a sua volta ao reitor Roberto de Campos.

Colégio do Rio

Nesse colégio o padre Antônio Teixeira viveu muitos anos amigado com uma parda chamada Inácia, a qual introduzia de noite a correr o colégio, depois à porta do mesmo reverendo Simão Marques cometia o seu pecado. Por uma vez, oito dias inteiros a teve no cubículo e, pouco satisfeito, saía muitas vezes de noite a fartar com outras o seu apetite. Chegou a tanto o seu desaforo que, acompanhado do padre Tobias e do leigo Torres, pintaram a porta do reverendo com excremento humano. Esse leigo também recolhia a sua quase todas as noites e como, por ser refeitoreiro, tinha a chave do refeitório, para lá a levava; era crioula forra chamada Bárbara e vizinha do colégio.

Imagine [quantos] ladrões havia nesse colégio, o padre Miguel Carlos entrou furtivamente no cubículo do reitor por uma janela e lhe furtou quinhentos mil-réis [500$000]. O padre N. Alves roubou em uma noite ao prefeito da igreja grossa quantia. Bem sei que foram despedidos. Mas que se fez ao padre Luiz de Albuquerque, que em 24 anos em que foi procurador de causas tantas terras furtou para a religião? Era vulgar entre os mesmos jesuítas que nunca perdera demanda alguma, porque se via alguma malparada furtava os autos custasse o que custasse. Assim o fez com a célebre demanda das Capivaras do Colégio da Bahia, que, estando-se já concluídas contra o colégio, peitou [corrompeu] a uma escrava do escrivão e por esse meio houve às mãos os autos, e ainda hoje os conservava em seu poder e sem o menor reparo os mostrava. Eu os vi e os viram muitos dos egressos, como o padre Estêvão de Souza, o padre Pedro Barreiros etc.

O mesmo fez em uma bem-renhida demanda dos religiosos de São Bento, os quais se queixaram ao geral da Companhia, que mandou restituir os tais papéis furtados com riso desta cidade.

ANEXO 2

Esse mesmo foi com um certo ministro a medição das terras dos goitacases e aqueles moradores ainda hoje se queixam dele. Não sei o que por lá fez, só sei que por essa medição deram ao ministro quinze mil cruzados [seis contos de réis] e, certamente, se não esportolariam dessa sorte se o Ministro não fizesse a vontade ao dito procurador, que o acompanhava. Sei que por lá o queriam matar e a companhia do ministro o livrou. O padre Silvério Pinheiro também foi procurador de causas e fez belas coisas; porque pedia confidência aos escrivães e tabeliães, escrituras, doação e testamento e os adulterava, pondo e tirando folhas, acrescentando e diminuindo o que lhe parecia. Para isso conservava no colégio refugiado um insigne tratante, que fingia perigrinamente [sic] qualquer letra e até as tintas. Mandou fazer muitas marcas e com esse mesmo homem os foi furtivamente meter por onde lhe pareceu para ampliar as fazendas. Tudo isso contava o mesmo homem que se chamava N. de Almeida, e o caixeiro do colégio, que então era Domingos Alves, de tudo é sabedor.

No Engenho Novo desse colégio foram superiores os padres João Duarte e Joaquim de Moraes, homens de mau viver, de quem se diz tem filhos nessa fazenda, como testifica o provedor da Fazenda Real Francisco Cordovil de Menezes,[77] que tem sua fazenda ao pé desse engenho. No Engenho Velho[78] modernamente foi superior o padre Luís Cardoso, homem o mais prostituto, que jamais se viu. Poucas escravas lhe escaparam e muitas vezes à força de castigo sujeitava aquelas miseráveis vítimas a sua carnalidade e era tão torpe que as castigava ou mandava castigar à sua vista para as ver descompostas. A uma mulata chamada Cecília, depois de andar solicitando largo tempo, vendo que lhe resistia, em um dia

---

[77] Equívoco. É Francisco Cordovil Siqueira e Mello.
[78] Atual bairro da Tijuca.

da Conceição a apanhou em casa e depois de grande luta, vendo que a não podia forçar a seu gosto, saciou o seu apetite como pôde e tão torpe e brutalmente que não cabe na minha pena. O caso foi público em toda a fazenda, não só pelos clamores da mulata, mas porque da sorte que ficou saiu e se foi meter em um rio, para se lavar dos imundos vestígios da torpeza. A fazenda toda é testemunha, o próprio marido chamado Laureano, hoje assistente nesta cidade, oficial de ferreiro e forro. Também é boa testemunha o padre Teodósio Pereira, sacerdote egresso.

A Quinta de São Cristóvão tem sido uma Sodoma; principalmente nos tempos que leram filosofia os padres Manuel de Araújo, Manuel Cardim e Francisco de Faria, cujos discípulos, sem temor de Deus, nem vergonha dos homens, pelas cercas, valados e matas, gastavam o dia todo com as escravas e outras mulheres, que para esse intento faziam ir da cidade; assinalando-se entre todos os padres João Veloso, Antônio dos Reis, Manuel Álvares, Manuel do Rego e João das Neves. O padre João Caetano agora de próximo teve um filho nessa fazenda da mulher do mulato Francisco Ferrão, para cuja alforria deixou dinheiro quando com os demais se embarcou para Portugal. Se forem perguntados aos escravos dirão isso e muito mais.

Na Fazenda de Macaé foi superior o padre José dos Reis, de quem se contam coisas horrorosas. Tratou com escândalo com uma mulher branca sua comadre. Os escravos e escravas que falavam dele eram castigados barbaramente mandando ir alguns à igreja com freios na boca e a algumas mandando-lhes esfregar à boca pimentas e com o mesmo molho as partes inferiores. Foi visitar essa fazenda o padre Cristóvão Cordeiro e por empenhos absolveu de culpa e pena ao tal superior. Mas o seu mesmo companheiro José Freire, voluntário egresso da Companhia, que se acha em Pernambuco, confessa desse padre ainda piores coisas e o confirma a vizinhança.

ANEXO 2

Em Campos Novos [hoje distrito de Tamoios, pertencente a Cabo Frio] era superior o padre Manuel de Andrade, o qual, além de outras desenvolturas, tratava mal uma parda mulher do ferreiro N. de Mello; porque solicitada muitas vezes, nunca quis consentir. Não o poderá negar, porque além da mulata e marido tem nesta cidade duas testemunhas verídicas, que são o padre Teodózio Pereira e o ferreiro Laureano, de quem a dita parda é madrasta.

Na Fazenda dos Goytacazes há mais de trinta anos que era superior o padre Miguel Lopes, régulo naquelas partes. Desse padre é atribuída uma morte como ainda hoje firmemente supõem naquela capitania. São conhecidos vários filhos que teve de uma escrava, com quem vivia amancebado largos anos. Das mais insolências fará fiel relação aquele povo, se for perguntado.

Da Fazenda de Santa Cruz era superior, também há muitos anos, o padre Pedro Fernandes, homem tão absoluto que passando pela fazenda os soldados que vinham ao Registro, depois de os descompor e ultrajar, lhe mandou violentamente tomar as armas e certamente sairia em maiores destemperos se o padre Francisco Ferreira não saísse a acomodar tudo. O ferreiro Laureano, que lá se achava, presenciou tudo, e a fazenda toda. Foi acusado a Roma várias vezes; mas como dava muito dinheiro, tudo se sanava, até que estando o ano passado em sua companhia o padre Francisco Cordeiro e vendo a crueldade com que castigava a um escravo, que se queixava por lhe ter deflorado e emprenhado uma filha, e o excesso com que o buscou depois de fugido e chegando a ir em traje de secular atrás dele com o capitão do mato, deu parte de tudo a Roma, e como estava já a Companhia portuguesa perturbada e a ponto de estourar, por medo mandou o geral apressadamente tirá-lo do superiorado. Assim se fez nas vésperas do bloqueio desse colégio, e estando fazendo entrega da fazenda ao padre Francisco Manuel, chegou o ministro a buscá-lo e tomar entrega da fazenda.

Todos os jesuítas sabem que falo a verdade e o mesmo geral em cuja mão há de estar uma carta do padre Francisco Cordeiro feita poucos meses antes do bloqueio e remetida por um franciscano, e nela lerá miudamente o que eu refiro só em sustância e outras muitas coisas que eu não aponto. Nela lerá as justíssimas queixas que faz esse padre de que o padre Francisco de Almeida, sendo tantas vezes visitador daquela fazenda, por justas copiasse tantos escândalos do padre Pedro Fernandes.

Ao pé dessa fazenda ficava a Aldeia de Itaguaí, onde foi superior o padre Manuel de Araújo, que sendo velho era depravadíssimo, pois maltratava aquelas raparigas que se lhe não queria sujeitar. Diga a Bárbara, a quem muitas vezes castigou por essa causa, até que desesperada fugiu da aldeia com seus parentes. São testemunhas disso toda a aldeia e seu próprio companheiro, o padre Manuel de Oliveira, que tudo presenciou e se acha nesta cidade voluntário egresso. Seguiu-se depois dele no superiorado da mesma Aldeia de Itaguaí o padre José Xavier, monstro de lascívia cujos escândalos, torpeza e desenvolturas com as índias, principalmente com a mameluca Germância, são públicos e não há militar que não saiba, por ser essa aldeia o caminho ordinário do destacamento que, a cada seis meses, vai desta praça para o Registro. Na Corte se acha o padre Gonçalo Alexandrino, que foi seu companheiro nessa aldeia, o qual, condoído do que via, escreveu um papel em que desse superior apontava coisas horrorosas e o entregou ao provincial João Honorato. E que caso fez o provincial? Tudo se tapeou, tudo se sanou, e o castigo que lhe deu foi mandá-lo continuar mais um ano por superior na mesma aldeia e no seguinte mandá-lo por visitador a Pernambuco, de donde em outro tempo tinha sido removido por mil escândalos, e fazê-lo logo vice-reitor do Colégio e Seminário da Paraíba, tudo por duzentos ou trezentos mil-réis que deu ao tal provincial João

ANEXO 2

Honorato, como pode dizer o padre Gonçalo Alexandrino, que é um dos professores que ficaram na Corte.

Nas aldeias de São Barnabé, São Lourenço e Cabo Frio, da mesma sorte procederam sempre quase todos os superiores e em todas elas se apontam filhos, defloramentos, mancebias etc., o que não individuo mais por saber só em geral. De São Lourenço sei que modernamente esteve por superior o padre Manuel de Araújo, o que por puros ciúmes falsamente acusou a seu companheiro o teólogo Francisco de Salis, que por isso padeceu muito todo o tempo do provincialado do padre João Honorato.

Da Aldeia de São Barnabé paravam na mão do padre procurador Antônio Leão, neste Colégio do Rio, quatro mil cruzados pertencentes aos índios, os quais arrecadou o padre João Honorato, provincial o mais ambicioso que eu conheci. Não o pode negar, porque tudo andou em papéis públicos pelos tribunais nesta cidade.

Nessa mesma ocasião em que esses papéis corriam, tratavam de mostrar-se libertos vários mulatos do colégio, entre os quais era o mulatinho Miguel, que tinha no colégio servido de amásio a muitos jesuítas, e como se achava livre deles, referia por casa dos ministros incríveis torpezas que com ele obravam os padres, mil brigas, ódios etc. entre uns e outros por seu respeito. E não é isso coisa nova, porque não só escandalizavam ao mundo com estudantinhos pelos pátios, sacristias, coros, portarias, cubículos etc., mas causava horror o que faziam com os próprios escravos. Digam as porquíssimas bulhas do padre Albuquerque, velho de mais de 70 anos, com o padre José Caetano por causa do mulato Lourenço; as do padre José Caetano com o padre João da Rocha; as do padre Alexandre dos Reis com o padre José de Paiva, aqueles pelo mulato José Ferreira, esses pelo mulato Francisco Ferraz etc.

Dessa sorte criados, como podiam ser úteis para a salvação das almas e edificação do próximo. Como? Eu o digo, veio dom

Antônio Rolim de Moura para governador de Cuiabá e Mato Grosso, com ordem de levar consigo a dois jesuítas para missionários, para esse fim, depois de acusarem os padres Lima e Vale, se ofereceram os padres Estêvão de Castro e Agostinho Lourenço. Do padre Estêvão de Castro escreveu logo o padre José Xavier a Roma, que se oferecera — *Non animarum zelo ductas se de corpi irretitus ambitione*. Foram em companhia daquele governador e contudo fizeram de gastos a Fazenda Real perto de cinco mil cruzados. E que bem fizeram lá postos? Viveram sempre escandalosamente inimizados e o padre Estêvão se embaraçou com capitações etc. sobre as quais causas não me quero deter mais, porque suponho a Sua Majestade ciente pela acusação que dele fizeram os povos daquelas minas.

Missões de Goiás[79]

Para as Minas de Goiás foram mandados os padres Francisco Tavares, José Batista, José de Matos e Bento Soares. Este ficou em companhia do conde dos Arcos, governador, e só se ocupou nos interesses da sua casa. Fizeram de gastos à Fazenda Real mais de 17 contos e com que utilidade? Entraram por Vila Boa, que é a capital e residência de governadores, com cavalos adestro, cães de caça etc. Ofereceu-lhes o conde governador a sua casa e não quiseram aceitar, para estarem à sua vontade em uma casa particular como estudantes de Coimbra tocando, cantando e esturdiando com escândalo da povoação. Foram para a Natividade e o padre Francisco Tavares com o padre José Vieira ardiam na aldeia em tal ódio um contra o outro que estando o padre Tavares já para expirar, custou muito para se congraciar com o padre José Vieira. Houve nessa

---

[79] No documento o trecho está sem título, colocado pelo autor para clareza da exposição.

ANEXO 2

Aldeia da Natividade um levante em que morreu muita gente e o padre José Batista, em uma carta escrita ao conde de São Miguel, atribui o levante e estrago da Aldeia da Natividade ao padre José Vieira, então superior, e lhe chama — perfídia jesuítica. O certo é que ele saiu culpado na devassa. Sobre os gastos que esses chamados missionários fizeram à Fazenda Real e dos escândalos que deram, principalmente o célebre padre José de Matos, largamente o poderá dizer o conde dos Arcos, dom Marcos, que se acha na Corte e era governador naquelas Minas e refere imensas coisas desses bons padres missionários.

Colégio da Capitania do Espírito Santo

Nesse colégio foi reitor sete anos o padre Manuel de Magalhães, homem torpíssimo. Todo o tempo do reitorado viveu concubinado na vila e nas fazendas de Itapoca e Araçatiba. Muitas vezes teve em seu cubículo oito e mais dias a concubina. Teve dois filhos, um conheço eu, que se chama Manuel, e vulgarmente Manduzinho barbeiro, mulato e escravo do mesmo colégio. O padre André Vitoriano assistiu nesse colégio e deixou a vila duas filhas gêmeas havidas em uma mulata chamada Maria Nunes, escrava de Manuel Correia, vizinho do mesmo colégio. Naquela vila ninguém duvida disso e era fama constante que ele e um mestre de gramática chamado Manuel Moreira saíam de noite fora. Esse mestre foi achado alta noite com o estudante João Pires no cubículo ou na própria cama. Também é coisa pública. Diga o padre Francisco as horríveis brigas que presenciou nesse colégio, sendo estudante, entre os padres Tomás de Campos e Antônio Xavier, mestre de gramática por respeito do estudante João Ribeiro, amásio do mestre, e com tanto excesso que estiveram a ponto de matar-se.

A esse colégio pertencem as aldeias de Rerityba e Reis Magos. Sendo superior de Rerityba o padre Nicolau Rodrigues foi o celebérrimo levante dos índios pelas desenvolturas do menorista Manuel Alves, que levara a escala a aldeia toda, não lhe escapando índia alguma moça e jeitosa. Nesse levante tão célebre algumas mortes houve e indo devassar o ouvidor da capitania N. de Veras, achou coisas horrorosas, como mancebias, defloramentos, forçamentos etc. Essa devassa foi remetida ao conde das Galveias, vice-rei da Bahia, o qual por empenho a sufocou e havendo depois quem a fizesse ir a Corte, o padre José Moreira a engolia, e outros dizem que o padre Carbini a consumira. Nessa aldeia foi também superior o padre Joaquim de Moraes, o qual acusou ao provincial João Honorato que seu companheiro Pascoal Bernardino deflorara a uma índia, emprenhara, e que, nascida a criatura, a batizara, matara e enterrara.

Na Aldeia de Reis Magos sendo superior o padre José Batista teve grandes dissabores com os padres Caetano Mendes e André Vitoriano por causa da sua concubina e com esse segundo chegou o negócio a força de braço. Também foi superior Manuel Pestana, o qual viveu também publicamente amancebado com uma índia, andava quase sempre bêbado e, por isso, sem a menor cautela à vista de qualquer hóspede a recolhia e como bêbado fazia perceber em toda a casa o que ia por dentro. Isso que tenho dito é público e notório naquela aldeia.

Colégio da Bahia

Nesse colégio foi reitor o padre Antônio de Guizenrode, o qual viveu com notável escândalo todo tempo do seu reitorado. Tinha dois recoletos no recolhimento, um chamado Francisco de Seixas e outro Luís Álvares, pelos quais fazia incríveis excessos indo alta

ANEXO 2

noite descalço e com chave falsa ao recolhimento a ter com eles, até que o padre Antônio Moreira, que andava no mesmo fadário, lhe fez uma horrível sátira, por cujo motivo o teve preso, muito tempo, em grilhões e corrente e ultimamente o despediu. Que excessos não fez o padre André Vitoriano pelo recoleto José Mariano, o padre Manuel dos Santos por João Xavier, o padre Antônio Maria Escoti por José do Vale, o padre José Dario por Manuel do Vale etc. Em uma palavra, a casa do recoletado do Colégio da Bahia mais parecia um lupanar de mulheres perdidas do que casa onde se criavam religiosos.

Pouco tempo há que saíam fora repetidas noites dois cursistas Manuel do Lago e Antônio de Magalhães e ao mesmo tempo o padre João de Lima e os teólogos Luís de Figueiredo e Martinho Ferreira, e quando não saíam recolhiam as mancebas em seus cubículos. O teólogo Luís de Figueiredo saía vestido de marinheiro e ia beber em tabernas, armar pendências e encontrar-se de propósito com as rondas para brigar, enfim fazia coisas incríveis. Público era tudo isso na cidade, até que o conde das Galveias, vice-rei, lastimado de tantos escândalos, deu parte ao provincial Simão Marques, para que despedisse aqueles cinco missionários noturnos.

O padre Agostinho de Matos introduzia todas as vezes que queria no seu cubículo uma mulata, vestindo-lhe uma roupeta. Enfastiado finalmente ele mesmo foi se acusar ao provincial para que o despedisse. O padre Loyola também introduzia outra em traje de homem todas as noites. O padre Macedo teve na cidade vários filhos de uma mulata, o padre Escoti vestia e sustentava uma célebre Calo e quando queria se divertir com ela ia e a mandava ir para umas casas em Nazareth, que para esse efeito tinha de mão posta, e assim mesmo faziam outros. Os padres Estêvão de Souza e Antônio dos Reis frequentavam com grandes notas a casa de uma mulher-dama chamada Francisca, que morava na Rua de São

Bento. Os padres José de Paiva e João Ribeiro tudo topavam, o padre João Ribeiro tinha conhecido trato com a mulata do capitão Miséria, com a célebre mulher-dama Cláudia e com outras muitas, sem que jamais se envergonhasse de entrar em semelhantes casas à vista de todos. A prostituição dos mestres com seus discípulos era tão grande e notória que me atrevo a dizer que poucos foram os mestres daqueles pátios que não tivessem declaradamente seus amásios. Tudo isso, que tenho dito, é trivial na Bahia, principalmente entre os alunos daqueles pátios.

Para sustentar essas torpezas faziam-se no colégio vários furtos, chegando-se de noite ao de meter para roubar o cubículo do padre José da Cunha, prefeito da igreja, o cubículo do padre Antônio Nunes, procurador dos presos, e o do mesmo reitor Thomas Lynce. Do padre Luís de Figueiredo se dizia que até as velas dos altares furtava. O padre Serafim, para um mulatete chamado Mando Diabo, furtou vários dinheiros pertencentes ao noviciado, contraiu várias dívidas para nunca pagar e finalmente chegou à miséria de furtar até colchões do noviciado; mas como furtava em casa, trataram logo de o despedir.

O padre Escoti tinha publicamente uma famosa loja de toda casta de fazenda da Índia, mas sei que os padres da Índia se queixaram ao padre Simão Marques, provincial de que o dito padre não dava conta das remessas, e como daria conta, se tudo era pouco, para seus excessivos gastos. Tudo consumia com mulheres, rapazes, recoletos, que por isso também não deu conta de bastantes mil cruzados, que em sua mão pareciam do marquês de Lavradio, da côngrua do bispo do Maranhão, da legítima do padre João de Almeida etc.

Na quinta, tinha dias e dias um N. da Silva consigo, uma mulata, e deixando o muito que ofendiam a Deus no caminho, para onde mandavam ir à espera, umas vezes escravas da mesma quinta, outras mais mulheres da cidade, só a ponto do padre Antônio Pereira, que, sendo modernamente superior da mesma quinta, teve uma filha da mulher do mulato Marcos, conhecida e reconhecida por tal.

O engenho chamado do Conde, pertencente aos padres de Portugal, e de lá lhe mandavam os fazendeiros, teve um fazendeiro chamado Luís Veloso que amotinou a fazenda instigando aos escravos para que a poder de armas fossem tirar um preso das mãos de uns soldados; assim o fizeram com morte de um alferes. Por essa causa foi avocado a Portugal e em seu lugar veio o padre Luís da Rocha, que foi régulo e o mais insolente indivíduo que jamais viu a vila de Santo Amaro da Purificação. Trazia quase todos os ministros comprados a dinheiro e a vizinhança intimidada com pancadas. Foi também avocado e veio em seu lugar o padre Manuel Carrilho, insigne tratante e conhecido trapaceiro. Sabe toda a vila de Santo Amaro vizinha e a fazenda toda de sua vida escandalosa, andava mal encaminhado com as escravas Luzia, Narcisa e Juliana; a essa e outras muitas deflorou. Subordinado a ele estava no engenho vizinho da Pitinga o padre João Ferreira, com quem teve grandes dissensões, acusando-se mutuamente de horríveis torpezas. Esse padre João Ferreira teve um filho, que fingiu morto e fez-lhe enterro fantástico para ocultar o seu delito; mas como o padre Carrilho andava-lhe nos alcances, soube de tudo e acusando-o a Lisboa, prevaleceu por ter melhores patronos, e foi avocado o dito João Ferreira, mas antes de partir o moeu com um pau publicamente.

No Engenho dos Ilhéus, também dos padres de Portugal, foi superior o padre Antônio Fernandes, que casou dolosamente a um irmão seu com uma mulher a quem tinha deflorado, mas o irmão, conhecida a boa obra do padre Fernandes, a repudiou com escândalo da vila. Cortou um braço a um negro por ciúmes e consentiu que os escravos matassem tiranamente a um, que diziam ser feiticeiro. Por todos esses crimes o fizeram ir para Portugal, por cuja retirada se fizeram mais publicamente os seus absurdos. Tudo isso testemunha nesta cidade o padre Teodósio Pereira, que com ele esteve, e eu o vi embarcar para Portugal avocado por esses insultos, a fim de se botar cinza nos olhos do mundo.

Na Residência dos Ilhéus foi superior o padre Manuel de Magalhães, o qual descaradamente se concubinou com uma célebre mulata chamada Caetaninha. Testemunhas são além de toda a vila os padres Teodósio Pereira, Francisco de Aguiar e Francisco de Pugas, hoje sacerdotes do hábito de São Pedro [padre secular]. Na Aldeia da Escada dessa mesma vila foi superior o padre Antônio de Abreu e seu companheiro o padre Manuel Xavier, os quais todas as noites de comum consentimento recolhiam cada um a sua; mas o padre Manuel Xavier foi menos afortunado, porque a sua chamada Vicência emprenhou e pariu dele um filho, que é hoje o mestre da capela daquela aldeia.

Na aldeia de Porto Seguro chamada São João era superior o padre Antônio Antunes, a quem seu próprio companheiro, o padre Cipriano Lobato, que hoje assiste na cidade da Bahia, acusou ao provincial Thomas Lynce de ter deflorado várias índias, de que dizia missa estando bêbado e outras coisas inauditas. Conta mais esse padre que o padre Francisco de Pugas, também companheiro de tal superior, não podendo de outra sorte conquistar a uma manceba do superior chamada Páscoa, a embebedara e bêbada a forçara no mesmo quarto do superior, que estava ausente.

Colégio do Recife

Ao reitor desse colégio José Aires acusaram seus próprios súditos Domingos de Meira, Pedro da Silva, um N. Ferreira e Antônio Paes, todos sacerdotes, que levava mulheres ao cubículo e que indo à Fazenda da Barreta as levara de ancas no mesmo cavalo. Sendo reitor o padre José de Lima lhe roubaram do cubículo grossa quantia de dinheiro e diziam no mesmo colégio que o ladrão fora o padre Manuel de Almeida para gastar com uma vizinha com quem fazia doidices. Nesse mesmo tempo foram célebres as histórias entre o padre João de Sá, mestre de gramática, com o padre Joaquim Ribeiro por causa do estudante João da Fonseca, ou, para melhor dizer, por respeito da mãe do estudante, e chegou o negócio a tais termos por enredos do padre Joaquim Ribeiro que esteve João da Fonseca, que era o pai do estudante, a ponto de matar a mulher e ao padre João de Sá, a quem todavia procurou e publicamente descompôs e ameaçou de morte.

Sendo reitor o padre Manuel de Matos, ele mesmo acusou ao seu ministro Inácio Gomes que usava mal da mulher do feitor da Fazenda da Barreta, Antônio de Abreu, e que na vila tratava escandalosamente com uma mulata, por cujo motivo foi tirado do ministrado a requerimento do mesmo reitor, que era inimigo a ser amigo, tudo seria Santo y Bueno. Nesse mesmo colégio assistia o padre Antônio Pereira, que andou muito tempo concubinado com uma mulata chamada Anna Maria, escrava do capitão João da Costa, e dela teve um filho chamado Marcelino, que hoje vive na mesma casa e é oficial de cabeleireiro. Nessa vila do Recife se acha um sobrinho do padre Antônio das Virgens solicitado *ad turpia* pelo mestre Manuel de Mesquita. Ainda estão frescas as histórias desse mesmo mestre com o estudante Antônio Machado, sobrinho do vigário do Recife, por causa de rapazes e tudo se fez notório naquela praça, porque em despique o tal Mesquita fez prender ao estudante e o vigário se veio queixar ao reitor, que era o padre Tomás da Costa, e por atenção ao vigário foi removido da cadeia.

Colégio de Olinda

Foi nele reitor o padre Seixas, homem carnalíssimo e que cometeu várias desenvolturas com as escravas da Fazenda de Maria Madalena, distante do colégio meia légua; e nela deixou um filho chamado José de Mello, mulato. Sendo no mesmo colégio reitor o padre Inácio Pestana, foi seu ministro o padre Manuel Franco, homem depravadíssimo, a quem o mesmo reitor apanhou em uma olaria com uma mulata e de quem diziam os cônegos de Olinda que dançava a fofa (que é dança mui da corista) com mulheres-damas. Este teve na mesma fazenda uma filha chamada Maria do Ó, de uma mulata chamada Francisca Xavier, mulher do mulato José de Mello, carpinteiro. Essa mesma Francisca Xavier era filha do padre José da Rocha, havida de uma mulata Josefa, mulher do mulato Estêvão, dessa mesma teve o padre Bernardo Lopes um filho chamado Serafim. Também há nessa fazenda um mulato chamado Bernardo, hoje forro, que é filho de um padre N. Pinheiro. Todos esses vivos estão e dos pais nomeados ninguém duvida.

Colégio da Paraíba

Era residência e há pouco tempo se fez colégio e juntamente seminário; o primeiro vice-reitor que teve foi o padre Antônio dos Reis, torpíssimo em costumes. Por ciúmes de uma casa teve brigas com o mestre de filosofia Antônio da Silva, que deu grande estrondo em toda a província, acusando-se de parte a parte de culpas tão enormes que me não atrevo a escrevê-las. Para verdade do fato basta dizer que não há em toda a Paraíba quem as ignore e que por ter mais patrono triunfou o mestre de filosofia e foi deposto do superiorado o padre Reis e penitenciado no Colégio da Bahia pelo provincial João Honorato, que o gostava, que a não ser isso passaria por essa como por outras.

Pouco antes do bloqueio do Colégio de Olinda sucederam as decantadas histórias do padre Antônio Álvares na Aldeia do Guajurá com o seu companheiro o padre João Moreira, ambos torpíssimos e escandalosíssimos. Ao padre Moreira acusou o tal Antônio Álvares de solicitação na confissão e o padre Moreira o acusou de que das índias raras lhe tinham escapado, que todas as noites tinha índia consigo; que deflorara a uma rapariga tão tenra e de tão pouca idade que a pusera às portas da morte e que estivera três meses em cura, que matara um índio a açoites e outras infinitas coisas, o que tudo se verificou na devassa que tirou o visitador Antônio da Silva e por isso foi deposto do lugar e preso no Colégio de Olinda, de donde se valeu do Sr. bispo reformador dom Francisco Xavier Aranha, que o mandou sair da prisão. Esse padre é um dos professores que ficaram na Corte e sabe imensa coisa das demais aldeias do Sertão de Pernambuco e Bahia, Piaguy e Biapaba e perguntado certamente nada há de ocultar.

Isso que até aqui tenho dito é uma pequena parte dos escândalos e dissoluções dessa província, porque só apontei coisas sucedidas de 12 anos a esta parte e do que eu tinha individual notícia, sem ter saído dos colégios nem discorrido por fazendas e aldeias muito e muito mais tem havido, que sei e não refiro, por não saber dos nomes e circunstâncias necessárias para fazer indubitável o que digo. Mas o que tenho dito é muito bastante para se formar o devido conceito do lastimoso estado dessa sociedade no Brasil.

Escusado me pareceu tratar da soberba desses homens, por ser coisa tão notória, tampouco da mordacidade, por ser comum a todos que vestem aquele hábito. Para concluir, basta dizer que sendo a união e a caridade fraterna o mais sólido fundamento das famílias religiosas, entre esses homens nem sombra de caridade.

Contra os externos se unem todos fazendo a causa comum, mas entre si ardem em ódios luciferinos, e procuram mutuamente destruírem-se com tal excesso que obrigaram ao vigário-geral passado João Antônio Thimoni a escrever uma carta circular a toda essa província, em que com sentidíssimas expressões lamenta essa falta de caridade e no versal ódio de uns para os outros, que lhe parecia já irremediável. Quando de outra sorte se não podem vingar, rompem em horrorosas falsidades, quais se não atreveriam os bárbaros mesmos a levantar, e o pior é que morrem sem restituírem o crédito tirado, nem pedirem perdão. Sabidos são os falsos, que no Colégio de São Paulo levantou ao virtuosíssimo padre Antônio Aranha, cuja inocência depois de vários anos mandou o geral publicar pela província. E que castigo deram ao falso Albuquerque? Nenhum. Sabidos são também os falsos que Manuel Álvares levantou a Luiz Gonzaga, cuja falsidade averiguou-a o padre Roberto de Campos, visitador. Semelhantes os falsos que José de Oliveira levantou a Estêvão de Souza averiguados pelo padre Thomas Lynce, reitor do colégio. Do mesmo calibre foram os que José Acácio levantou no Colégio do Recife ao mestre de gramática João Martins.

 Que falsidades não publicou o padre Cipriano Lobato contra o padre Antônio Antunes, até chegar à loucura de proferir que esse padre dizia missa sem tensão. Chegou o teólogo Manuel Alves aos seus amigos que acusassem o que quisessem e como quisessem e que o dessem por testemunha, porque estava pronto para jurar.

 Se assim eram uns para os outros, quais seriam a respeito dos externos. Que de coisas não escreverão do Ceará contra o ministro Tomás da Silva até o perderem e fazerem riscar do serviço de El-Rei? Ainda hoje se fala com horror em todo Pernambuco no assinado que fez o padre Manuel de Matos, reitor do Colégio do Recife, contra o senhor bispo daquela diocese dom frei Luís de

Santa Tereza, convidando para esse fim a todos aqueles que sabia eram inimigos do prelado e mandando esse calunioso assinado ao papa passado e ao padre José Moreira para o pôr na real presença. Contra o ministro N. de Veras maquinaram mil embustes por via do padre Carboni, por ter tirado uma devassa na Aldeia de Rerityba contra os padres.

Restava-me dizer o grande desprezo com que receberam a reforma, a nenhuma sujeição aos reformadores, o pouco caso das censuras etc., mas julgo supérfluo porque o mundo todo sabe que tinham por nula a bula e os reformadores por ilegítimos superiores.

Não posso deixar em silêncio uma carta que o padre Jerônimo da Gama mandou da Ilha da Madeira ao reitor do Colégio do Recife, Tomás da Costa. A carta era do padre Bento da Fonseca, procurador do Maranhão, escrita ao tal Gama, na qual dizia que as coisas da Companhia iam de cada vez a pior e que não haviam de ter remédio senão daí a dois anos e tanto, passou pouco mais ou menos até o sacrílego atentado de 3 de setembro. Outra carta desaforadíssima contra El-Rei e o presente Ministério escreveu de Lisboa o padre Antônio Batista, pouco tempo antes dos tiros, na qual, depois de mil impropérios, dizia definitivamente que na frota próxima seguinte veriam tudo revirado de pernas arriba e de uma vez acabadas a tormenta e perseguição da Companhia. O que dessas duas cartas se infere é que o mundo tem visto legitimamente provado na sentença impressa.

Aditamento sobre os negócios

O padre João Honorato, sendo provincial, deixou escrito no livro das visitas do Colégio de Olinda que os reitores tivessem muito cuidado em atravessar das boiadas que por ali passam vindas dos sertões, todo o gado magro e estropiado, para o engordar e vender por alto preço no tempo da carestia. Esse mesmo provincial deu certa soma de dinheiro ao piloto da fragata *Francisco Xavier Leigo, Inglês*, para que contratasse em sal. O padre Caetano Dias mandava muita fazenda da Índia para o sertão, por sinal que de uma vez perdeu tudo, porque a sumaca deu à costa. O irmão Guilherme Lince negociava para o sertão em aguardentes; o padre Inácio Antunes para a Colônia em marmelada; os despenseiros, o piloto da Fragata, por todos os portos principais do Brasil em louças da Índia e, da Bahia, cocos, doces, fumos etc.

Na portaria do Colégio do Rio vendia fumo o leigo José Freire. Com as drogas dos sertões negociavam todos os superiores das aldeias. O padre Furtado em Mayarû e o padre Antônio dos Reis nas Guayrayras negociavam em cascas de mangue. Em Reis Magos e Rerityba os padres Francisco Ferraz, José Vieira e Belchior Mendes em madeiras e tabuados, tudo à custa do suor dos miseráveis índios. O padre João das Neves, fazendeiro do Engenho de Manjope, do Colégio de Olinda, tinha taberna na entrada e casa de estalagem.

Isso é o que sei; mas só relato o que vi e sucedeu de 15 a esta parte e tudo se achará certo, como refiro, se fizer jurídica averiguação. 20 de fevereiro de 1761.

Fonte:

AHU — Avulsos RJ: cx. 61, doc. 5.878.

RELAÇÃO DOS JESUÍTAS EM ATIVIDADE NO RIO DE JANEIRO (1759-1760)*

Categoria	Nome	Local	Observação
Recoleto	André Ferreira	Colégio da cidade do Rio	Estava no Colégio em 3/11/1759
Sacerdote	André Vitoriano	Colégio da Cidade do Rio	Estava no Colégio em 3/11/1759
Sacerdote	Antônio Bacelar	Colégio da Cidade do Rio	Estava no Colégio em 3/11/1759
Sacerdote	Antônio Coelho	Colégio da Cidade do Rio	Estava no Colégio em 3/11/1759
Leigo	*Antônio Ferreira***	Colégio da Cidade do Rio	Estava no Colégio em 3/11/1759
Sacerdote Ministro	Antônio Galvão	Colégio da Cidade do Rio	(Coadjutor espiritual) (Saiu da Ordem depois do primeiro embarque para Lisboa)

(cont.)

* Tabela elaborada a partir do documento AHU — Avulsos RJ; cx. 59, doc. 5666; e concluída em 20/4/2008.
** Os nomes em *grifo* representam os que abandonaram a Companhia de Jesus ao longo do processo da Reforma.

Humanista	*António Gonzaga*	Colégio da Cidade do Rio	Estava no Colégio em 3/11/1759 (Saiu da Ordem depois do primeiro embarque para Lisboa)
Sacerdote Procurador	António Leão	Colégio da Cidade do Rio	Estava no Colégio em 3/11/1759
Leigo	*António Santos*	Colégio da Cidade do Rio	Estava no Colégio em 3/11/1759 (Coadjutor temporal)
Leigo Coad. temporal	António Sequeira	Colégio da Cidade do Rio	Estava no Colégio em 3/11/1759 (Saiu da Ordem depois do primeiro embarque para Lisboa)
Sacerdote	António Vieira	Campos Novos	
Sacerdote	*António Xavier*	Colégio da Cidade do Rio	Estava no Colégio em 3/11/1759 (Examinado *ad gradum*) (Saiu da Ordem depois do primeiro embarque para Lisboa)
Sacerdote	Atanázio Gomes	Campos Novos	

Sacerdote	Belchior Mendes	Campos dos Goytacazes
Sacerdote	Bento Cepeda	Colégio da Cidade do Rio	Estava no Colégio em 3/11/1759 Mestre de filosofia (examinado *ad gradum*)
Sacerdote	Bernardo Azevedo	Colégio da Cidade do Rio	Estava no Colégio em 3/11/1759 (Examinado *ad gradum*)
Sacerdote	Bernardo Fialho	Colégio da Cidade do Rio	Estava no Colégio em 3/11/1759
Teólogo	Bernardo Pereira	Colégio da Cidade do Rio	Estava no Colégio em 3/11/1759
Teólogo	Bernardo Vieira	Colégio da Cidade do Rio	Estava no Colégio em 3/11/1759
Teólogo	Caetano Coelho	Colégio da Cidade do Rio	Estava no Colégio em 3/11/1759 (Não sacerdote, 1º ano)
Sacerdote	Caetano Dias	São Barnabé (aldeia)	(Coadjutor espiritual) (Saiu da Ordem depois do primeiro embarque para Lisboa)
Sacerdote	Caetano Fonseca	Colégio da Cidade do Rio	Estava no Colégio em 3/11/1759

(cont.)

Recoleto	Caetano Rodrigues	Colégio da Cidade do Rio	Estava no Colégio em 3/11/1759
Teólogo	Carlos Souza	Colégio da Cidade do Rio	Estava no Colégio em 3/11/1759 (1º ano, examinado *ad gradum*) (Saiu da Ordem depois do primeiro embarque para Lisboa)
Sacerdote	Cristóvão Cordeiro	Colégio da Cidade do Rio	Estava no Colégio em 3/11/1759
Teólogo	Custódio Sá	Colégio da Cidade do Rio	Estava no Colégio em 3/11/1759
Sacerdote Superior	Diogo Teixeira	Campos Novos	
Humanista	Domingos Barbosa	Colégio da Cidade do Rio	Estava no Colégio em 3/11/1759
Leigo	Domingos Chaves	São Barnabé (aldeia)	
Leigo Mestre	Domingos Pereira	Itaguaí (aldeia)	(Faleceu em 21/12/1759)
Humanista Físico	Domingos Vieira	Colégio da Cidade do Rio	Estava no Colégio em 3/11/1759
Sacerdote	Félix Capelli	Colégio da cidade do Rio	Estava no Colégio em 03.11.1759

Sacerdote	Félix Xavier	Colégio da Cidade do Rio	Estava no Colégio em 3/11/1759
Teólogo	*Francisco Aguier*	Colégio da Cidade do Rio	Estava no Colégio em 3/11/1759 (Não sacerdote, 2º ano)
Humanista	*Francisco Araújo*	Colégio da Cidade do Rio	Doido. Estava no Colégio em 3/11/1759 (Sem grau) (Saiu da Ordem depois do primeiro embarque para Lisboa)
Sacerdote Superior	Francisco Caledo	Engenho Velho	
Sacerdote	Francisco Cordovil	Colégio da Cidade do Rio	Estava no Colégio em 3/11/1759
Teólogo	Francisco Gomes	Colégio da Cidade do Rio	Estava no Colégio em 3/11/1759
Teólogo	Francisco Gonçalves	Colégio da Cidade do Rio	Estava no Colégio em 3/11/1759
Sacerdote	Francisco Macedo	Colégio da Cidade do Rio	Estava no Colégio em 3/11/1759
Sacerdote	Francisco Manoel	Santa Cruz	

(cont.)

Teólogo	*Francisco Moreira*	Colégio da Cidade do Rio	Estava no Colégio em 3/11/1759 (Não sacerdote, 3º ano)
Teólogo	*Francisco Moura*	Colégio da Cidade do Rio	Estava no Colégio em 3/11/1759 (3º ano, examinado *ad gradum*) (Saiu da Ordem depois do primeiro embarque para Lisboa)
Leigo	Francisco Pacheco	Colégio da Cidade do Rio	Estava no Colégio em 3/11/1759
Humanista	*Francisco Prates*	Colégio da Cidade do Rio	Estava no Colégio em 3/11/1759
Leigo	*Francisco Rego*	Colégio da Cidade do Rio	Estava no Colégio em 3/11/1759 (Coadjutor temporal)
Teólogo	*Francisco Sales*	Colégio da Cidade do Rio	Estava no Colégio em 3/11/1759 (Não sacerdote, 3º ano)
Sacerdote	Francisco Silveira	Colégio da Cidade do Rio	Estava no Colégio em 3/11/1759

Teólogo	*Francisco Soares*	Colégio da Cidade do Rio	Estava no Colégio em 3/11/1759 (1º ano, examinado *ad gradum*) (Saiu da Ordem depois do primeiro embarque para Lisboa)
Teólogo	Gabriel Campos	Colégio da Cidade do Rio	Estava no Colégio em 3/11/1759
Sacerdote	Gaspar Gonçalves	Engenho Velho	
Teólogo	*Gaspar Ribeiro*	São Cristóvão	Com princípio de tísica (Não sacerdote, 1º ano)
Sacerdote	*Gervázio Dias*	Colégio da Cidade do Rio	Estava no Colégio em 3/11/1759 (Examinado *ad gradum*) (Saiu da Ordem depois do primeiro embarque para Lisboa)
Sacerdote	Gonçalo Costa	Macacu	

(cont.)

Sacerdote	Gualter Pereira	Iraguaí (aldeia)	(Coadjutor espiritual) (Saiu da Ordem depois do primeiro embarque para Lisboa)
Recoleto	Henrique Marink	São Cristóvão	
Sacerdote	Inácio Antunes	Colégio da Cidade do Rio	Estava no Colégio em 3/11/1759
Sacerdote Superior	Inácio Leão	Macaé	
Sacerdote	Inácio Pinto	Colégio da Cidade do Rio	Estava no Colégio em 3/11/1759 (Examinado *ad gradum*)
Sacerdote	Inácio Ribeiro	Colégio da Cidade do Rio	Estava no Colégio em 3/11/1759
Humanista	Izidoro Pestana	Colégio da Cidade do Rio	Estava no Colégio em 3/11/1759
Sacerdote	João Caetano	Colégio da Cidade do Rio	Estava no Colégio em 3/11/1759
Leigo	João Carvalho	Engenho Velho	
Leigo	João Fernandes	Colégio da Cidade do Rio	Estava no Colégio em 3/11/1759 (Coadjutor temporal)

Humanista	João Gonzaga	Colégio da Cidade do Rio	Estava no Colégio em 3/11/1759
Humanista	João Martins	Colégio da Cidade do Rio	Estava no Colégio em 3/11/1759
Sacerdote	João Rocha	Colégio da Cidade do Rio	Estava no Colégio em 3/11/1759 (Examinado *ad gradum*)
Humanista	Joaquim Batalha	Colégio da Cidade do Rio	Estava no Colégio em 3/11/1759
Recoleto	Joaquim Duarte	Colégio da Cidade do Rio	Estava no Colégio em 3/11/1759
Recoleto	Joaquim França	Colégio da Cidade do Rio	Estava no Colégio em 3/11/1759
Sacerdote	Joaquim Moraes	São Cristóvão	Com mal de São Lázaro
Sacerdote	José António	Colégio da Cidade do Rio	Estava no Colégio em 3/11/1759
Recoleto	José Basílio	Colégio da Cidade do Rio	Estava no Colégio em 3/11/1759
Leigo	José Borges	Colégio da Cidade do Rio	Estava no Colégio em 3/11/1759 (Coadjutor temporal)
Recoleto	José Brandão	Colégio da Cidade do Rio	Estava no Colégio em 3/11/1759
Sacerdote	José Correa	Colégio da Cidade do Rio	Estava no Colégio em 3/11/1759

(cont.)

Humanista	*José Ferreira*	Colégio da Cidade do Rio	Estava no Colégio em 3/11/1759
Recoleto	José Ferreira	Colégio da Cidade do Rio	Estava no Colégio em 3/11/1759
Sacerdote	José Geraldes	Colégio da Cidade do Rio	Estava no Colégio em 3/11/1759
Humanista	*José Joaquim*	Colégio da Cidade do Rio	Estava no Colégio em 3/11/1759
Sacerdote	José Leitão	Engenho Novo	
Sacerdote	José Matos	Colégio da Cidade do Rio	Estava no Colégio em 3/11/1759
Sacerdote	José Nogueira	Santa Cruz	
Leigo	José Rezende	Santa Cruz	Com mal de São Lázaro (faleceu em 8/1/1760)
Sacerdote	José Silva	Colégio da Cidade do Rio	Estava no Colégio em 3/11/1759
Humanista	*José Vicente*	Colégio da Cidade do Rio	Estava no Colégio em 3/11/1759 (Saiu da Ordem depois do primeiro embarque para Lisboa)
Sacerdote Superior	Júlio França	São Cristóvão	
Leigo	Leandro Barros	Colégio da Cidade do Rio	Estava no Colégio em 03/11/1759

Sacerdote	Lourenço Chavês	Santa Cruz	
Sacerdote	Luiz Albuquerque	Colégio da Cidade do Rio	Estava no Colégio em 3/11/1759
Humanista	Luiz Borges	Colégio da Cidade do Rio	Estava no Colégio em 3/11/1759
Leigo	Luiz Silva	Colégio da Cidade do Rio	Estava no Colégio em 3/11/1759
Recoleto	*Luiz Souza*	Colégio da Cidade do Rio	Estava no Colégio em 3/11/1759
Recoleto	*Luiz Vilares*	Colégio da Cidade do Rio	Estava no Colégio em 3/11/1759
Sacerdote	Manuel Almeica	Colégio da Cidade do Rio	Estava no Colégio em 3/11/1759
Sacerdote	Manuel Araújc	Colégio da Cidade do Rio	Estava no Colégio em 3/11/1759
Teólogo	Manuel Beça	Colégio da Cidade do Rio	Estava no Colégio em 3/11/1759
Sacerdote Reitor	Manuel Ferraz	Colégio da Cidade do Rio	Estava no Colégio em 3/11/1759
Leigo	Manuel Francisco	Campos Novos	Estava no Colégio em 3/11/1759
Sacerdote	Manuel José	Colégio da Cidade do Rio	Estava no Colégio em 3/11/1759
Sacerdote	Manuel Leão	Macacu	Estava no Colégio em 3/11/1759
Recoleto	*Manuel Marink*	Colégio da Cidade do Rio	Estava no Colégio em 3/11/1759

(cont.)

Humanista	Manuel Medeiros	Colégio da Cidade do Rio	Estava no Colégio em 3/11/1759
Sacerdote	Manuel Moura	Engenho Novo	Estava no Colégio em 3/11/1759
Sacerdote	Manoel Oliveira	Colégio da Cidade do Rio	Estava no Colégio em 3/11/1759 (Examinado *ad gradum*)
Leigo	Manuel Pires	Colégio da Cidade do Rio	Estava no Colégio em 3/11/1759
Teólogo	Manuel Rocha	Colégio da Cidade do Rio	Estava no Colégio em 3/11/1759 (1º ano, examinado *ad gradum*) (Saiu da Ordem depois do primeiro embarque para Lisboa)
Sacerdote	Manuel Roriz	Colégio da Cidade do Rio	Estava no Colégio em 3/11/1759 Teólogo do 1º ano
Sacerdote	Manuel Silva	Macaé	Estava no Colégio em 3/11/1759 (Coadjutor espiritual)
Sacerdote	Manuel Tavares	Colégio da Cidade do Rio	Estava no Colégio em 3/11/1759

Humanista	Manuel Vitorino	Colégio da Cidade do Rio	Estava no Colégio em 3/11/1759
Leigo	Marcelo Alves	Colégio da Cidade do Rio	Estava no Colégio em 3/11/1759 (Coadjutor temporal)
Humanista	Maximiano Ferreira	Colégio da Cidade do Rio	Estava no Colégio em 3/11/1759
Humanista	Miguel Campos	Colégio da Cidade do Rio	Estava no Colégio em 3/11/1759
Leigo	Miguel João	Colégio da Cidade do Rio	Estava no Colégio em 3/11/1759 (Coadjutor temporal)
Sacerdote Superior	Miguel Lopes	Campos dos Goytacazes	
Leigo	Nicolau Fonseca	Colégio da Cidade do Rio	Estava no Colégio em 3/11/1759
Teólogo	Pascoal Bernardino	Colégio da Cidade do Rio	Estava no Colégio em 3/11/1759 (1º ano, examinado *ad gradum*) (Saiu da Ordem depois do primeiro embarque para Lisboa)

(cont.)

Sacerdote	*Pedro Barbosa*	Colégio da Cidade do Rio	Estava no Colégio em 3/11/1759 Teólogo do 3º ano
Sacerdote	*Pedro Barreiros*	Colégio da Cidade do Rio	Estava no Colégio em 3/11/1759 (Coadjutor espiritual)
Sacerdote	Pedro Fernandes	Santa Cruz	
Sacerdote	*Pedro Vasconcelos*	Engenho Novo	(Coadjutor espiritual)
Superior			(Saiu da Ordem depois do primeiro embarque para Lisboa)
Sacerdote	Rafael Gomes	Santa Cruz	
Teólogo	Silvério Figueiredo	Colégio da Cidade do Rio	Estava no Colégio em 3/11/1759
Sacerdote	*Teodósio Pereira*	Colégio da Cidade do Rio	Estava no Colégio em 3/11/1759 (Examinado *ad gradum*)
Sacerdote	Vito Mariano	Colégio da Cidade do Rio	Estava no Colégio em 3/11/1759

RELAÇÃO DOS 72 JESUÍTAS QUE VIERAM DE OUTROS LUGARES PARA O RIO DE JANEIRO (1759-1760)*

Categoria	Nome	Local	Observação
Humanista	António Gouveia	Bahia	Chegou ao RJ em 5/12/1759
Humanista	Bruno Santos	Bahia	
Sacerdote Vice-reitor de Paranaguá	Estêvão Oliveira	Bahia	Chegou ao RJ em 5/12/1759
Coadjutor Piloto	Feliciano Franco	Bahia	
Sacerdote Secretário e visitador	Francisco Almeida	Bahia	Chegou ao RJ em 5/12/1759
Sacerdote	Inácio Xavier	Bahia	Chegou ao RJ em 5/12/1759
Sacerdote	Jacinto Pereira	Bahia	Chegou ao RJ em 5/12/1759 (Examinado *ad gradum*)
Coadjutor	João Moraes	Bahia	Chegou ao RJ em 5/12/1759 (Coadjutor temporal)

* AHU — Avulsos RJ: cx. 59, doc. 5666 e AHU — Avulsos RJ: cx. 67, docs. 65 e 66; cx. 68, doc. 21. Tabelas elaboradas, pelo professor Nireu Oliveira Cavalcanti, a partir dos documentos e concluídas em 204/2008.

(cont.)

Sacerdote	*João Romeiro*	Bahia	Chegou ao RJ em 5/12/1759 (Examinado *ad gradum*) (Saiu da Ordem depois do primeiro embarque para Lisboa)
Humanista	Joaquim Sá	Bahia	Chegou ao RJ em 5/12/1759
Humanista	*José Gouveia*	Bahia	Chegou ao RJ em 5/12/1759 (Saiu da Ordem depois do primeiro embarque para Lisboa)
Humanista	*José Souza*	Bahia	Chegou ao RJ em 5/12/1759
Coadjutor	José Vila Nova	Bahia	Chegou ao RJ em 5/12/1759
Sacerdote	*Manuel Ribeiro*	Bahia	Chegou ao RJ em 5/12/1759 (Examinado *ad gradum*) (Saiu da Ordem depois do primeiro embarque para Lisboa)
Sacerdote	*Manuel Souza*	Bahia	Chegou ao RJ em 5/12/1759 (Coadjutor espiritual) (Saiu da Ordem depois do primeiro embarque para Lisboa)

	Tomás Xavier	Bahia	
Sacerdote			Chegou ao RJ em 5/12/1759
			Presidente de filosofia (examinado *ad gradum*)
Humanista	Antônio Freitas	Santos	Chegou ao RJ em 9/12/1759
Humanista	*Bento Gomes*	Santos	Chegou ao RJ em 9/12/1759
Coad. temporal			(Saiu da Ordem depois do primeiro embarque para Lisboa)
Sacerdote	Francisco Silva	Santos	Chegou ao RJ em 9/12/1759
Humanista	Francisco Vieira	Santos	Chegou ao RJ em 9/12/1759
Sacerdote	João Azevedo	Santos	Chegou ao RJ em 9/12/1759
Humanista	João Leão	Santos	Chegou ao RJ em 9/12/1759
Sacerdote	João Mata	Santos	Chegou ao RJ em 9/12/1759
Reitor			
Sacerdote	João Pinheiro	Santos	Chegou ao RJ em 9/12/1759
Sacerdote	José Vieira	Santos	Chegou ao RJ em 9/12/1759
Sacerdote	Manuel Amaro	Santos	Chegou ao RJ em 9/12/1759

(cont.)

Humanista	*Manuel Torres*	Santos	Chegou ao RJ em 9/12/1759 (Coadjutor temporal)
Sacerdote	Antônio Jorge	Espírito Santo	Chegou ao RJ em 24/1/1760
Sacerdote	Antônio Neves	Espírito Santo	Chegou ao RJ em 24/1/1760
Sacerdote	Antônio Reis	Espírito Santo	Chegou ao RJ em 24/1/1760
Sacerdote	Antônio Simões	Espírito Santo	Chegou ao RJ em 24/1/1760
Sacerdote	Caetano Mendes	Espírito Santo	Chegou ao RJ em 24/1/1760
Humanista	Diogo Xavier	Espírito Santo	Chegou ao RJ em 24/1/1760
Sacerdote	Francisco Abreu	Espírito Santos	Chegou ao RJ em 24/1/1760
Sacerdote	Gonçalo Alexandrino	Espírito Santo	Chegou ao RJ em 24/1/1760
Coadjutor Temporal	*João Delgado*	Espírito Santo	Chegou ao RJ em 24/1/1760 (Saiu da Ordem depois do primeiro embarque para Lisboa)
Coadjutor	*Leopoldo Inácio*	Espírito Santo	Chegou ao RJ em 24/1/1760 (Coadjutor temporal)
Sacerdote	Manuel Carvalho	Espírito Santo	Chegou ao RJ em 24/1/1760
Sacerdote	Manuel Domingues	Espírito Santo	Chegou ao RJ em 24/1/1760

Sacerdote	Manuel Fonseca	Espírito Santo	Chegou ao RJ em 24/1/1760
Sacerdote	Manuel Martins	Espírito Santo	Chegou ao RJ em 24/1/1760
Sacerdote Reitor	Salvério Pinheiro	Espírito Santo	Chegou ao RJ em 24/1/1760
Sacerdote	Tomás Campos	Espírito Santo	Chegou ao RJ em 24/1/1760
Humanista	Vicente Ferreira	Espírito Santo	Chegou ao RJ em 24/1/1760
Sacerdote	Anastácio Dias	São Paulo	Chegou ao RJ em 2/2/1760
Coadjutor	Antônio Nóbrega	São Paulo	Chegou ao RJ em 2/2/1760
Sacerdote	Bento Nogueira	São Paulo	Chegou ao RJ em 2/2/1760
Sacerdote	Bento Soares	São Paulo	Chegou ao RJ em 2/2/1760
Coadjutor	*Bernardo José*	São Paulo	Chegou ao RJ em 2/2/1760
Temporal			(Saiu da Ordem depois do primeiro embarque para Lisboa)
Sacerdote	Fabiano Gonçalves	São Paulo	Chegou ao RJ em 2/2/1760
Coadjutor	*Félix Miranda*	São Paulo	Chegou ao RJ em 2/2/1760
Temporal			(Saiu da Ordem depois do primeiro embarque para Lisboa)

(cont.)

Sacerdote	Inácio Dias	São Paulo	Chegou ao RJ em 2/2/1760
Sacerdote	Inácio Pereira	São Paulo	Chegou ao RJ em 2/2/1760
Sacerdote	João Xavier	São Paulo	Chegou ao RJ em 2/2/1760
Sacerdote	*José Almeida*	São Paulo	Chegou ao RJ em 2/2/1760 (Saiu da Ordem depois do primeiro embarque para Lisboa)
Sacerdote	José Castilho	São Paulo	Chegou ao RJ em 2/2/1760
Sacerdote	José Martins	São Paulo	Chegou ao RJ em 2/2/1760
Sacerdote	*José Mota*	São Paulo	Chegou ao RJ em 2/2/1760 (Examinado *ad gradum*) (Saiu da Ordem depois do primeiro embarque para Lisboa)
Sacerdote	José Vale	São Paulo	Chegou ao RJ em 2/2/1760
Sacerdote	Lourenço Almeida	São Paulo	Chegou ao RJ em 2/2/1760
Sacerdote	Lourenço Justiniano	São Paulo	Chegou ao RJ em 2/2/1760
Reitor			
Coadjutor	Manuel Costa	São Paulo	Chegou ao RJ em 2/2/1760
Sacerdote	Manuel Pimentel	São Paulo	Chegou ao RJ em 2/2/1760

Sacerdote	Manuel Velho	São Paulo	Chegou ao RJ em 2/2/1760
Coadjutor	Pedro Viegas	São Paulo	Chegou ao RJ em 2/2/1760
Temporal			(Saiu da Ordem depois do primeiro embarque para Lisboa)
Coadjutor	Sebastião Teixeira	São Paulo	Chegou ao RJ em 2/2/1760
Sacerdote	Tomás Vila Nova	São Paulo	Chegou ao RJ em 2/2/1760
Sacerdote	Antônio Souza	Paranaguá	Chegou ao RJ em 12/3/1760
Sacerdote	Cristóvão Costa	Paranaguá	Chegou ao RJ em 12/3/1760
Reitor			
Sacerdote	José Rodrigues	Paranaguá	Chegou ao RJ em 12/3/1760
Coadjutor	Manuel Borges	Paranaguá	Chegou ao RJ em 12/3/1760
Temporal			(Saiu da Ordem depois do primeiro embarque para Lisboa)
Sacerdote	Pedro Santos	Paranaguá	Chegou ao RJ em 12/3/1760

Obs:
1) Foram **199** religiosos e leigos concentrados no Rio de Janeiro, sendo 127 que atuavam nessa capitania e 72 vindos de outros locais: a) 16 da Bahia; b) 17 do Espírito Santo; c) 5 de Paranaguá; d) 11 de Santos; e e) 23 de São Paulo.
2) Faleceram dois leigos: Domingos Pereira (21/12/1759) e José de Rezende (8/1/1760).
3) Foram enviados para Lisboa 119 jesuítas na nau *Nossa Senhora do Livramento e São José*.
4) Os nomes em *grifo* representam os que abandonaram a Companhia de Jesus ao longo do processo da Reforma.
5) Foram citados pelo bispo do RJ três ex-membros que deixaram a Ordem, separados desses que constam das duas listas, sem especificação de sua origem: Antônio Gomes (teólogo, 3° ano); Francisco José (sem grau) e Manuel da Cruz (coadjutor espiritual).

RELAÇÃO DAS 43 TESTEMUNHAS NO PROCESSO DE REFORMA DA COMPANHIA DE JESUS*

TABELA POR ORDEM NOMINAL

Nome	Trabalho	Idade	Local de nascimento	Moradia	Observação
Alexandre Rodrigues Darma	Negociante	45	Portugal — vila de Viana do Minho	Rio, Rua de São Bento	Casado — vive de seu negócio
André Alves Nogueira (Dr.)	Advogado	57	Portugal — vila de Viana do Minho	Cidade Rio, Rua do Malheiro	Casado — vive de suas fazendas e da advocacia
André Santo Antônio	Frade franciscano	41	Portugal — Vilartão	Rio, no Hospício de Jerusalém	Solteiro — vice-comissário da Terra Santa e da província do Algarve, Portugal
Ângelo Pessanha	Padre secular	23	Brasil — vila São Salvador dos Campos dos Goytacazes	???	Solteiro
Antônio Ferreira Silva (cap.)	Solicitador e fazendeiro	52		Rio, Rua do Rosário	Vive do ofício de solicitador dos resíduos seculares e da fazenda
Antônio José Calado (Dr.)	Padre secular Advogado	48	Portugal –Lisboa	Rio, Rua do Ouvidor	Solteiro

* AHU — Avulsos RJ: cx. 67, docs. 65 e 66; cx. 68, doc. 21.

Antônio Silva Esteves	Lavrador	46	Brasil — vila São Salvador dos Campos dos Goytacazes	Rio, Rua das Violas	Solteiro — fazenda de plantação de cana
Baltazar Coelho Soledade	Frade carmelita	69	???	Rio, no convento	Solteiro — mestre no convento
Bento Luiz Azevedo Pereira	Solicitador de causas	33	Portugal — vila Arcos de Val de Verde, Arcebispado de Braga	Rio, Rua do Malheiro	Solteiro — vive de solicitador de causas
Bernardo Vasconcelos (Dr.)	Frade carmelita	43	Brasil — Vitória, no Espírito Santo	Rio, no Convento	Solteiro — mestre no convento
Diogo Azevedo Coutinho	Senhor de engenho	59	Brasil — Rio	Itaboraí — no seu engenho de Cabuçu	Casado — vive de seu engenho
Dioniso Teixeira Proença	Senhor de engenho	43	Brasil — Itaboraí	Itaboraí — no seu engenho	Casado — vive de seu engenho de fazer açúcar
Domingos Alves Barros	Fazendeiro	35	Portugal — comarca de Bastos	Rio, Rua do Cano	Casado — vive de sua fazenda

(cont.)

Domingos Barbosa Azevedo	Negociante	35	Portugal — vila??, Arcebispado de Braga	Rio, Rua da Alfândega	Solteiro — vive de seu negócio
Francisco Santa Maria Quintanilha (Dr.)	Mestre — frade	52	Brasil — Rio	-----	Provincial do Carmo da Província do RJ
Guilherme Teixeira	Negociante	66	Portugal — vila??, Patriarcado de Lisboa	Rio, Rua do Cano	Casado — vive de seu negócio
Inácio Coelho Silva (Dr.)	Advogado	53	Brasil — Rio	Rio, Travessa da Cruz	Solteiro — vive da advocacia
João Barbosa Fiúza	Negociante	32	Brasil — vila São Salvador dos Campos dos Goytacazes	Rio, Rua Convento da Conceição	Solteiro — vive de seu negócio
João Caetano Souto e Castro	Solicitador da justiça e da fazenda	56	Portugal — Vila Franca de Chira, Patriarcado de Lisboa	Rio, Rua da Ajuda	Casado — vive de solicitador da justiça e da fazenda
João Carneiro Silva (cap.)	Fazendeiro	34	Brasil — Rio	Rio, Rua Direita	Viúvo — Cavaleiro da Ordem de Cristo

João Rodrigues Reis	Solicitador	58	Brasil — Rio	Rio, Rua São José	Casado — solicitador de causas
João Silva	Frade carmelita	67	Brasil — Rio	Rio, no convento	Solteiro — Pregador da província do RJ
Jorge Souza Coutinho (ten.)	Fazendeiro	70	Brasil — Rio	Rio	Casado — vive de sua fazenda
José Almeida Silva	Padre secular	37	Brasil — Rio	Rio, Rua da Prainha	Solteiro — coadjutor da freguesia de Santa Rita
José Castilho Botafogo	Advogado	63	Brasil — Rio	Rio, Rua da Cadeia	Casado — vive da advocacia e da fazenda
José Rodrigues Aragão	Fazendeiro	58	Portugal – Porto	Rio	Viúvo — vive de suas fazendas
Luiz Alves Souza Cordovil (cap.)	Vive de rendas	37	Brasil — Rio	Rio, Rua da Misericórdia	Casado — vive de seu morgado em Lisboa
Manuel Antunes Suzano (Dr.)	Advogado	52	Brasil — Rio, freguesia de Irajá	Rio, Rua da Cadeia	Casado — vive de suas fazendas e da advocacia
Manuel Barbosa Leão	Padre secular	51	Portugal — vila??, Arcebispado do Porto	Rio	Solteiro

(cont.)

Manuel Campos Dias	------	73	Portugal — vila de Algibarrota, bispado de Leiria	Rio, Rua de São Bento	???
Manuel Fonseca Brandão (Dr.)	Desembargador	53	Portugal — vila de Torre Velos, bispado de Coimbra	Rio	Casado — Casa da Suplicação de Lisboa
Manuel Henrique Fonseca	Negociante	42	Portugal — bispado do Porto	Rio, Rua dos Latoeiros	Casado — vive de seu negócio
Manuel Jesus Pereira	Negociante	32	Brasil — Rio	Rio, Rua do Cano	??? — vive de seu negócio
Manuel João Raposo	Padre secular	62	Portugal — Carnide, Patriarcado de Lisboa	Rio	Sacristão-mor da igreja de Santa Rita
Manuel Lopes Figueiredo	Negociante	48	Portugal — ilha de São Miguel	Rio, Rua do Sabão	Casado — vive de seu negócio
Manuel Mendonça	Professor	30	Brasil –Mariana	Rio, no Seminário de São José	Solteiro — mestre de gramática latina no seminário

Manuel Pereira Silva (ten.)	Militar	63	Brasil — Rio	Rio, no Castelo	Casado — vive de seu soldo
Manuel Santo Antônio	Frade franciscano	66	Portugal –Lisboa	Rio, no Hospício de Jerusalém	Solteiro — da Província do Algarve, Portugal
Pedro Dias Paes Leme	Alcaide-mor e guarda-mor	54	Brasil — Rio, freguesia de Irajá	Rio	Casado — fidalgo da Casa Real, cavaleiro e comendador da Ordem de Cristo. Alcaide-mor da BA e guarda-mor de MG
Pedro José Augusto	Estudante	18	Brasil — Rio	Rio, Rua São Pedro	Solteiro — morava na casa dos pais
Pedro Manhães Barreto	Fazendeiro	40	Brasil — vila São Salvador dos Campos dos Goytacazes	Rio, Rua das Violas	Solteiro — fazenda criatório de gado
Sebastião Rodrigues Aires	Padre secular	42	Brasil — Rio	Rio, na sua chácara	Solteiro — a chácara chamava-se da Bica
Tomé Alves Pessanha	Fazendeiro	40	Brasil — vila São Salvador dos Campos dos Goytacazes	Rio, Rua da Ajuda	Solteiro — vive de suas fazendas

*O texto deste livro foi composto em Sabon,
desenho tipográfico de Jan Tschichold de 1964
baseado nos estudos de Claude Garamond e
Jacques Sabon no século XVI, em corpo 11/16.
Para títulos e destaques, foi utilizada a tipografia
Frutiger, desenhada por Adrian Frutiger em 1975.*

*A impressão se deu sobre papel off-white
pelo Sistema Cameron da Divisão Gráfica
da Distribuidora Record.*